上海助力打赢脱贫攻坚战口述系列丛书

奉贤的责任

中共上海市奉贤区委党史研究室 编

上海人民出版社　学林出版社

编委会

前言

　　自中华人民共和国成立伊始，中国便在破解贫困这一难题上迈出了坚定的步伐。从计划经济下的扶贫到体制改革推动扶贫，从大规模开发式扶贫到"八七"扶贫攻坚计划，特别是党的十八大以来，以习近平同志为核心的党中央向全国人民庄严承诺，到 2020 年确保我国现行标准下的农村贫困人口实现脱贫，贫困县全部摘帽，中国的扶贫工作经过七十余年的持续探索和努力，成功走出了一条正确的扶贫攻坚道路，并为全世界的扶贫事业做出了贡献。

　　脱贫攻坚是场大战役，是由每一名参战人员集体努力的结果；脱贫攻坚是个大主题，是由无数动人的篇章编织成的。在这条齐心脱贫致富、奔向幸福生活的路上，奉贤区的干部群众始终坚决贯彻落实中共中央、上海市委的决策部署，尽锐出战，迎难而上，真抓实干，精准施策，推动对口帮扶地的脱贫攻坚一路高歌：1979 年，奉贤第一位扶贫干部进藏支援，开启奉贤对口援助工作的先例；1992 年至今，奉贤扶贫干部积极响应国家号召，踊跃报名，跨越崇山峻岭，穿过戈壁黄沙，奔赴西藏、青海、新疆、云南、贵州等地开展对口帮扶工作，不仅为贫困群众带去资源、技术和发展思路，更用实际行动践行了初心和使命，兑现了党旗下的誓言。

　　"惟其艰难，才更显勇毅；惟其笃行，才弥足珍贵"。为纪念这一历史性的成就，记录这些新时代最可爱的人，由中共上海市委党史研究室统一部署，奉贤区委党史研究室组织全区有关部门共同编写的《奉贤的责任》一书，真实记录了奉贤区扶贫干部援助对口地区时发生的故事。其中，有列入上海市十大典型帮扶案例"务川分水镇自然能提水项目"的来龙去脉，有奉务合作典范"务川的青少年研学旅行基地"的建设始末，有立项为上海市级援建项目"包虫病的病患治疗"的经由过程，还有时刻闪烁在扶贫、扶业、扶志中，把扶贫地当家，把扶贫户当亲人的为民情怀……本书还诚邀奉贤区合作交流办、受援地干部群众代表以第三者的视角讲述他们眼中的扶贫干部、扶贫事业，力求多角度、多层次把感人至深、催人奋进的脱贫事迹呈现给读者。

历史照亮未来，奋进永不言止。在"四史"学习教育深入开展之际，希望本书的出版，能让读者在了解奉贤扶贫事业发展进程、辉煌成就和成功经验的基础上，以扶贫精神鼓舞斗志，以脱贫成绩坚定信念，进一步凝聚起奉贤人民最强大的智慧和力量，全力打造"无边界的奉贤、有品质的奉贤、英雄的奉贤、创造的奉贤"，以不一般的精神、不一般的干劲、不一般的作为，争当实干家、攀登者，狠抓落实、善作善成，为奋力创造"新时代、新片区，奉贤美、奉贤强"新高峰、新奇迹贡献力量。

目 录

CONTENTS

情怀西藏

　　苏新泉，1933 年 5 月生。曾任奉贤县政协主席。1979 年 6 月至 1987 年 3 月，为奉贤县最早援藏干部，任中共西藏自治区山南地区隆子县县委副书记。

口述：苏新泉

采访：于　栋

整理：于　栋

时间：2020 年 3 月 23 日

我叫苏新泉。1979 年 6 月至 1987 年 3 月，根据组织安排，我作为奉贤县援藏干部，挂职隆子县委副书记。援藏前，任奉贤县委副书记，兼任奉贤县农田基本建设总指挥。那时我主要负责行政工作。当年 4 月，正在发动全县人民大张旗鼓地组织动迁移民，围海造田、开挖奉贤母亲河——金汇港时，在上海市委组织的安排下，为了支援西藏社会主义建设，调我到西藏工作，我无条件地服从。在那个"世界屋脊"的高原上，与藏族干部一起工作了八个春秋。现在虽离开西藏已有整整二十三年，但是西藏的山山水水、民族风情以及与藏族干部群众一起工作和生活的情景，至今历历在目，难以忘怀。

乍到西藏

当初进藏，上海共 121 名干部，其中奉贤县 4 名。出发前夕，上海市委组织部，人事局在漕溪北路 41 号办了进藏干部学习班。市领导给我们做报告时说，支援西藏是具有战略意义的，现在西藏的形势是好的，是稳定的。但是由于好多干部在藏工作已经几十年，年纪大了，身体不适应了，需要轮换。我们的同志要去建设新西藏，要培养更多的民族干部，巩固祖国西南边疆。因此，

原中共奉贤县委书记陆嘉书和其他县领导欢送苏新泉等赴藏同志合影

同志们的工作是艰苦的，但任务却是光荣的。关键是要有一种艰苦奋斗，百折不挠的精神，只要有了这种精神和勇气，困难是可以克服的。你们去，要保持和发扬党的优良传统。一定要把好的东西带去，给那里的人民有个好印象。同时还要向当地干群学习，学习他们的好思想、好作风；还要很好地贯彻党的民族政策，搞好民族团结，特别是要防止产生大汉族主义思想。进藏后，同志们要发扬阶级友爱精神，像红军爬雪山，过草地那样，互帮互助，互相关心，互相爱护。总之，要做到每位同志安全到达，不出任何问题。

我想，我是中国共产党党员，不仅仅是上海市的共产党员，更不只是奉贤县的共产党党员，援藏的需要是我的责任，组织的决定是我的志愿，我要无条件地听从组织的召唤，到西藏去。

1979 年 6 月 16 日下午 4 时 12 分，我们这批肩负新任务的同志，告别了家乡，告别了亲人，乘火车离开上海站。经兰新铁路奔驰两个昼夜到柳园站。下火车暂宿一晚，次日清晨分乘从西藏开来的 4 辆大客车，向西南方向行驶。真是"马后桃花马前雪"，环境特变，思潮起伏不已，此时难免想起家人、家事。如今全部的家务落在妻子身上，她上有公婆，下有 4 个孩子，未知日后的生活和关系处理如何？特别想到年已古稀的父母亲，当我要离家时，满脸忧愁的母亲对我说："你回来，我可能不在了。"后来，证实了我母亲的预言，真是忠孝难两全啊！车过敦煌，气候异常干燥，一路尘土飞扬。在过大柴旦、祁连山时，只见层峦叠嶂，冰雪连天。车队到了青海格尔木，距离西藏拉萨还有1155公里。组织上为了我们安全通过5000多米高的唐古拉山，重新做了全面体检，同时提示了注意事项。做好了药物、氧气袋等一切准备后，车队沿着青藏公路进发，到了风雪弥漫的唐古拉山时，举目远望，在江南应是盛夏季节，此处却风雪交加，雪山林立，真是所谓的"六月雪，七月冰，一年四季分不清"。这时大家都穿上了棉大衣，又紧闭了车窗，可是只能解决御寒问题，而最令人头痛的缺氧，在同志们身上均有不同程度的反应；对反应特别敏感者，光服药也不行，非要吸氧不可；但是由于大家事先有足够思想准备，在相互关心下，无一畏惧。一路上，白天行驶，夜宿兵站，经过翻山越岭，胜利地征服了唐古拉山的天险，车队终于到达了西藏拉萨招待所。由于拉萨海拔不足4千米，小气候也不错，食宿条件优越，当晚加上西藏歌舞团精彩的演出，使我们顿时感到精神振作了。大家说，要比预想的好得多。

次日，组织上安排我们参观雄伟壮丽的布达拉宫和绿树成荫的罗布林卡、大昭寺。围绕大昭寺外面的八角街，其实是条"转经道"，也是拉萨最著名的商业街，两旁有藏族商人和尼泊尔人开的店铺，商品稀奇古怪，充满民族特色。

在拉萨休整到第五天，组织上给我们分配了工作。少部分同志留在拉萨，有的去林芝医学院，大部分同志分到山南地区的地直机关和13个县。我们奉贤去的4人被分配到3个县，我单独分到隆子县，任县委副书记。我们4人分配后，由于地广人稀、交通不便、工作岗位不同等原因，在西藏就此无机会相聚。

隆子县是一个边防大县，它位于西藏东南，距拉萨约400公里，与印度接壤，在喜马拉雅山脉东麓北面，全县总面积7710平方公里（比整个上海市还大），边境线长达145公里，平均海拔4000多米。群众主要经营牧业、农业，还搞些狩猎、采集、伐木等多种经营，特产有贝母、虫草、麝香、陶器、氆氇等。

融入西藏

初到这个全新的环境里生活和工作，既不了解情况，又听不懂藏语；当时考虑到条件再艰苦也要克服困难，问题是如何不负众望，完成党所交给我的任务。想来想去只有一条，老老实实地向藏族干部和群众请教和学习，否则不要谈工作，连最起码的生活也有困难。为此，首先要解决语言关。我刚到西藏与藏族群众接触交谈都要通过翻译帮助，若是离开翻译，真是好像"聋子和哑巴"，只能双方以笑相示而已。众所周知，语言是交流感情的工具。语言相通了，感情随之加深，更便于生活和工作。我请帮助翻译的藏族同志做我的老师，一句一句地学藏语，并用汉字注音和释意，死记硬背，慢慢地学会了一些礼节性的和日常生活的用语。对这些刚学来的藏语，往往是半生不熟的，但有时还能派派用场；听到我能说几句藏语，农牧民群众都很高兴。其次，在生活方面，藏族群众生活习惯和生活方式与汉族有很大不同，相对来说比较简单。藏族百姓主食长年累月是糌粑（炒熟青稞磨的粉）、酥油茶之类东西。我为了适应生活的需要，对这类食物从不习惯到习惯，不久越吃越爱吃。再次，在西藏工作下乡比较频繁，无论传达上级指示、落实党的政策、了解社情民意、扶贫帮困还是防雹抗洪等都得下乡去。由于绝大部分乡村牧区未通公路，要学会骑马才能工作。况且西藏地处高原，缺少氧气，人们行走十分费劲，走不了数里，就气喘如牛，所以马是必不可少的交通工具，好比内地骑自行车那样普通。我开始学骑马时，依靠藏族同志耐心帮助，给我选配比较老实的马匹，路途近一些，帮我拉住马缰绳，几乎是扶上马；下马时，还要有人帮助。在藏族同志关心帮助下，我终于掌握了骑术，他们也轻松放心地与我一起下乡工作。

情洒西藏

我在长期下乡工作中了解到，藏族群众基本上都信仰藏传佛教，可是部分寺庙在"文化大革命"中被拆毁，当时还没有恢复，群众因缺少宗教活动场所而呼声大，意见多。为了落实党的宗教政策，我在党委会上提出修缮建议，获得大家认同，组织力量，相继修复了6所寺庙，群众极为高兴。1984年春，在寺庙修复过程中，我与两位藏族同志去三安曲林区，爬上山顶察看原有庙址和残存石料。西藏真是"三月常见雪，四月不见春"的地区，在下坡中，右手腕在摔倒时受伤了，手腕伤肿得厉害，疼痛难忍。此事被区里干部、群众知道后，都来关心看望，献计出力。有位群众拿了价格昂贵的麝香，叫区卫生员帮我外敷内服。第二天清晨，在两位藏族同志关心帮助下，返回县里。组织上立即请来了一位名叫索郎的民间藏医，经他诊断后说："手腕已严重骨折和脱臼。"他采取多种措施，及时给我换药，并经过较长时间精心治疗，我的手腕逐渐好转。现在这只手腕虽有明显变形，但是基本上恢复了功能。我将这一些帮助和关怀，视为不可忘怀的民族的爱，高原的情。

还有一件我感到比较欣慰的事。我家乡奉贤食品机械发展很快，产品远销全国各地，但在西藏地区，当时还没有类似企业。当地干部、群众迫切要求引进，办一个县属食品厂。但是我知道，在西藏创办一个企业谈何容易，要比内地困难得多，这也是我们援藏干部的共识。在大家强烈要求下，我在回家探亲时，到奉贤胡桥食品机械厂去协商此事，厂方为难地说："运输怎么办？调试怎么办？食品配方，加工原料，操作技术等怎么办？"一下子弄得我非常尴尬，我就将厂方谈的所有"怎么办"全部写信给西藏隆子县有关领导，请集体认真商讨，结果回信是"要办"。经过一番努力，几经周折，西藏隆子县食品厂终于办成了，藏族群众感到满意。在与藏族群众的长期相处和交往中，我深感藏族人民不仅勤劳朴实、智慧勇敢、能歌善舞，而且有强烈的翻身感。拥护共产党领导，拥护社会主义制度，热爱伟大的祖国，对我们汉族干部也非常真诚，非常爱护，非常尊重。藏族群众对我说："我们西藏有句谚语，'孩子饿了找爸妈'，农牧民困难找国家，党和政府比亲生父母还要亲。在旧社会，我们冷了、饿了、痛了找谁哭去。"他们还说，"当年的解放军里面大部分是汉族同志，他们离开了亲人，离开了家，带着党中央、毛主席和全国人民的重托，排除艰难险阻，不远万里来到高原，帮助我们西藏人民翻身得解放，使今日西藏得到如此翻天覆地的变化。否则，我们现在仍过着牛马不如的农奴生活，这一切的一切，我们藏族群众永远不会忘记。"

我听了这些真情实感的话，更深刻地感觉到：在我们中华民族大家庭中，只有不断加强民族团结，我们的国家才能长治久安，繁荣富强。

离藏返沪

我与西藏隆子县干部群众相处已长达八年，临别之时，感情上真是难舍难分，特别在群众欢送的场合，我心潮难平，热泪难控……

回到生育我的家乡，上海市党组织安排我任奉贤县政协副主席、主席，我从头开始学习新时期的政协工作。1988年春，朱镕基市长来奉贤县检查工作时，县委负责同志介绍说："这是苏新泉同志，他去过西藏八年，原定是三至五年，不容易。"我得到领导们的肯定和鼓励，心想，最好的表现就是把现职工作搞好。

1990年4月18日，党中央，国务院正式宣布开发开放上海浦东。

当时我们奉贤，由于浦江之隔，交通不便，经济发展相对滞后。我们觉得，开发开放浦东是促进奉贤经济发展千载难逢的好机遇。我本着"了解开发区的概况，寻找与开发区合作的机遇，探索服务与参与开发的有效途径"的目的，组织了14人的调研组赴浦东等周边开发区考察。经三天时间的考察后，在专题讨论会上，我们将考察情况进行认真分析比较，形成了一致看法，认为："浦东开发虽然刚刚起步，但中央支持力度大，开发浦东是一个跨世纪的重大工程，浦东这块昔日沉睡的土地，发展前景必定会非常美好。"我们把这些意见和建议以《县政协秘书处〔1990〕第22号文》形式向奉贤县委、县政府提出，不久得到时任县委书记冯国勤同志的肯定和鼓励。他认为政协的意见和建议具有宏观性、前瞻性和可操作性，县委，县政府要认真研究，并积极采纳。

直到今天，我仍怀念工作过八年的西藏。西藏如今虽已发生了翻天覆地的变化，政治稳定，经济繁荣，民族团结，边防巩固，交通便捷和人民生活改善。关心西藏、支援西藏是我们党和国家的一贯政策，也是我们各族人民的共同责任。我们坚信，在党中央领导下，沿着中国特色社会主义道路，按照中央西部大开发的战略决策，西藏未来的岁月将会更加美好、灿烂。

智力援藏　人才培养

　　陆兴祥，1955年10月生。曾任奉贤区人大常委会党组书记、主任等职。1998年5月至2001年6月，为上海市第二批援藏干部，任中共西藏自治区日喀则地委组织部常务副部长。

口述：陆兴祥
采访：丁惠义　马莉苑
整理：丁惠义　马莉苑
时间：2014 年 2 月 7 日

我们上海第二批援藏干部，在林湘同志（时任总领队）带领下，于 1998 年 5 月进藏，2001 年 6 月完成援藏工作返回上海。其间，根据上海、西藏两地党委，政府的要求，结合当地实际情况，通过调查研究，确定了三年援藏工作大纲。核心部分就是推进六项工程实施，即造血工程、形象工程、实事工程、希望工程、健康工程、人才工程，涉及经济、社会的各个方面，援建项目 115 个。其中上海广场、上海路、日喀则体育场是当时地区的标志性建筑。还帮助建设了一批学校、图书馆、中心乡的卫生院。回首十多年前这些往事，尽管在我们手上实施的项目资金不算多，每个同志也吃了一些苦，感慨很多，但归结起来就一个字：值！

援建项目，培养了一批技术人员

实施这个工程，那个工程，其中的核心要素是人才的作用。借助推进工程项目，吸引和培养一批相关人才；这是我们当时的一个共识，也是我们把人才工程列入六项工程的一个初衷。当时，无论是上海广场，还是上海路等，我们一方面请求上海大后方派出项目专业施工技术、管理人员；另一方面帮助当地

▲ 2003年，去扎寺布伦寺看望老朋友

有关方面抽调一批骨干一起参加项目的管理和建设。同时协调两地有关部门，开展专业干部、人员互派，或上岗见习，或挂职锻炼，或考察培训，共计有300多人次。上海也派出近百人次的专业管理技术人才到日喀则，或参加项目建设，或承担项目培训。面对面交流，手把手传授，为日喀则地区培养了600多名人才。

西藏缺资金，更缺的是人才和好的理念、机制。对口支援的意义，不仅是组织点资金和项目进去。双方的合作与交流，人与人的共处与沟通十分重要。援藏干部和当地干部在发展思路和理念上的交流、互通、融合，也是一种对口支援，也是一种双向学习。我们在调研思考问题的过程中，在与当地干部、群众共事中，获得了丰富的思想智慧和精神食粮。

上海市教委组织的进修教师代表团利用暑期到日喀则地区进行骨干教师培训。代表团里有静安、奉贤、闵行、卢湾各区教师进修学院的一些老师，他们都是在语文、数学、英语方面的领军人物。有一位高级教师已经五十多岁了，进藏后高原反应明显，当地的老师为了帮助他适应环境，天天陪同看护他，还专门为他做可口的饭菜，实令这位老师感动。他病情稍有好转，就积极投入到"传、帮、带"中。培训结束后，他和同伴们与当地的老师建立了深厚的友谊。

上海体育局在日喀则地区援建了一个可容万人的体育场，弥补了日喀则地区没有像样体育场馆的空白。上海方面派出专业技术人员负责电路、音响、控制板等技术设备的安装。特别是塑胶跑道的施工，这在高原施工是有难度的。当地有关领导和人员对上海的师傅，都钦佩有加，一方面认真跟随左右，一方面悉心安排生活保障。上海师傅边组织施工，边手把手地把技术教给他们，前后有半年时间，和当地的干部职工朝夕相处，亲如兄弟。现在这个体育场已成为日喀则地区举办重要节庆的主要场所。当然援藏干部也在推进项目中得到了锻炼，积累了经验。

"三讲"教育，提升了藏族干部的政治素质

1999年开春不久，中组部确定少数民族地区"三讲"（讲学习、讲政治、讲正气）教育先进行试点，西藏自治区党委明确日喀则地区作为西藏试点地区。当时地委很快成立了"三讲"教育领导小组，下设办公室，我担任办公室副主任，负责协调日常工作。中央和自治区党委的要求非常明确，就是要通过这个教育使西藏反分裂斗争的基础更加坚固，稳定西藏、保卫西藏的基础更加稳固，重点从县处以上干部抓起。我认为这个思路、这个目标很有针对性，也

◀2014年2月，在奉贤区人大常委会办公室接受采访

有可行性。党员干部特别是党员领导干部应该做到，但对"三讲"教育在工作中能否得到有力的贯彻，心里不是很有底。人有忧虑，并非坏事。在"三讲"教育试点的近半年中，我和办公室的同志始终把握"三讲"教育的目标要求，方针政策。每一篇领导讲话，学习材料，每一期简报资料，每一份剖析材料，每一次会议组织，包括每到一处听取情况介绍，找领导干部谈话谈心，都精心准备，精心把关。通过"三讲"教育试点，地区县处级以上党员领导干部，包括我们援藏干部，都受到了一次教育，经历了一次思想的深刻洗礼。"分裂没有出路，稳定方能幸福！"年底，我代表试点地区——日喀则地委，在中组部召开的少数民族地区"三讲"教育试点工作座谈会上做了相关汇报，得到了中组部领导的充分肯定，与会的同志反响也比较热烈。

思想碰撞，引发了藏族干部发展思路

对口支援工作覆盖西藏所有县（市），是在第三批援藏干部手上开始的。之前，上海一直对口江孜、亚东、拉孜、定日4个县，重点推进4个"点"的城镇化建设，同时沿着4个县的国道省道交通线，支持公共服务设施和商业贸易服务资源的建设，既方便百姓生活，又带动旅游业发展。在亚东沿边境线口岸探索边境贸易的基础设施建设。虽然那时的支援尚在起步阶段，但实际参与这个过程，亲身经历中国特色社会主义在西藏地区的生动实践，越发感到邓小平"两个大局"的战略，"先富带动后富""点、线、面"的发展理念、路径既精辟又精彩。其间，我们经过调查研究，专门向地委、行署领导提出过"沿江、沿线、沿边"的发展思路及对策建议。当时地委领导给予高度评价，并写进了地委每年一次三级干部大会的报告（地区、县（市）、乡镇干部）。随后，在地委（县委）中心组学习、干部大会上，都要求林湘及几个援藏县委书记作中心发言，地委党校、行政学院不时邀请我们援藏干部去交流研讨。记得一次日喀则地区干部会安排我发言，在讲到市场地位作用和市场意识时，我说："藏民家家户户开店之时，就是日喀则地区发展之日。"当时会场里响起了热烈的掌声。那时当地个体经济意识很弱，开商店做买卖，除了公有制企业的，其他全部是外地人。现在，再去看看，日喀则地区所在地、县城里，就连偏远的小镇上，藏族同胞开店经营的比比皆是，市场意识、经营头脑与我们相比，毫不逊色。

有人说，只有到了西藏，才会感到个人的渺小。由于特定的地理环境、气候环境，让人感到大自然的力量太强大了。全国农村陆续实行分田到户、联产承包责任制后，西藏农村也大规模推开了，藏牧民生产活力被激发。但是遇到雪灾、水灾等，一家一户就难以承受，要靠国家的支援，要靠专业救灾机构救援。2000年，我们就此做了一个课题，提出在推行农村家庭联产承包责任制的同时，应创新农村经济合作组织和经营组织方式，还要发挥民兵组织、共青团和妇联等的作用，加强组织化的程度，走集体合作化发展的道路，增强防灾抗灾的能力和集约化发展的水平，得到了当地干部的认可。

公文培训，培养了一些民族机关干部

由于当时西藏的教育、文化事业发展比较滞后。我去了以后，时任日喀则地委书记知道我是从上海市委组织部研究室派来的，能写点东西。在我们还没安顿、适应时，他就交给我一个任务，负责当时新换届后的乡镇党委书记培训班上的讲话稿。接到任务后，我找了一个翻译，走乡串村，跑了两个乡，六七个村；直接找乡镇党委书记讲酸甜苦辣，听村干部、农牧民谈意见建议，还请教当过乡镇党委书记的地区领导。记得报告中既有内地情况介绍，又有西藏实际；既有当好乡镇党委书记的共同规律，又有西藏地区的特定要求，还有典型案例。当时书记看了很满意，培训反响也不错。就这样写了几次以后，地委书记老是抓我出公差。有一次我半开玩笑地说："书记，我援藏只有三年，以后怎么办？能不能给我几个人……"书记欣然同意后，就由地委组织部、人事局出面贴了个告示：地委组织部每周三、五晚上举办机关公文写作讲座，大家可以自愿参加。从公文写作、领导讲话、工作总结到调研报告等机关常用的公文，设了9讲。第一讲开讲之前，我心里犯起了嘀咕：有人来吗？可结果一下子就来了近百号人。有一次，我下乡工作，当天晚上有个讲座，但因一时忘了，返回日喀则地委的时间晚了点。紧赶慢赶，迟到了五分钟，但还是有60多人等着，这让我非常感动。2013年，我参加上海陪送第七批援藏干部再次

◀2008 年，第五次返藏时与藏族干部合影

进藏活动期间，听说当时参加讲座的同志基本都到了县处级领导岗位，有的还担任了地市级领导时，心里真为他们的成长进步感到高兴。当时地委机关有一个科员，大学毕业，时年 24 岁，很刻苦，也有悟性，去年已担任地区的发改委主任。当时地委组织部办公室主任，后来先后担任县委组织部部长、县委副书记、书记，去年也调到自治区党委任督查室主任。

　　对口支援丰富的实践，使我们援藏干部经受了锻炼和考验。十年树木，百年树人。我想这也是党中央、国务院对口支援西藏战略的重要意义之一吧！

当好拉孜社会经济发展的
"领头雁"

　　顾耀明，1967年8月生。现任中共奉贤区委常委、副区长。2010年6月至2013年6月，为上海市第六批援藏干部，任中共西藏自治区日喀则地区拉孜县县委书记。

口述：顾耀明
采访：张燕伶　夏伟燕
整理：张燕伶　夏伟燕
时间：2014年2月12日

2010年6月，我来到日喀则地区拉孜县，任上海市第六批援藏干部拉孜小组组长、拉孜县委书记。

城市管理的深化

现在，你要是去拉孜县城，会发现在整洁有序的街面上，现代化的垃圾清扫车、洒水车、电动环卫车、城管执法车在各尽其职，这与上海似乎没有什么差距。事实上，取得这样的成果，我们也花了一番心思。在城市管理上，我们是从解决四处溜达的狗牛羊扰民伤人、影响市容等具体事情抓起，再深入到面上，组建了城管队、出台了条例、加强了立法，推动了常态化管理。这是一件让我们全体援藏拉孜工作小组成员引以为豪的事情。

在我们开展援藏工作时，面对观念上的差异，要尊重当地风俗习惯，通过勤思、巧干，慢慢引导当地群众转变观念、改变生活习惯。在群众逐渐适应新的观念、习惯后，我们再大力推进工作。如此不会引起群众的强烈反应，反而能得到他们的理解和支持。

在改变城镇"脏乱差"面貌方面，我们还想办法处理了牛羊到处溜达、影

◀ 下乡调研农民劳作

响市容环境的问题。拉孜县属于农村经济占主导的地区，大街上随处可见散养的牛羊到处乱跑。夏天，牛羊还能吃草。到了冬天，它们就啃路边上的树叶，实在没东西吃了，甚至会啃商店里扔出来的纸板箱，弄得路面上杂乱不堪、恶臭不绝。我认为对牛羊也需要采取措施加以有效管理，让上海援藏干部、拉孜县建设局局长刘兴军具体负责这件事。我们首先做好告知工作，召集附近的乡镇长开会，请他们及时告知群众管好自己的牛羊，不能随意放养，否则管理人员会将散养的牛羊统统赶到乡政府集中起来，让村干部通知村民去认领。第一次认领就在牛羊的耳朵上打个孔，并记录在案，口头告诫一次；第二次来认领，再打孔加书面警告一次；第三次认领就要罚款 50 元，第四次罚款 500 元，第五次就没收充公。在执行该项制度的过程中，我们还专门请电视台记者制作了一个寓教于乐的宣传片，发送到村里，并让村干部定期组织村民观看。两星期后，牛羊随意放养的现象得到改观，县城街道上也很少见到牛羊溜达后留下的排泄物了。

之后，县委、县政府成立了全县城市管理综合执法大队、清洁环卫队、自来水维护队等，并投入专项资金，为他们配备了城管巡逻车、执法取证装备、垃圾清扫车等先进的管理设备；还组织上述人员去上海进行专项城市管理培训，学习上海的城市管理理念、成熟的做法和管理模式；制定了《拉孜县城镇管理办法》《拉孜县城市环境卫生保洁员责任区制度》《拉孜县城市生活垃圾定时清运制度》等规章制度，建立起城市管理的长效机制。

西部中心的落地

日喀则地区分东西部，西部地区相对经济落后一些。拉孜县地处日喀则地区西部中心位置，是通往西部各县、樟木口岸、阿里地区及西部名山胜水的重要陆路通道，交通区位、战略地位非常重要。日常交流中，很多人会谈及拉孜是西部重镇。一次，我询问当地同志，关于"拉孜是西部重镇"说法，是否有配套政策等方面的支持与倾斜，他们说没有。通过走访调研，我发现所谓的"拉孜是西部重镇"的说法，更多涉及地理位置的层面，实际上拉孜在经济社会发展上并未真正成为西部重镇。

之后，我开始认真思考如何将西部重镇的说法以文件形式固定下来，取得自治区、日喀则地区等政策上的倾斜与配套，让建设西部中心的宏伟目标落到实处。后来机会来了，我听说日喀则地委书记、地区人大工委主任丹增朗杰将于 2011 年 5 月来拉孜县调研。他原在自治区工作，2011 年初调任为日喀则地委书记。按照一般惯例，届时我们要做好工作汇报等常规工作。但曾在区政府办公室工作的经历，使我多了一个想法，我们要好好抓住这次机会，争取让拉孜建设西部重镇的说法落地。我让工作人员提前起草了一份关于明确将拉孜县定位为日喀则西部中心的建议。建议包括几方面：一是介绍拉孜建设成为西部中心的地理、物质等条件；二是在拉孜建成西部中心过程中，希望地委行署在项目、资金、人力物力等方面给予政策配备等；三是请地委行署转发这一决定。

在丹增朗杰书记带领行署处长及三位委办局领导等来正式调研那天，县长在简要汇报工作后，问我是否有补充。我说："面上的工作已汇报，不多说了。丹增书记，今天趁这么多的地委行署领导来调研之际，我有一件事要汇报一下。大家都在说拉孜是西部重镇，但这一说法没有落地，更多是在天上飞。今天我们冒昧替地委行署起草了一份关于正式确定拉孜县作为日喀则地区西部重镇的决定。"丹增朗杰书记听后，有五分钟左右未讲一句话。然后，他说了一句让我至今记忆犹新的话："顾书记，你代地委行署起草了这份决定，敢挑战地委行署的权威，你胆子蛮大的嘛？"但接下来他又对地委研究室主任说："责成你好好调研，好好研究西部重镇的政策，并正式确定下来。"他其实是赞同了我们的想法。不久之后，地委研究室专程组织人员来拉孜调研。

2011 年 9 月 30 日，地委行署正式发文，做出《关于推进拉孜县加快建设日喀则西部中心的意见》，首次以正式文件的形式对拉孜县"西部中心"建设做出了部署安排，并明确指出日喀则地委行署将尽快出台一系列保障措施，在组织领导、政策、资金、人才等方面向拉孜倾斜，全力推进西部中心建设，将拉孜县打造成日喀则西部城镇化中心、产业中心、旅游贸易中心和公共服务中心，这为拉孜的正式功能定位及可持续发展打下了很好的基础。我拿到这一决定后，难掩激动之情，马上请地委政策研究室多印了 200 份，并在全县工作大会上发至各部门、乡镇，让他们拿着去跑地区各部门，争取在人力、物力、财力等方面得到更多的支持。

权力下放的效果

作为"班长"，我考虑问题不是三年，而是如何为拉孜的长治久安打下扎实基础。参照上海的"两级政府、三级管理"的行政管理模式，结合拉孜县域，围绕"有权能办事、有人会办事、有钱好办事"的原则，展开权力下放工作。

先说关于有权能办事。拉孜是个地广人稀的地方，从一个乡镇到县城，老百姓需要花几个小时乃至一天时间，而且交通不方便，他们一般是开着拖拉机或骑马进城的。原先因为委办局与乡镇工作存在着脱节，群众要办个事情，找乡镇政府不管用，只有舍近求远去县里找委办局办事，导致办事效率偏低。如原先当地群众报销医药费，先得去乡里盖章，再去县卫生局盖章，然后还得去排队取钱，有时去一次县里还无法全部办好。在实施县卫生局权力下放后，老百姓可以直接去乡镇办理医药费报销事项：先将资料交给乡镇机关，再由乡镇统一将资料送至县卫生局审核，通过后，由乡镇机关直接将钱报给老百姓。老百姓不用为了几百元医药费而跑远路。再比如公路养护问题，过去先要报交通局长签字，再送分管副县长签，财政局长签，最后还需分管财政的副县长签，一个签字流程，少则一两个月，长则三个月。后来通过把公路养护管理权下放到沿线各乡镇，诸如小修小补或临时抢修，乡镇可以自行做主。这也符合西藏公路养护的规律。因为夏天，拉孜当地只要一下雨，就容易引发洪水冲垮路基等灾害，等你一圈签字下来，路早已被水淹了。通过权力下放，乡镇能在路毁的第一时间组织人员抢修，这样能极大方便群众的出行。

关于有人会办事，这涉及干部培养的问题。以前当地干部更愿意在委办局工作，而不愿在乡镇工作，因为乡镇无权，海拔高、工作条件更艰苦。为了扭转这一局面，我提出了"干部下乡镇，乡镇出干部"的用人导向，明确提拔任用干部向基层一线倾斜。如在成立县政协的过程中，不同于从委办局中提拔干部的常规做法，我们从乡镇书记中提拔了两名副处级领导干部。如此，大大激发了干部去乡镇工作的积极性。另一方面，在我们实行事权下放的举措后，也在干部队伍中产生了影响。因为乡镇干部有职有权，能有事干、干好事，这也激发了他们下基层的热情。在我援藏期间，全县共调整、交流、提拔使用404名干部。其中从乡镇干部中提拔10多名担任副处级领导职务，而且不仅提拔到本县，更推荐他们到其他县担任副县长等职务。所以我们县的干部有很大的凝聚力。虽然也有人认为，在三年中，作为援藏干部只要把项目做好就行了。但我以为，抓好干部队伍建设是县委书记的职责，县委书记若不抓干部工作，就是失责。

关于有钱好办事。以前，很多援藏项目重在发挥"输血功能"，如为当地盖几幢房子、修几条路、建几座桥等。这些工作既省事也好看，容易出成绩。但我结合拉孜实际，更多的是围绕一些"造血项目"，从调结构入手，通过抓重点，培育新的经济增长点，促进当地的发展。如拉孜虽有"后藏粮仓"的美誉，但蔬果却不能实现自给，而且种粮收益不高。为此县里拿出1000万元，建造出占地15亩的200座瓜果蔬菜温室大棚基地，用于培育西瓜、西红柿、西兰花等优质蔬果。通过做大做强拉孜蔬果种植产业，既能增加种植户的现金收入，又能丰富居民的"菜篮子"，获得了双赢。让农牧民群众致富，才是我

◀ 可爱的藏族小学生

们执政的方向。

在我们 1 个多亿的援助拉孜的资金中，有 80% 的项目投入到乡镇的建设中，重点放在教育、医疗、农牧民生产生活改善等方面。这里体现了两个倾斜：一是将援藏项目向农牧民倾斜；二是向农村地区倾斜，而不仅仅局限在对县城的建设上。这也符合中央对西藏工作的指示精神。

我们的援藏项目安排，始终坚持从群众的实际需求出发，不做形象工程。这些项目最终产生了很好的效益，实现了少花钱、多办事、办好事的目标，如援建小型水利工程。拉孜地区一到夏季，雨会下得特别大，往往要发洪水；而到了其他季节，则不下雨，常常导致干旱。为了蓄水抗旱、保障生产与生活用水，农牧民群众急需一批小型水利设施。但是国家的财政资金一般用于建设大型水利设施，没有涉及此类小型项目。而县、乡镇及村里也没有相关的资金支撑。我们从援藏资金中拨了一些钱，以乡镇为单位，由他们负责为群众建造水塘等小型水利设施。具体方法是，由各乡镇上报水利工程项目，我们只下拨用于租赁机械设备、采购建筑材料的资金，但人工费由各乡自己承担。由于是为自己干事，当地农民群众热情很高，自觉当义工。建造水塘等施工现场，到处可见青壮年搬石运土、砌石垒墙，就连儿童也帮忙从山上抱来一块块石头。如果这些工程外包给某家建筑单位的话，那投入就要大大增加，利润让企业赚去。而通过"以工代赈"的方式，让当地百姓以劳动力代替项目的投入，得益的完全是百姓。这些小型水利设施都建设在田间地头，是百姓急需的，这体现了"民生工程惠民生"的宗旨。

再比如为拉孜学校建公共浴室。因为水源问题，普通群众家中连抽水马桶都没有，只有旱厕，更别提浴室了。我曾去过当地的一所有一两千名学生的小学。孩子们天天吃牛羊肉、土豆等，由于无法洗澡，导致教室、宿舍里充满了异味。因为限于财力，这些学校没有配套给排水设施，更无浴室等。我们将部分援藏资金投入到学校公共设施的建设中，为小学建设公共浴室，让学生至少能一个月洗一次澡。在我们第六批援藏干部回来前，为11所无公共浴室的小学立好了建设项目，投入援建资金500多万元，完成了多所学校公共浴室的建设。

珍"藏"一生的体会

有人问我对三年援藏工作的看法，我的回答是："是既爱又恨，爱恨交加。"爱，是因为这段经历让我一生难忘。三年的援藏生活，对我个人而言，是个永生难忘的历程。一次次走乡村、下基层，一次次与拉孜干部群众交流谈心，一次次开调研会、部署会、推进会，让我刻骨铭心。此外，在观念引入、城市管理、干部培养、工作制度等方面，我也为当地群众实实在在做了一些事情。说恨，其实也是怕，怕自己身体扛不住。三年中，我身体经历了严峻的考验，有好几次差点扛不住。一天中，我要吸氧三小时以上；三年中，我多次住院、输血，有时甚至每隔一两个月我就要住院一次。然而即便这样，我也经受住了锻炼和考验。当然我在西藏时，关于自己的身体状况，对家里人总是报喜不报忧的。

反思三年的援藏经历，我有以下几点想法。这些观点我曾两次在全地区援藏干部工作大会上代表上海干部作过交流发言。

其一，既要将维护社会稳定作为首要任务，更要将发展作为援藏的重要使命。既要做好抓稳定的常规工作，更要将人力、物力、财力放在发展上。我们要以发展为前提，明确大发展带来大稳定，小发展带来小稳定，不发展带来不稳定。不能为稳定而稳定，而是应该通过加大发展来促进稳定。西藏农牧民群众富裕了，从发展中受益了，人心才能安定，稳定才能持久。

其二，在把握和处理好各种关系上，既要当好主人，也要做好客人。我们要始终把民族团结作为援藏工作的生命线。当好主人，要善于处理好各种关系，关键是"包容、公正、自律"。"八小时"外，我们要以诚相待、广交朋友，不能搞小团体、拉帮结派。

其三，在工作理念和工作方法上，要适度超前，但不能急于求成，要循序渐进，以点带面，慢慢推动当地的转变。在把内地的工作方法、工作思路引入当地时，一定要考虑当地的发展实际状况，干部群众的接受程度。

其四，在自身定位上，援藏干部既要认真负责地做好援藏项目，又要履行好岗位职责。工作中，我们在做好项目援藏的同时，要逐步扩大到观念援藏、管理援藏、文化援藏等。县委书记作为"领路人"，不能把眼光只放在援藏项目上，一定要总揽全局，审时度势，在创新援藏方式上下功夫，在自律上做榜样。

心中的珠穆朗玛

　　蒋仁辉，1971 年 4 月生。现任中共青浦区委常委、组织部部长。2010 年 6 月至 2013 年 6月，为上海市第六批援藏干部，任中共西藏自治区日喀则地区定日县县委书记。

口述：蒋仁辉
采访：毛雪明　张景琦　胡浩川
整理：胡浩川
时间：2014 年 3 月 10 日

黄浦江畔与雪域高原，离得很远。顺着 318 国道，得 5100 多公里，海拔高度从 4 米升到 4000 多米。上海与日喀则，贴得很近。从 1995 年起，上海派出七批共 300 多名援藏干部到日喀则，为这里的建设添砖加瓦，快二十个年头了。

我是最后一个援藏的定日县县委书记，从下一批援藏干部开始，县委书记都由当地同志担任。前五轮援藏担任定日县委书记的都是松江区的同志。2009 年时我去过一次萨迦县，看望奉贤区的援藏干部，顺道也去了定日，当时的县委书记是松江区的杨连明同志，也算对定日有了感性的认识。巧的是后来我"接了他的班"，成了第六批援藏干部，为此我还去了松江区九亭镇向第四批的援藏书记张金弟同志专门请教。

定日县总面积约 1.4 万平方公里，有 5 万多人，下辖 2 镇 11 乡，在边境县里属于人口最多、村也最多的县，平均海拔 4500 米，自然条件艰苦，基础设施薄弱。当时定日县还没通国家电网，只有个小水电站，靠穿城而过的协格儿河发电，供电可靠性差，时有时无，电压偏低。100 瓦的白炽灯，照明程度大约等于正常状态下二三十瓦左右，生活和办公用电都没有保障。县城也没有自来水，生活只能用井水。但是那里的老百姓很淳朴，他们的幸福指数较高，大多数人安于现状，所以发展经济的意识比较薄弱，发展愿望也不强。进藏之前我就一直在思考：援藏这三年，我能为定日人民做些什么？

脱贫致富　让藏族群众安居乐业

进藏后，我和其他援藏干部一起抱着稳定与发展的宗旨开展调研，走遍了定日的山山水水，目睹了藏族群众的生活状态，决定先着手解决农牧区贫困党员的贫困问题，让他们发挥带头作用，带领广大群众一起脱贫致富。

2010年，定日县农牧区的贫困党员有397名，占党员总数的五分之一左右。在认真摸底、深入调研的基础上，我推动县委启动贫困党员脱贫工程，采取了很多措施：向各乡镇党委发出倡议，调动各级党组织的积极性；开展宣传谈心活动，增强他们的发展意识；开展项目扶持，如党建援藏投入资金、开展培训、提供就业岗位等。岗嘎村有个年轻党员叫片多，她想开个馒头店，我们为她提供设备、进行培训，并提供贷款3万元（贷款不用付利息，也没有规定还款期限，为的是能让贫困党员们放开手脚创业），小店开业后生意很好，一个月纯利润就达2000元。2012年我们先后投入108万元小额贷款基金，扶持了18个项目，当年利润就有20万元，这不仅改变了贫困党员的现状，而且带动了周围群众一起创业。我们还充分发挥驻村工作队和村党支部"第一书记"优势，通过单位联帮、个人扶帮等，帮助贫困党员解决生产生活困难和发展瓶颈；把住党员入口关，发展新党员注重综合素质；依靠党的"惠农强农"政策，提高他们的收入。到2012年底，贫困党员数量减少到97名，特别是13个乡镇中有6个乡镇实现无贫困党员的目标，培养了一批致富带头人，重塑了党员先锋模范形象，激活了基层组织的活力，也使广大群众更有信心推动全乡（镇）乃至全县的快速发展。

定日县还有一个关系民生、稳定的大问题就是长期在外流浪群众非常多，人数居日喀则各县前列。2010年的时候，全县有103户近500名流浪群众，常年流浪在拉萨、日喀则等城镇，这一问题历届县委县政府也很重视，试过很多办法但收效甚微，原因是他们在原来乡镇既没有住房也没有土地等生产生活

资料，甚至有些祖祖辈辈都过着流浪生活，而流浪乞讨收入不少，他们回乡的积极性并不高，自治区也没有相关政策扶持。本着"留得住、不返流"的原则，当时我们研究如何解决这个难题，准备初步采取集中和插花安置的方式，花五年时间基本解决。在户数最多的措果村有 17 户村民常年在外流浪，经全体村民同意，我们开展了安居工程试点。资金主要来自县里的援藏资金。给每户流浪群众建了房子，共有 3 个户型，面积为 70—110 多平方米；家具由县民政部门争取资金，电器等由机关干部募捐。但最关键的是要帮助他们改变生活方式，让他们稳定下来，真正安居乐业。副县长于治花分管这项工作，非常敬业。比如鼓励群众在彭曲河河谷的荒地开荒，我们提供农具、农业技术指导并帮忙挖渠，在那里种青稞。第一年的产量每亩就有 300—400 斤，当时县里平均亩产在 500 斤左右，最高的 700—800 斤。由于这是新开的荒地，肥力不足，做到这点已经很不容易了。教育部门则帮助他们解决孩子上学的问题。由于有的孩子常年跟随父母流浪在外（有的甚至出生在外地），没有户口，县里征求全体村民意见后，决定特事特办，为孩子们补办户口，让适龄儿童入学，一共安置了 11 名适龄儿童进学校接受义务教育。民政、社保部门帮助已安置的、符合条件的人员纳入农村低保，并免费提供农村合作医疗保险、农险服务和农

村养老保险等。文广部门帮助安装了电视卫星接收器。党员干部采取结对帮扶的办法，"一对一"地帮助他们，让他们的新生活起好步，推动措果村集中安置点的自我管理。后来我还组织了县司法局法制文艺宣传小分队到村里表演节目，并开展稳定宣传等活动。最后实际安置 16 户 52 人，另外有 1 户只有孤身一人，实在难以真正定居下来。这些被安置的藏族群众将安置点命名为"感恩村"，村里的藏式小楼都插着鲜艳的国旗……全县整个安居工程一共投入建造住房资金 500 万元，争取民政部门添置家具专项资金 100 万元，为定日县 74 户 300 名流浪群众安了家，分别安置在全县的 8 个乡镇。已安居的群众正逐步自食其力，"有田耕、有牧放、有饭吃、有屋住"，并且吸引着更多的流浪群众回乡定居。

2011 年 9 月 18 日，锡金邦地震波及定日县，当时全县有震感，尤其是东南方（如曲当乡扎村等）受灾很严重。为尽快组织震后重建，确保群众安全过冬，建设更加安全的新民居，县委县政府迅速联系奉贤区规划设计院。10 月 8 日，奉贤区规划局开会研究；10 月 10 日，规划局组织专家进藏，对扎村、恰布村进行勘察和灾后重建规划；12 月，两个村的重建规划评审通过；2012 年春节之后，地委行署审批通过。为保证工程质量和工期，县里的干部们几乎天天待在工地上。2012 年，基本完成重建任务，共调整援藏项目资金 1000 多万元，在喜马拉雅山东坡异地重建了两个新农村示范村，共安置 51 户村民。后来每户人家家里都挂上了新旧房屋对比的照片：原来石木结构的房子变成了砖混结构的两层小楼。村民们不禁感慨："辛苦一年，跨越二十年！"

编制规划　让珠穆朗玛焕发光彩

喜马拉雅山脉有 8000 米以上高峰 6 座，我们定日县内就有 4 座。看珠峰，到定日。珠峰是定日的资源，也是世界的财富。然而我们县旅游业的发展和林芝等地相比并不快。我们从调研中了解到，一方面是基础设施如公路、电网制约着定日旅游业的发展，珠峰沿线只有小型太阳能供电，我们为此反复呼吁大电网的接通；定日通往珠峰大本营的 108 公里道路，是一条"土路"（国家对西藏地区的交通建设投资巨大，国道、通往县城的省道全部纳入中央财政拨款，但这条路既不属国道，也不属省道，一直是"土路"一条）。这条路沿线有 50 多个村庄，一到雨季和雪天，交通十分不便且养护成本很高，县里根本无力负担。另一方面是缺乏总体长远的规划。为实现旅游强县发展战略，2011 年，我主持推动旅游业发展的调研并通过了《中共定日县委关于进一步加强旅游业发展的意见》，在全县上下进一步明确了旅游发展指导思想、总体思路、发展战略定位与目标，包括加快旅游基础设施建设、完善旅游服务功能、设立旅游发展基金、重视牧民群众参与旅游增加收入、合理吸引外部投资者等。我还邀请上海师范大学旅游学院的高院长组织专家到县里考察调研，编制旅游发展规划。2012 年，珠峰国家公园成功挂牌并申报 5A 级旅游景区；2013 年年初，随着委托专家编制的《珠峰地区 2012—2013 年生态旅游发展总体规划》获批，藏中电网、旅游专线油路等项目获批建设，珠峰必将焕发迷人光彩。定日珠峰旅游业的配套设施也在逐步完善，我们投资 450 万元，建成旅游一体化服务中心。这是我国境内距离珠峰最近、功能最全的服务中心。很多游客并不知道珠峰旅游要办边境许可证，现在我们中心就能补办了。中心还提供购票、登山服务、高原救急、车辆出租、民族特色产品展示销售的服务，既为游客提供了方便，又能带动县域旅游服务市场的发展，使珠峰所在的岗嘎镇、扎西宗乡等地的群众增加收入。

供水建园　为下一代茁壮成长

近年来，日渐稀少的降水量使得协格儿河长期处于干涸状态。定日，这个遥望世界最高峰珠穆朗玛峰的小县城，在用水问题上犯了难。在世界上海拔最高（4300 多米）的中学——定日中学，以前日常生活所需的水源是把山间泉水铺管道引进来，但是上流都是裸露在校外的，很不卫生，且水质也不好。后来每天靠汽车去几十公里外拉水，一天三次，每个星期成本要 1000 多元，拉来的水仅够食堂做饭和洗刷，学生洗碗要排队 20 来分钟，只能用"一点点"。洗衣服得走上一个多小时，到小河边去洗。很明显这不是长久之计。我们经过详细调研，想到了挖井。2010 年 10 月，定日中学的无塔供水工程率先启动，投入 100 万元，经过多次勘探，最终在学校操场左侧钻了一口 100 米

◀ 调研困难党员脱
贫项目（馒头店）
实施情况

的深井，半年后建成 6 个取水点和遍布校园各处的 64 个水龙头。水井日供水 100 吨，满足了学校 1300 多名师生的用水需求。井上又造了两个容量各 5 吨的储水罐。这样，即使停电不能抽水，也能保证师生基本用水。2012 年，投入援藏资金 600 万元，对原来供水不足的县自来水厂实施改扩建，成功打出两口百米深井，并实施管道维修，实现了县城重点地区供水。2013 年，随着定日县和大电网的接通，深井水告别发电机提水，清冽甘甜的自来水流进了家家户户……

2011 年底，我在食堂吃饭时，从副县长张俊明口中得知刚启用不久的县幼儿园教室不够用。因为西藏已经基本实行九年义务制教育，农牧民孩子上学还能"三包"（包吃包住包学费），"三包"政策还从小学、初中延伸至幼儿园、高中，这下就出现幼儿园教室不够的情况。后来就筹集扩建资金，自治区出 50 万元，对口支援县里的上海出 70 多万元，扩建了几个班。2012 年初方案通过论证，年内完成。幼儿园在西藏起步较晚，原来没有"三包"政策，孩子入园率很低。现在学校都纳入了"三包"，并且推行双语教学（汉语、藏语），孩子们增强了对中华民族的认同感，对民族文化的认同感，藏汉儿童在一起茁壮成长。

追昔抚今　受藏族同胞精神激励

刚去的时候，我就觉得藏族群众很淳朴，这三年在西藏工作，也和藏族干部结下了深厚情谊。我们比起长期在藏工作的、长期坚守在边防艰苦岗位上的干部好多了，他们更辛苦。但更令我永远无法忘却的是发生在藏族干部身上的两件事。

第一件事是村干部阿旺次仁为打捞落水车辆不幸牺牲。2012 年 12 月 1 日，阿旺次仁当时正在村委会与地区司法处工作队商量村里的工作，得知驻村工作队的车陷进了彭曲河中，立即赶往出事地点并不顾周围同事的阻拦下河打捞车辆，不幸遇难，献出了年仅 49 岁的宝贵生命……我去看望了他的家属，他们对政府也没有提什么要求，认为他做得很对。回去后，我和援藏干部们一起募捐偿还了他家的安居贷款 4 万元，以减轻他们家的生活压力。

第二件事也是一个村干部的故事。喜马拉雅山脉南麓有个边境村，山上叫陈塘村，山下叫左不德村，由于道路没有修好，村民上下山十分不便。村支书扎西达娃家的房子是全村最差的，房子外面堆着很多木料，一问村民，村民说堆了好几年都没有翻建，因为他忙于村里的事务，忙着解决村民们的困难，没有时间翻建自家的房屋。后来县里筹集援藏资金，将村里提出的翻建村民活动中心（村委会）、修路等问题一并解决了。中宣部送的太阳能卫星电视接收器也帮他们装好（边境村优先政策），解决了没有电、没有信号等问题。可到我离开时，扎西达娃家房子外面的木料还堆着……

在珠穆朗玛脚下这个远离都市喧嚣、也远离都市繁华与便利的地方，在许许多多藏族同胞身上，我们学到了很多可贵的精神，激励着我们为援藏工作作出更多、更大的贡献。

在我援藏工作期满、离开定日的时候，县里给我发了一枚奖章，这是县里的藏族同事特地去定做的，上面刻着"定日县荣誉公民"的字样，当时由县人大主任亲自给我戴上，奖章在高原阳光的照耀下闪闪发光，我轻轻抚摸着奖章背面珠穆朗玛的图纹，顿时感到无比光荣。

雪域高原，我的第二故乡

俞凯丰，1956年2月生。曾任中共奉贤区委常委、政法委书记，上海市委巡视组副组长、正局级巡视专员。1995年5月至1998年5月，为上海市首批援藏干部，先后任中共西藏自治区日喀则地区亚东县常务副书记、亚东县县长。

口述：俞凯丰
采访：宋春雷　吴晓蕾
整理：宋春雷　吴晓蕾
时间：2019 年 12 月 20 日

1994 年 7 月，中共中央、国务院在北京召开了第三次西藏工作座谈会，提出了加快西藏发展的任务和目标，做出了全国支援西藏的战略决策。这次会议，提出了"分片负责、对口支援、定期轮换"的援藏工作方式。自 1995 年起，全国 15 个对口支援省市和中央、国家机关各部委设立机构、制定规划，与西藏建立了长期的对口支援关系，展开了形式多样、成效显著的援藏行动。

克服困难　坚定信心

我是家里的独子，那时上有老人，下有还在读小学的孩子；当知道需要一批干部参加援藏工作时，我积极响应号召，作为首批上海援藏干部，义无反顾来到了西藏自治区日喀则地区亚东县，开始了为期三年的援藏工作。初到亚东县后，我担任了亚东联络小组副组长、亚东县常务副书记；到 1997 年，我担任了上海援藏干部联络组副组长、亚东县联络小组组长、中共亚东县委常务副书记、亚东县县长。

亚东县的地理位置十分特殊，属于日喀则的东南部，全县总面积达 4240 平方公里，向南呈楔状伸入邻国印度和不丹之间，是一个边境县。2017 年发生的中印对峙的洞朗地区，就是属于亚东县的。

作为一个长期生活在江南的人，初到亚东县后，我就遇到了诸多不适应的地方。

首先，就是在生理上的不适应。对于长期生活在低海拔的人来讲，来到高海拔地区的第一个问题，就是高原反应。亚东县的平均海拔达到了3400米，我刚到亚东县后，就出现了较为严重的内源氧缺乏症的症状，最大的症状是头痛，一开始的时候，还整夜失眠。特别是下乡去有些海拔更高乡镇时，由于路程较远，有时只能住宿在当地，身体出现的反应也就更大。

接下来，就是生活上的不适应，主要是饮食问题。我们的主食是大米，但在亚东县，由于受到交通条件等限制，日常生活中不能保证吃到大米饭。亚东县当地群众的主食是糌粑，那是用青稞洗净、晾干、炒熟后磨成的面粉，以不同于我们的烹饪方式制作而成的食物，偶尔吃几次没什么，但经常吃，就感到难以下咽了。

生活条件艰苦，这些都是主观上的感受问题。再艰苦、再困难，只要努力去克服，就一定能成功。但在工作上，我遇到的一些客观上的问题，也是需要千方百计想办法去克服的。

第一个问题是日常联系。在上海工作时，我在青浦区的练塘镇担任党委副书记、镇长的职务，在日常工作中，工作布置、交流和联系都十分方便。即使遇到需要面对面交流，或者下基层也好，或者坐一起开会也好，由于区域面积小，加上道路交通设施好，最多在半小时内都能够见上面。但在亚东县则完全不同，县城到最远的吉汝乡，距离达100公里，而且当时的交通设施十分落后，一到冬天就有几个月的封山。如果想使用电话，那基本上打不通，有时只有到半夜以后才有可能通话，一次电话要拨两三个小时是经常性的。关键是即使电话接通了，信号也是断断续续的，交流起来很不通畅，极大影响了工作的正常开展。

第二个问题是语言沟通。我们与县级机关藏族干部之间的交流，还相对比较顺畅的。但是由于当地的教育水平比较低，大多数藏族的基层干部和群众都不会讲普通话，我们与当地群众的沟通存在较大的困难，需要当地的同志陪同做翻译。当然，由于工作的需要，在三年工作时间里，我也学会了一些藏语，可以进行一些日常的交流。

第三个问题是经济发展。由于受到地理位置、教育水平、资源等综合因素的影响，亚东县没有主要的支柱产业，导致没有较强的经济来源，主要靠一些外地人做的小生意，所以税收总量较低，财政较为困难，主要还是依靠国家的拨款，这也影响到教育、基础设施建设等工作。

最后一个较大的问题就是，我们是第一批到亚东县的援藏干部，他们对我们的了解不是很深，在开始的工作中，他们对我们的信任度、认可度不高。

当时我们在亚东县工作的七名援藏干部，就自我约法三章：第一，严格自己的纪律作风，强化自身素养的培育工作，切实做到廉洁自律；第二，尊重当地的风俗和群众的习惯，充分展现上海干部的良好形象；第三，注重自身的言行，与当地的干部群众打成一片。

通过不到半年时间的交流和工作，我们和当地干部群众之间就建立了值得信任的同志关系、值得依靠的兄弟情谊。

当认识到摆在面前的困难和问题时，我充分认识到自己肩负的使命，我不是一个过客，而是要向孔繁森同志学习，不辱使命，迎难而上，踏踏实实地在亚东的土地上留下自己的足迹，真真切切地为亚东人民出一份力，为当地的经济、社会、文化发展打下基础。

当时，亚东县委书记是次乍塔杰，一位当地的藏族同胞，一个德高望重的老同志。在与他的交往中，我感到他对我党的忠诚度极高，而且在当地干部和群众中的威望也极高，这为我开展工作提供了坚实的组织保障。

在日常的工作中，我积极主动向他多汇报工作、多交流思想、多请教问题。在平时的生活中，我也经常性地与他多沟通、拉家常。在不知不觉之中，我与县委书记之间建立起了牢固的同志之情、朋友之谊。这种效果，不仅仅在于我与县委书记之间，也同样发生在我与班子成员，以及基层干部之间。通过一段时间的努力，我真正能够与当地干部打成了一片，拉近了彼此间的距离，这也为我后来的工作打下了很好的基础。

拉动经济　发展教育

1997 年，我当选为亚东县的县长，这让我感到肩上的担子又重了一分。

作为亚东县的主要行政领导，首要任务，就是要发展好当地的经济，这是做好一切工作的基础。我在三个月内，跑遍了亚东县的全部乡镇，做了较为系统的调研工作，深入一线听取基层干部和广大群众的所思所想所盼。从中，我深切地感受到了藏族群众的朴实，特别是对当地经济发展的期待和对美好生活的向往。当时，我就暗暗下定决心，一定要把当地的经济搞上去，至少要为后来者打下厚实的基础，让当地广大群众切实感受到"人民政府为人民"。

说起来容易，做起来难。当地的经济基础十分薄弱，要想经济发展，就要找到一个比较好的切入点。我想，还是要着眼当地，发挥地区的资源优势和特色，与上海发达的经济体系联系起来。

结合调研走访，我感到当地最大的资源，就是虫草、菌菇、木材和亚东鱼，经过分析，我就把目光瞄准在亚东鱼养殖及贸易上，作为推动当地经济发展的重要依托。围绕生产和销售两个方面，深入开展了前期的调查研究，并且加快实施；经过半年的努力，我们建起亚东鱼养殖场、畜禽养殖场，改造了木材加工厂，而且还专门配套成立了亚东贸易公司，与上海建立起了紧密的贸易关系。看到当地群众因经济发展得益，脸上露出兴奋而又淳朴的笑容时，我的内心无比高兴。

百年大计，教育为本。亚东县与其他的贫困地区一样，亚东县群众的受教育程度十分低，高中以上学历非常少，哪怕是最基础的普通话也没有普及。如果这个问题没有得到有效解决，那要想亚东的经济得到全面的发展，是不现实的。所以，我把发展当地的教育事业，作为全部工作的重心来抓。

首先做的第一项工作，就是加强最基本的师资力量，主要是采用"请进来、走出去"的两种方式，增强亚东县师资队伍的素质，全力深挖潜能。当时，在亚东县援藏的干部中除了我以外，还有杨浦、宝山和金山的七名同志。我们一起努力，各自联系所属区县的教育部门，找了几所教育水平较好的学校。一方面，我们安排了亚东县的 20 多名骨干校领导及老师，分批开展为期

◀ 1997 年 9 月，在喀则行署会议厅向地委领导介绍亚东县情况

三至六个月的带教培训，让他们全方位地实际感受和参与上海的教育模式和教学方式；另一方面，我们也组织了 20 多位上海的骨干教师，到亚东县开展教学工作。上面这些工作的所有经费，都是我们上海的四个区县承担。对于这种培训模式，受到了亚东县当地学校领导和教师们的极大欢迎。通过开展业务培训后，亚东县的教育水平得到了明显的提高。

与此同时，我们还努力改善当地学校的环境。当时，亚东县学校条件设施非常不理想，有些教室内的课桌椅都没有，甚至用石头等代替。要改善学校的硬件设施，关键是需要一大笔资金。我与县政府班子成员商量研究，并且与县委书记沟通后，明确加强在教育方面的投入，拨出一些资金用于改善学校的硬件设施。由于县政府的财政实在紧张，难以满足需求。同时我也积极想办法，回到上海，就到有关部门及企业，上门寻求支持，前后共筹到资金 200 余万元。这些资金全部投入到亚东县的教育事业，相继在亚东县的 7 个乡镇建起了希望小学。

在建设希望小学的过程中，我是全程参与其中。在选址上，明确要求县里要拿出交通比较方便的地块，用于学校的建设工作。土地确定后，又从规范化建设的角度，邀请了专业人员对学校的校舍开展设计工作，前期也做了大量的

学龄儿童的调研工作，除了掌握当前的人口基数，还专门对今后一个时期的人口基数趋势进行了分析、研判，较为科学地确定了教室、办公室等用房情况，并根据不同乡镇的情况，开展了不同的校舍设计工作。围绕建设工作，时刻关注，要求有关地方和职能部门，严把房屋质量关；还抽出时间，实地检查校舍的建设情况。正是因为严把选址关、设计关、建设关等每一个关口，才有效确保了每所学校的房屋结构更合理，安全有保障。

校舍建好了，就需要相关配套设施了。援藏联络小组与上海派出的四区县联系，专门购买了一大批全新的课桌椅、黑板等教学设备，当地学校的教育硬件得到了大幅度提升。当孩子们进入崭新的校园，坐在明亮的教室里上课时，我看到的是幸福和满足。

实际上，我们考虑的不仅仅只是学习，还有生活上的问题。当地乡镇的区域面积远超我们上海的乡镇，许多孩子的家与学校的距离都非常远，上学基本上都步行的，每天回家不太现实，也不安全。在建设学校的时候，考虑到这些实情，做了相关配套设施，同步建造了食堂和学生宿舍，配备了床铺等物品，使得孩子们能够安心地在学校里学习和生活。

看到这些实实在在的变化，当地的群众都说共产党好，说上海的援藏干部好。对于当地群众的评价，我真心感到口碑要比奖杯重要得多。

在推进教育事业发展过程中，我还发现了一个问题，那就是有一些孩子没有来上学。我们分组到这些孩子的家里去，主动上门开展走访工作，动员家长们让孩子上学。这种效果还是比较好的，许多孩子重新背上了书包。当然，也有少数孩子，的确是由于家庭困难无法上学的。对于这些孩子，县里也出台了一些补助的政策。当我们几位援藏干部了解到，在最边远的堆乃乡，有两名家庭条件极其困难的女孩子无法上学时，就共同出资帮助，让她们进入了校园。

我们援藏干部无私的奉献精神，感染着当地的干部和群众，收获了极大的认同感，产生了浓厚的情谊，也拉近了彼此的距离。而且这种认同感不仅仅体现在我们援藏干部上。

当时亚东中学有一位副校长，他是一名汉族干部，之前，很难与学校其他老师们融入。我找他沟通后，在我们共同的努力下，他也很快得到了同事们的认同，融入其中。这位中学副校长的工作十分出色，后来成为一名从事政法工作的副厅级干部。

2000 年，我任奉贤县副县长，带队去日喀则慰问奉贤的援藏干部。十分巧合，我遇到一位来自亚东县的干部。她说，一批批援藏干部，给亚东乃至西藏带来了新的思路和新的发展，当地的藏族同胞们真心地感谢党，感谢国家。

虽然已经离开很久，但我始终把亚东县当成我的"第二故乡"。现在每当我回想起在亚东县生活和工作的日子，心中始终无比的怀念和激动。想再次踏上那片美丽的土地，但身体已经力不从心，只能通过网络，了解现在的亚东……

阿里上空那颗闪耀的星

　　王德火，1954年5月生。曾任中共奉贤区委巡查组组长。1992年2月至1996年12月，为上海市选调援藏干部，先后任中共西藏自治区阿里地区噶尔县委副书记（副处），阿里地区计划经济委员会党组成员、副主任，建行阿里地区中心支行党组书记、行长。

口述：王德火
采访：何　盛
整理：何　盛
时间：2019 年 12 月 8 日

每当人们提到西藏阿里这"世界屋脊的屋脊"，总是要问：阿里苦不苦？我说：阿里很苦，甚至比你想象的还要苦，但是许多汉族干部在那里一干就是几十年。阿里值得我们去，阿里也需要我们去。

誓用十年，坚守生命禁区

我是 1992 年 5 月至 1996 年 6 月到西藏阿里地区援藏（当时援藏十年期限，后第三次西藏工作会议决定改为十年三批，故提前回沪），曾任中共噶尔县委副书记、阿里地区计划经济委员会副主任、建行阿里中心支行行长兼党组书记之职。

可以这么说，只有到过西藏的人，才能感受高原缺氧的滋味，因为，西藏的阿里被称"世界屋脊的屋脊"，地理学家称是"世界第三极"，生物学家说是"不毛之地"，生理学家说是"生命的禁区"。

阿里地区是西藏最西部的一个地区，共有七个县，36 万多平方公里，六万多常住人口，地广人稀，是西藏人口密度最小的地区。平均海拔 4500 多米，严重缺氧，那里氧气只有平原地区的一半。高原缺氧对人体是一种最严峻

▲ 1992 年 4 月，出征前合影

的考验，心率加快 20—30 跳 / 分钟，每天头昏脑涨、气短、四肢无力像重感冒，由于高原缺氧，晚上难以入眠。年均气温在零度以下，终年没有春、夏季，极端低温至－40 ℃，日夜温差 20—30 ℃。除 7、8 月份不下雪，其余都可能下雪，且常年不下雨，空气极端干燥，嘴唇常年开裂，这与湿润的上海比简直天壤之别。由于高原缺氧，极端干燥，紫外线特强，恶劣的自然环境每时每刻摧残着健康的身体。房间里面上半夜还好，下半夜土墙里的寒气和潮气一股脑地涌出来，不管你被子裹得多严实都没有用，真是寒彻骨髓！而且你还不能生炉子，因为要消耗氧气。一早上起来，因为太过干燥，小血管爆裂导致鼻子里都是血。当时我想怎么办啊，实在是受不了，幸运的是，我通过一位朋友认识了武警同志李宗思，他教了我一套"内劲一指禅"，一段时间后，略有小成。啊呀，一站桩一运功全身热乎了很多。工作一年下来，体重下降 15—20斤，黑瘦的我在第一次休假时，夫妻俩在机场上难以相认。

　　1992 年刚到阿里地区任中共噶尔县委副书记，机关食堂根本吃不惯，虽然是汉族厨师，但半生不熟而且麻辣的菜实在无法吃，只好自己做饭。高压锅下面条还真是从头学起，开水只有 60—70 ℃温度（海拔高，水的沸点低的缘故），根本泡不开茶叶。上海吃惯蔬菜水果的，阿里本地不产蔬菜，只有从

1200 公里远的新疆运来，不仅价格特别贵，而且大都被冻坏了，连鸡蛋都是冻的。久而久之，我们对新鲜蔬果的渴望愈加强烈，要是在野外看到一把绿葱，便会毫不犹豫地冲过去摘下来，放进嘴里狼吞虎咽起来。更难以忍受的是下乡一次要半个月以上，只能与农牧民同吃同住，喝酥油茶，吃糌粑、风干的生牛羊肉，睡帐篷，那样的条件，如果没有一定毅力是无法坚持的。

狮泉河镇当时是全国唯一不通电的地区，还是柴油发电，每到午夜 12 时后就停止发电。每天下午供深井水 2 小时，如人不在家提不上水作储备，那就惨了，洗脸刷牙水都得向同事老乡借用。真是滴水贵如油！一次半夜里，我突发阑尾炎，剧痛难忍，县里赶忙将我送到医院，可医院里没有电啊，没灯光也不能手术，连挂盐水也只能打着手电筒扎针，后面挂了半小时没有缓解，一看真是哭笑不得，针没扎进去，手臂肿的和猪蹄一样，后面重新扎针，总算是扛了过去。

1992 年刚去时，电视只有中央台、西藏台，收音机因没有中转台不能收听中波，只能收短波。没有程控电话，遇急事与家人联系，靠发电报传递信息。第一次通信，我与家人等了 18 天后各自收到第一封家信。说出来您可能不相信，由于阿里没有上海人，加上长期不和家人通电话，年底回家后说上海话也有些困难了。路途遥远，因途中经过三个县的邮局周转的缘故，一周才收到七天以上的一大沓报纸，很多新闻到了阿里都成了旧闻。

现在想起刚去第一年生活的艰难，虽有一定思想准备，但远远超出了进藏前的想象——难以置信，难以忍受！和我同一批进藏的干部，绝大多数同志是能吃苦耐劳的，这"不毛之地"，照射出一个人真正的品质和党性。

在西藏，汉族人属少数民族，会讲普通话是起码的，听懂生活和工作中的简单藏语，学起来也不是易事。下乡接触农牧民，汉语根本听不懂，要靠藏族干部当翻译，与农牧民的交流常常是词不达意，有时闹出笑话。为此，我曾作了较大努力，在县机关开展"双语培训"，即汉族干部学藏语，藏族同志学汉语（主要是应用文写作），搞了一个月，虽藏族干部对汉语水平有一定收效，但很难从根本上改变现状。

穷极心力，谋发展找出路

噶尔县有 1.3 万平方公里，共 5400 多人口，辖四个区（县派出机构）12 个乡，以牧业为主。由于地广人稀，不通公路，交通很不方便，县和区里的联系靠发电报，通讯十分困难。因此，工作主要靠县领导带队下乡，访贫问苦、传达文件、指导工作等一揽子解决。一年一度的全县人代会，真是要兴师动众，基层人民代表和干部提前一个多月骑马、步行，跋山涉水集中到县上。可见开展工作的困难程度！

如果说高原缺氧摧残身体，那么到阿里地区的路难走简直是难以想象。狮泉河镇是阿里地区行政公署和噶尔县人民政府所在地，西与克什米尔接壤，南毗新疆叶城 1250 公里，途中要翻过三座"达坂"，其中最高的"黑山达坂"，海拔 6000 多米。东距西藏拉萨 1752 公里，沿途茫茫戈壁滩，一望无垠的"无人区"没有现成的公路，有经验的司机以前人走过的车辙为引路。因为雪山上的水流变化无常，昨天走过的路，回来的时候已经是滔滔江水，汽车常常跋山涉水，车行如舟，绕上几十公里路是家常便饭。夏季遇"沙漠风暴"时，"一川碎石大如斗，随风满地石乱走"，飞沙走石，能见度不到一米，汽车只能伫立却步。冬季雪原茫茫找不到路，一不小心，车陷冰窟似石沉大海而永远消失的交通事故时有发生。由于是全国唯一至今未通公交车的地区，平时去自治区开会、出差，最难过的是狮泉河到拉萨三天三夜的路途，那跋山涉水，一路颠簸的滋味够你受的。冬天途中车辆出故障（阿里人称"当团长"）更惨了，由于日夜温差大，到晚上车内没空调，饥寒交迫实在是难熬。况且，供休息、用餐、加油、修车的中途驿站间隔 500—600 公里，吃、住条件极差，得有相当的忍耐性才能过关。可见，阿里的交通使人谈"路"色变，绝不是危言耸听。

初到西藏时，适龄儿童入学率不到 38%，当时国家对西藏的农牧民实现"三包"（包吃、包穿、包学）免费教育，每年经费是保证的。但农牧民大多数认为小孩读了书后还是放羊，"读书无用论"严重影响了适龄儿童的入学率。对此，我为孩子们的前途而担忧！只有发展教育才是振兴西藏的必由之路。

由于地理环境和历史的原因，阿里的经济基础是整个西藏最差的，全地区

◄ 1992 年 8 月 18 日，阿里地区第一家建筑建材公司开业

生产力发展水平低得可怜，县财政只能维持基本的人头经费和日常办公费开支。1992 年 6 月刚到阿里，我到县委办拿点笔记本和信纸等办公用品，办公室人员说没有，原因是当年的办公经费已经用完了。可见，县财力很难用于发展经济和为农牧民办实事。

那时的阿里地区没有一家国营建筑建材公司，相关行业被内地私人企业所垄断，物价高，施工质量差是通病。看到这种情况，我主动与援藏干部文英韬（辽宁人）副县长商量，改变全县建筑建材由内地包工头一统天下的现状，创办噶尔县建筑建材公司（当时阿里地区没有国营的县级建筑建材公司），为增加县财政收入干点实事。

由于藏族干部对内地的发展思路难以理解和接受，根本不同意创办公司，理由是上面没有文件，而且这个东西从来没有搞过，亏损了怎么办？我积极争取行署领导的支持，公司最后成功开业，由噶尔县财政局局长兼任建筑公司经理。成立那天，我自己用毛笔在横幅上写下了建材公司的名称，为了练这几个字，我用掉了厚厚一摞旧报纸，那时真是倾注了我所有的心血啊！当年公司就赢利 40 多万。这利润对入不敷出的县级财政来说是一笔相当可观的数字，但创业的过程真是费尽周折。在公司办成功后，藏族干部对我们援藏干部刮目相看，心服口服。

和孔书记并肩作战的日子里

1992 年底休假路过拉萨时，通过朋友介绍我有幸认识孔书记，当时他在拉萨任副市长。我从朋友了解到：孔繁森，35 岁时响应国家号召，援藏到西藏岗巴县当县委副书记兼检察长，历时两年。1988 年 44 岁时再次响应祖国号召，援藏到西藏拉萨市担任副市长。听了朋友介绍，使我对两次援藏的孔繁森肃然起敬！

1992 年下半年，第二次援藏期满，孔繁森凭着坚强的党性观念，怀着对藏族同胞的一往情深，又一次毫不犹豫地接受了组织的挑选，义无反顾地赴阿里上任。

为了寻求振兴阿里的正确途径，上任伊始，他便与地区党政一班人深入全区 7 县一边慰问受灾的群众，指导抗灾，一边作调查研究，开始一点一滴勾画全区经济发展的蓝图。

振兴阿里，首先要振奋各级领导班子的精神，让思想来一次大解放。他刚到阿里就举办三天地直机关的学习班，在学习班上要求各级干部进一步解放思想，他特别注意引导大家要看到阿里地区条件差的局限性，更要认清阿里得天独厚的发展优势。他邀请我到学习班讲上海的改革发展的形势，帮助阿里干部开拓思路。随着调查研究的不断深入，孔书记对阿里的发展思路进一步明确了，一条切合实际的经济发展战略逐步形成："北联新疆，南拓边贸、发挥优势，因地制宜，分类指导，形成改则、日土两个矿产品开发区，普兰、札达两个旅游区，措勤、改则、革吉、噶尔畜产品开发区，同时建好普兰、宗巴两个口岸和普兰、札达两个粮油菜基地，带动全地区到 20 世纪末走出贫困，奔向小康。"

为了实现这一目标，孔书记跑新疆，找他的老领导王乐泉（时任新疆维吾尔族自治区党委书记），要求新疆支援西藏阿里（阿里的进藏物资主要依靠新疆提供的）。为了朗久地热发电站的复工，他千方百计向自治区争取资金。1993 年，停产了多年的朗久地热发电厂终于重新发电，狮泉河柴油发电的历

▲ 孔繁森（左二）
等合影，王德火
摄

史有了彻底改观，路灯在狮泉河彻夜通明，路灯不仅照亮了街道，更使阿里人民看到了发展奔小康的光明前途。

　　为了减少财政压力，行署在总结噶尔县国营建筑建材公司成功的基础上，要求各县建立建筑公司，大胆执行建筑项目招投标。为了扭转地区旅游公司历年亏损的局面，提出要加大对外宣传力度，让内地，让世界了解阿里，旅游公司专门印制宣传阿里的画册，并加强了领导力量，增加车辆，培养专职导游。为了规范阿里矿产开发，孔书记将我调地区计经委任副主任，兼任矿产局长，并调整了矿产开发公司的企业领导班子。

　　孔书记生活之俭朴令常人不可思议：内衣内裤带补丁；出差返回时，总是从内地捎回一大箱方便面。有一次，地区机关的汉族干部给他送一点烤火用的焦炭去，他一定要付钱。甚至有个藏族干部送去烤火用的干牛粪，他也要付钱，对此我还责怪他太顶真，但他严肃地说："干牛粪，他也是付出劳动拾来的，我不能无偿占用他人的劳动力啊！"

　　有一次，我与老孔一起下乡时在一个乡干部家拉家常，喝酥油茶，临出门时，他付了五元钱给乡干部，那藏族乡干部坚持不收，但最后还是拗不过孔书记。事后，我深感迷惑不解，一个地委书记到乡干部家喝酥油茶还要掏钱？

老孔事后深情地说："这些乡干部收入低，更何况我们不能占他们的便宜啊！"这事给了我一次深刻的教育，那五元钱，为共产党员形象增添了光彩！

在我调任建行阿里中心支行行长，送行的时候，孔书记对我说，"为国为民流尽最后一滴汗，滴尽最后一滴血，死后，让别人洒下诚实的泪滴，数一数，那就是人生价值的珍珠。为党的神圣使命而牺牲，无论死在哪里都值得。"而他自己真正地把自己奉献给了党和人民的事业。他牺牲的那天，我和同事们伴随他走完了人生最后一程，在狮泉河镇的广场上，藏族同胞们骑马从四面八方赶来，小小的广场上挤满了人，大家都泣不成声。我那时候想，一个共产党员，能得到人民这样的肯定，这辈子真的是值得了。

如果说在阿里援藏工作生活中最大的收获，那就是孔书记给我的教导，终生难忘。四年多的阿里工作，酸甜苦辣尽在不言中，有些只能深深地埋在心底，留作自己永恒的记忆。

三年援藏一生情

姚林章，1955 年 10 月生。曾任奉贤区海湾旅游区党工委书记。1995 年 5 月至 1998 年 5 月，为上海市首批援藏干部，任中共西藏自治区日喀则地区拉孜县委常务副书记、常务副县长。

口述：姚林章

采访：葛登辉

整理：葛登辉

时间：2020 年 1 月 2 日

1994 年 7 月，党中央、国务院召开第三次西藏工作座谈会，确定了"分片负责、对口支援、定期轮换"的援藏工作基本方针。按照党中央部署，上海市委从 3500 名青年干部中遴选了 49 名同志，在徐麟同志的带领下，分赴日喀则地区的江孜、亚东、拉孜和定日四个县以及地区各直属机关任职。奉贤县派出了我和张天荣同志，分别担任拉孜县常务副县长和乡镇企业局长，开启了三年援藏新征程。

西藏有神奇的山水地理环境，浓厚的文化历史特色和民族团结的政治地位。我是 20 世纪 50 年代出生在上海奉贤郊区的农村孩子，家庭非常贫寒。小时候父亲带着我去游泳，我胆子小，不敢下水，父亲指着河对岸对我说，你一定要努力学会游到对岸，那是你必须有勇气做到的事情，从此"彼岸"这个词在我脑海中挥之不去。1995 年，组织选中我去援藏，三年里，我们有幸在家乡组织的亲切关怀和藏族干部群众的支持下，克服了高原缺氧、交通落后、工作生活条件艰苦和政治斗争复杂等困难，和藏族干部职工、农牧民群众、老进藏同志一起，为当地经济社会发展、民族团结进步做了一些工作。援藏结束后，即便是回到上海，我还依旧经常回到那令我魂牵梦绕的"彼岸"——西

◀ 1997年1月，上海市委领导接见援藏干部

藏。这段经历是我的心路历程，是对自己的人生观、价值观和工作能力的一次磨炼。

艰苦奋斗，不忘初心

在西藏工作，生活条件十分艰苦，平均海拔 4000 米，高原缺氧、气候干燥，常年降雨量不到 120 毫米，空气中的含氧量只有平原的三分之二不到。有一首顺口溜在当地广为流传，"山上不长草，天上不飞鸟，风吹石头跑，氧气吸不饱"。每到冬天气候更加恶劣，我刚到西藏时，身体未能适应高原环境，呼吸困难，头痛欲裂，嘴唇开裂，晚上睡觉要靠安眠药和保心丸才支撑下来，体重骤降 30 多斤。

拉孜县地处日喀则西部，当时全县经济社会发展十分落后，县城没有一条像样的柏油马路，没有一栋高楼，全部都是土坯房；生产生活中常常面临缺水缺电的情形，交通通信基础设施条件也相当差。1996 年的春节大雪封山，我和杨浦区援藏干部陆振海一起去邮局里给家里人打电话。我们两人在邮局里打了整整三个小时电话，事实上，电话不论怎么打都没有打通。最后我俩决定不管通没通，就对着话筒说了半天话，当成是与家人通过电话，过了把瘾。挂电话后还互相安慰这电话是打通了的，只是家乡那边的声音传不过来而已。

有一年 4 月份，我开车出差到日喀则办事，当车翻过 4500 米的措拉山之后，由于天气极寒，地面结冰，弯道上突然一个急刹车，汽车整个 270 度地翻倒在悬崖边，挡风玻璃被打碎，保险架也掉落了。在那个年代，山区里手机是没有信号的，我挣扎着从车里爬出来，心里真是后怕，差一点要去见马克思了。没过多久，遇到武警部队官兵训练归来，第一时间把我从困境中解救出来。

当然在所有艰难困苦中，给我留下深刻印象的，是 1995 年的"战冰雹，抗雪灾"。那年，西藏自治区遭受了百年一遇的特大雪灾，各地受灾严重，亚东、定日、聂拉木等县受灾严重，农牧民群众缺乏防寒物资，灾情严重。成批的牛羊都倒在半山腰当中，情况万分危急。我任职的拉孜县是轻灾县，我们前去支援周边的兄弟区县，带了一个车队从半夜出发，到 350 公里外的聂拉木县送救灾物资。当车队开到查务沟时，气温达到零下 30 多度，卡车是一刻也不敢熄火，水箱都能结霜。由于路面严重结冰，大卡车轮胎陷在沟里一直在原地打滑，我们顶着凛冽寒风，把军大衣垫在车轮底下，人推车拉，慢慢前行。当车开到通拉山顶时，车队是沿着两米多高的雪墙慢慢往前开，而悬崖离我们车轮不到一米。第二天凌晨，我们把物资送到兄弟区县，当地的灾区牧民激动地给我们献上了哈达，那一刻我真实感受到了藏区同胞对我们党的真挚情感，更加体会到了什么是党员的初心和使命。

艰苦的条件没有成为我们援藏干部干事创业的"绊脚石"，相反，这些艰难困苦正是我们党员的"试金石"，我们去藏区基层体验百姓疾苦，在体验中磨炼自身意志，在磨炼中锤炼党性修养，在锤炼中不断发展成长。

两地党委，心系援藏

在援藏事业中，两地党委发挥核心领导作用，面对困难，创造办法，把一个又一个的难题给破解了。任职期间，工作上我们都有条线分工，每个人都要分管一大摊子的工作。我主要负责分管联系工商税务、乡镇企业等，1996 年下半年以后又兼任了县委常务副书记，协调党务工作，但是全县面上的中心工

◀ 在拉孜县工作照

作、突击任务也要积极配合。

我们是对口支援第一批援藏干部，政策原则已经定了，具体怎么做大家都没有经验。当地干部群众对我们是有很大的期望的，三年里，家乡组织和社会各界朋友给予了很大的支持。作为首批援藏干部，我们除了日常行政工作，更重要的任务是作为探索者，摸索两地对口支援的新模式，走出一条适宜两地共建共发展的新路子。

奉贤县委对拉孜县经济社会的发展给予了很大支持，是我们援藏干部的坚强后盾。在当时，县委牵头，政府、市场、社会力量多方参与，筹集了好几百万元用于对口支援。

拉孜县的教育发展水平比较滞后，基础设施极其简陋，没有一条柏油马路。学生们每天顶着大风走几公里的泥路去上学，到学校后，口袋里竟然都是被大风吹进的一颗颗小石子。每天师生们在没有课桌椅、没有门窗的破旧的平房里上课，一到严寒气候，寒风让整个学校的人都冻得瑟瑟发抖。教师队伍也极其薄弱，整个学校就只有两个老师，校长和通识课老师，小学一到四年级是混班，都由他们来上课。

为了改变这样落后的面貌，我们决心克服一切困难，把兴办教育抓实抓好。当时在两地党委的支持下，我们牵头修建了第一条柏油马路。刚开始，筹资修路的过程面临没钱、没人的难题。当地政府主要提供砂石材料，干部群众义务劳动。其他物资采购缺乏资金，县里安排我回奉贤募集。那时奉贤县自身也面临着发展难题，财政拨款这条路走不通。为了让对口支援县能够早一天通公路，让孩子们早一天安全出行，时任县委常委、组织部长张布尔同志牵头联系华龙集团无偿支援 35 万元，帮助拉孜县修建了第一条柏油马路。不仅如此，通过多方努力，在各界爱心人士的共同努力下，三年里拉孜县建了 8 所希望小学，这些都是由我们援藏干部跑前跑后争取资金，落实后建成的，其中 1 所还是由台湾同胞捐赠建设的。这极大地改变了拉孜县的基础设施面貌。

奉贤县组织除了对藏区经济社会发展的坚强支持，对我们援藏干部的家属也非常关心，定期看望，帮助解决一些实际困难，为我们解决后顾之忧。

当地组织对我们也是非常照顾，在财力十分紧张的情况下，尽最大努力为我们援藏干部配好生活必需品，从热水壶到棉被一应俱全。拉孜县海拔 4000多米，不少内地干部有高原反应，一位同志眼角开裂，患了严重的角膜炎，眼睛肿得像葡萄，视力从 1.5 降到 0.5。县长专程陪同到 150 公里外的医院去治疗，副书记自己掏钱为我们买药送餐。纪检委书记桑珠的夫人看到我们嘴角开裂、鼻腔出血，每天凌晨为我们打好酥油茶，用以缓解身体不适。

"每逢佳节倍思亲"。在万里之外的祖国边疆，最感寂寞难忍的要数挥之不去、抹之不尽的思乡之情。每逢重大节日，两地县委和县政府都向我们家里寄去贺卡、发出贺电，表示慰问。许多藏族朋友也相邀我们去他们家中或帐篷里做客，此时男女老少都身穿鲜艳的民族服装，边喝青稞酒边弹起六玹琴，表演藏族舞蹈。"我们欢聚一堂，亲如兄弟朋友"，嘹亮的歌声在身边回荡。

这些藏族同胞为了深情厚谊而做的点点滴滴就像雪莲一样盛开在我们每一位援藏干部心中，我们暗暗下定决心，要把宝贵的年华献给这片充满希望的热土，立志建设高原、繁荣西藏。还记得当时，拉孜桑珠水电站建在海拔 4500米的芒普沟里，设备一直不能正常运转，我就克服高原缺氧，连续一个多月住在山沟的帐篷里，配合技术部门协调维修，直至运转正常。

团结奋斗，干事创业

奉贤县与拉孜县因对口支援结下深厚友谊，在两地党政组织的共同努力下，我们不断加强学习交流，派出挂职干部，包括党政干部、中青年干部、医生、警察、教师等，还邀请日喀则党政代表团对沿海地区发展模式进行考察调研。在双方不断深入的交流学习中，两地人民也结下了不解之缘。

我的西藏朋友永拉，在 1996 年来上海培训，与奉贤干部结下深厚友谊。在高原由于缺氧，她得了习惯性流产，几次怀孕都没能保住胎儿。2003 年春正值非典肆虐，35 岁的永拉又怀孕后，来到奉贤干部家中保胎休养。我帮她联系了上海市第六人民医院产科。4 月底，永拉又早产，由于医护人员的精心护理，不满 2000 克重的小生命竟奇迹般地存活下来，当年《解放日报》还对此事做过报道。从此，永拉全家每两年都要来上海，感谢帮助她的朋友，并为女儿取了一个汉族名字。像这样藏汉团结的事例有很多，这些都是藏汉友谊、民族团结的象征。

在经济社会发展方面，我们两地党政组织全力以赴，热火朝天地办公司、建工厂、盖学校、修马路。第一家试点办厂是建筑公司，当时我们在考察调研后，计划逐步培育一家小型工程队，目标是转型升级为建筑企业。可当时的拉孜县一穷二白，包括这家工程队在内的很多公司都是无资质、无经验的"小作坊"，运营维艰。首当其冲的难题就是资质问题、人才问题和技术问题。我作为平安镇党委书记，牵头连线平安镇的一家建筑企业，把奉贤建筑企业的经验推广到拉孜县，取得不错反响。通过这项试点，我感觉办企业大有可为，就立马向奉贤县委汇报，争取到 10 万元的补助金，引进技术、资质和设备到拉孜县，又办了一家纸箱厂。有了这些对口支援办企业的成功经验，我们更加信心百倍，撸起袖子加油干，参照这个模式，先后在当地办起了洗衣粉厂、瓶装水厂等企业。

说到这里我想起一件趣事，在拉孜县办起洗衣粉厂后，我们想去拉萨作推销，打开洗衣粉的市场销路。我作为先锋先到了拉萨宾馆，在向拉萨宾馆的总经理介绍产品时，被以为是个体户"倒爷"，眼见这生意是谈不成了，我马上

▶ 1996 年，和时任西藏自治区旅游局副局长次仁卓玛合影

向那位经理说明，我是来自奉贤县的援藏干部。对方一听，马上就紧紧握住我的手，几番嘘寒问暖，原来，这位总经理在奉贤的旅游专科学院进修学习过，对奉贤很有感情，他说奉贤的干部为了藏区发展，万里援藏很不容易。当场就把生意给谈成了，还帮我们把洗衣粉推荐到拉萨人民医院和其他招待所。

一次援藏，终身援藏。时隔十多年，我又多次回到西藏，2011 年 8 月随奉贤区党政代表团赴藏慰问第六批援藏干部，拜访在藏的老领导、老朋友，学习考察西藏经济社会发展情况。其时正值庆祝建党 90 周年和西藏和平解放 60 周年，雪域大地处处洋溢着浓浓的节日氛围，随处体现出党中央特殊关怀、全国人民无私援助，民族团结进步、反对动乱分裂的浓厚氛围，让我再一次深切感受到了第二故乡的巨大变化和藏汉同胞的深情厚谊。

在珠峰脚下的定日县城，机关干部、学校师生和农牧民群众 200 多人身穿节日盛装，夹道欢迎奉贤代表团的到来。此情此景，又让我回到了十六年前初到西藏的感觉。从定日县出来，必经之处就是我曾经工作、战斗过三年的地方——拉孜县。途经曲下桥，当年曾经帮扶的贫困户次仁曲珍一家老小，手捧洁白的哈达早早站立在路旁边欢迎。到了家里，看到他们一张张笑脸，新盖的民居和刚添置的家具，我真切地感受到了藏区人民群众的生活变化。

西藏的山水很美，文化底蕴丰富，那里的一草一木让我记忆终生。能够作为首批援藏干部，我深感自豪，在我魂牵梦绕的第二故乡，有神山冈仁波切和圣湖玛旁雍错，沿着起始于上海的 318 国道一路向西就是雪域高原，而发源于青藏高原唐古拉山脉的万里长江，一泻千里流到了上海。一条自然形成的江、一条人工开凿的路，把上海和西藏紧紧地联系在一起。

西藏的山水人文洗尽了我心灵中的世俗铅华，我为我的第二故乡，把最美的年华奉献给了这片土地，无怨无悔。时至今日，心里念着的，还是那漫山盛开着的格桑花，那里是我苦苦寻觅的帕巴拉神庙（香格里拉）。最后，我想以一首诗来结尾。

我依然深深地眷恋着那个地方
虽然她是那么遥远、曾经那么贫穷和荒凉
但是那里没有林立的烟囱和一排排的厂房
羊卓雍措还是那样清澈
卡箬拉冰川像洁白的哈达
飘洒在天上

我依然深深地眷恋着那个地方
那里有巍巍的群山
奔腾的江河
神圣的宫殿
雨后的彩虹
和成群的牛羊
到了夜晚
漫天的繁星和清冷的月光

我依然深深地眷恋着那个地方
那里的人们风餐露宿，饱经风霜

淳朴、执着有信仰
你看那小伙的目光是那样的坚定
玛尼堆旁虔诚的姑娘

我依然深深地眷恋着那个地方
那里是歌的世界，舞的海洋
在田间，在林卡，在达玛场
男女老少穿着节日的盛装
端起那浓浓的酥油茶
伴着冽冽的青稞酒的余香
向着心中的神灵、大地和上苍
三口一杯，围起篝火，跳起锅庄
幸福快乐，如意吉祥

我依然深深地眷恋着那个地方
那是我二十多年前奋斗的战场
我们听着呼唤，学着榜样，顶着寒风，甘愿缺氧
进帐篷，唠家常，修马路，办学堂
我们战冰雹，抗雪灾，斗洪水
我的座驾险些翻进那百米深处的雅鲁藏布江
在那雪域高原的一千多个日日夜夜啊
我无数次地仰望星空
梦回故乡

在日喀则

——我难忘的三年援藏工作

　　屠晓，1961年10月生。现任奉贤区司法局一级调研员；上海杭州湾经济技术开发有限公司监事会主席。1998年5月至2001年6月，为上海市第二批援藏干部，任中共西藏自治区日喀则地区人民医院党委副书记、常务副院长。

口述：屠　晓
采访：王士斐　肖　瑶
整理：王士斐　肖　瑶
时间：2020 年 3 月 23 日

1998 年 5 月至 2001 年 6 月，我随上海市第二批援藏干部队伍参与了为期三年的援藏工作。三年一千多个日日夜夜从思念的角度而言是漫长的，从人生的经历而言是短暂的。正如我母亲所教导的，这两个貌似矛盾的概念，可以用热爱祖国之情和谐地融合在一起，使思念的时间缩短，与藏族同胞携手，昂首阔步跨入灿烂的 21 世纪。援藏三年，终生难忘。

家庭支持，毅然援藏

1998 年 2 月接到了时任卫生局局长韩鹤龙的电话，我县要派一名卫生系统的同志援藏，他问我去不去……报名的截止日期是 2 月 20 日，当时我正在江西出差，原本 2 月 24 日回上海，为了赶上报名日期，19 日晚我就提前飞了回来，20 日一早去局里报名。

报名基本条件是卫生系统正科级 35 岁到 45 岁的同志。当时卫生系统事业单位正科很少，符合报名条件的有 6 个人，到正式体检的时候又划了一道杠，35 到 40 岁，只剩三人，体检合格的只有我一人。市委组织部的两位同志找我谈话，征求我的意见，别人都是一颗红心，两手准备，你呢，只有一手准备了。你们奉贤卫生系统就你一个人合格，你就谈谈自己的想法，特别是有没有困难。

我坦率地汇报了家庭的实际困难。我们夫妇俩都是家里最小的孩子，我的父母分别是 80 岁、76 岁，我的岳父母分别是 84 岁、80 岁。我的小孩才读小学四年级，我父亲的身体一直不好，患慢性支气管炎、肺气肿，我母亲心脏不好，虽然家里兄弟姊妹多，可以帮忙，但是我是医生，老人们日常的身体保健一直都是我在料理。小孩也只有我爱人一个人照顾；其次，我怕辜负组织对我的期望，我学历不高只是中专生，对医院的管理经验不足。尽管这样，我还是毫不犹豫地表示了援藏的决心和信心，毅然决然踏上了援藏之路。

援藏三年中，最让我难以释怀的是我父亲的过世。1999 年春节是我援藏第一年回上海，我父亲病重住院，而春节过后我要回西藏。父亲担心他的病情会影响我，竟放弃了治疗，父亲走了，我办完丧事后，没有耽误和同志们一起回西藏的行程。每当想到这里，我的心就像针扎似的难受。我父母都很支持我的工作，在西藏通讯不便，以写信为主，我的母亲还经常写信鼓励我，她写道，"希望我儿努力工作，为广大藏民同胞和我们一起早日走出贫困奔向小康努力，为祖国做出应有的贡献。"这是父母亲对我的要求，要好好地为西藏人民服务，不辜负党和人民的期望。我的女儿也非常懂事，常常写信给我汇报近况，她在写给我的信里还附上几张她的画，说这是保佑我平安的小精灵。这些信件我至今都珍藏着，也是我一辈子的珍宝。我的父母、爱人、孩子对我工作的支持是我做好援藏工作的巨大动力。

适应环境，坚持工作

1998 年 5 月 17 日在上海展览中心，市里举行了第二批援藏干部出发仪式，当天我们到了成都，在那里休整，医务人员给我们发了一些预防高原反应的药。随后，正式开启了三年的援藏工作……

5 月 20 日，我们到达了西藏，当地政府对我们给以热烈的欢迎，我到西藏的第一个月就出现了缺氧、胸闷、心律不齐、鼻出血等情况。根据当时的情况我可以申请马上回来，但是我想我们奉贤就派了我一个卫生系统的干部，我

◀ 和丹增（藏族院长）合影

要克服困难，坚持下去。当时因为没有电话，我专门给卫仁舟书记写了一封信，我给他们提了个要求，让他给我搞一点保护心脏的药，后来他们给我寄了过来，一个月以后就慢慢适应了。还有一个就是缺氧，晚上睡不着觉，有一次到早上四点还没睡着，早上九点是要上班的，最后实在受不了，我起来吸了个氧，才睡了一会儿。因为轻度缺氧，人会处于一个兴奋的状态，这是最难受的。

有一次，我们在下乡的时候，去尼泊尔交界的口岸，看望我们对口支援的医院院长，他们那里很偏远，卫生条件也很差，回来的路上，我拉起了肚子，那天与我同行的有我们藏族院长，还有另外一个同志，他们俩还好，可是我从小肠胃不好，我父母亲最担心的也是我拉肚子的毛病。那次拉肚子我差一点休克，脸色煞白，实在熬不住了，在经过拉孜县，去那里挂了点生理盐水，然后再走了150公里回到我们医院。如果不是在那里挂水的话，我可能坚持不住了。

最吓人的一次是我从聂拉木下乡回来的路上。路被洪水冲掉了，原来的一条路变成了一条河，天上在下雨、打雷，那个落地雷打在身边，车子哐当哐当震动一下，随时可能发生意外……就这么一个晚上，我们穿了军大衣在车上过了一夜，又冷又下雨，西藏的天气就是这么神奇莫测，有着原生态的旅游资源，但是同危险并存。

去之前，担心的是语言不通的问题，实际上在医院工作并不存在，我们医院的所有同志都会讲普通话，有的甚至比我们说得还好。但是在看病、查房与藏族同胞交流期间有时还需要请当地医生做翻译。就这样，我们每天安排好工作，很充实，三年时间很短暂，很快就过去了。

克服困难，多做实事

作为援藏干部，我们根据联络组的要求，开始的三个月主要就是调查研究，我不仅仅是负责我们医院情况的调查研究，还是我们第二批援藏干部健康领导小组的成员，负责整个地区的卫生状况调查。在短短的三个月中，17 个县市口岸，我去了 14 个，翻过多座海拔 5000 多米的山。调查研究回来后，制定了我本人的医院援藏计划。第二个是参与整个地区健康工程的计划，我们医院属于健康工程的一部分。制定计划后，我们就按照计划一步步组织实施，其中印象特别深的有几个项目：

最瞩目的项目是建造水塔。新建的水塔高达 15 米，它的建成在当地非常显眼，我还专门在塔上写了"奉贤县卫生局援建"几个大字。最关键的一点是，水塔建成后我们医院所用的水的品质发生了明显的变化，杜绝了不良反应的现象，提高了日喀则当地的医疗水平，为当地老百姓造福。我们地委书记特别关心这个问题，他听了直说"拉脱其，拉脱其"（谢谢，谢谢）。

受惠最广的是给病人建造的灶头。所谓"灶头"就是医院给病人用的食堂，这个"灶头"既可以烧给病人吃，又可以供病人自己来使用。因为经济条件差的病人，觉得食堂的饭菜贵，所以他们都是自带的，可是自带的饭菜也没有地方去热，所以我们给他们造这个"灶头"。就是分为两个灶头，一处就是病人自己烧的，另一处就是食堂。经济条件好点的人可以去买饭吃。这个灶头的建成受到了病人高度的赞扬，惠及所有住院的病人，这是在我们医院看病的藏民同胞们最高兴的事情，对提高病人对医院的满意率起到了积极的作用。

工程最大的项目是建设保健病房。我具体负责了项目的建设工作，它总共投资了 500 万元。这是第二批援藏干部健康工程的重要标志性工程。病房配备了 300 个床位，引进了必需的仪器，比如无线电心电检测仪，建立了 ICU 病房，建立了管道氧气等，设施在当时都是非常先进的，保健病房的建成整体改善了医院的医疗硬件水平。2001 年 5 月 26 日正式投入使用时，受到了自治区政协副主席、日喀则地委书记平措同志的高度赞扬，称之为"一流的设计、一流的施工、一流的质量、一流的设施，是自治区当时最好的花园式病区"。

在西藏的日子，我们通过努力去解决了很多难题，通过各种渠道培养人才，日喀则人民医院医生到上海来进修，我们帮他们提高专业水平，其中一个在奉贤中心医院进修的脑外科医生叫扎西，现在已经成为日喀则地区的脑外科主任，还有一个到上海胸科医院进修的同志，现在也是主任医师，都是高级人才。

当时像云南、西藏、新疆等地医生过来进修，一般很难进三级医院进修，只能到我们奉贤县中心医院、静安区中心医院这样的二级医院，为了让他们能接受更好的培训，我千方百计帮助安排他们到三级医院去进修，日喀则医院派出二位同志，一个到上海市中山医院，一个到上海市胸科医院。但是去了一阵子，他们来跟我汇报说：屠院长，我们去了三个月了，都不能动手啊。对于外科医生来说，不能动手操作，怎么能行呢？那是多遗憾的事！我跟培训的院方领导沟通，叫他们放心，日喀则人民医院出来的医生，动手能力很强。后来医院让他们上手术台做手术了。过了一段时间，他们高兴得不得了，说中山医院的医生们很高兴，称赞西藏来的医生确实是动手能力非常强。还有一件事，西藏人喜欢吃生牛肉，容易生一种病叫绦虫病，这个绦虫到肺里就成为肺泡囊肿，到肝里面成为肝泡囊肿，所以当时我们日喀则人民医院，肺部、肝部开刀的病例很多。要知道，这种病当时连我们中心医院都不做这样的手术，都要去市区三级的医院才能开这种刀，我援藏的日喀则人民医院已经开始做了……对那些去不了上海进修的同志，我们还特别邀请了两名奉贤医专的教授到我们医院来给他们讲课。帮助多名医生、护士到拉萨医专大专班上学……这些都是我们培育专家医生的丰硕成果，为提高医务人员的素质，进一步提高服务质量、医疗质量起到了积极的作用。我作为医院的常务副院长，分管医技和医院改革工作，协助院长的日常管理工作。深入医院的每个科室，在调查研究的基础上，向党委、院部提出一系列合理化建议并得到采纳。如，为了方便群众就医，增加星期六上班时间；院内各科安放就医指示牌；门诊设导医以及改善医院环境卫生等建议，为医院建设做出了自己应有的贡献。同时主持修改了医院的成本核算办法；主持拟定了《日喀则地区人民医院全员聘用合同制实施细则（方案）》《日喀则地区人民医院岗位聘任管理办法》《日喀则地区人民医院工资改革后实施津贴分配暂行规定》《日喀则地区人民医院考核与奖惩条例》等有关医院改革的文件。积极参与诊疗常规和护理常规汇编工作。为医院管理科学化、服务规范化和医院的进一步改革打下了良好的基础，为医院的快速发展做出了自己的努力。通过改变购药方式，彻底解决了医院药品经常紧张的现象。从各方面提升了医院的管理，规范了医院的各项制度。

作为医疗系统的援藏干部，还肩负着关心其他援藏干部身体情况以及进藏慰问团的保健工作。我们援藏干部中有痛风、阑尾炎、鼻出血、高血压、皮肤病等疾病，我都对他们关心诊断治疗，与他们结下了深厚的友谊。

三年的援藏经历，是我人生中最难忘的三年。我在西藏这所特殊的大学里，学到了许多在上海学不到的东西，也与藏族同胞结下了深厚的情缘。"上海奉贤"这个名字已经深深地印在了日喀则广大干部群众的脑海里，日喀则地委也给奉贤县赠送了"藏汉同心情谊重，无私援助结硕果"的锦旗表示感谢。

争俏雪莲花

谭士军，1962年9月生。现任中共奉贤区发展和改革委员会党组书记、主任。2001年5月至2004年6月，为上海市第三批援藏干部，任西藏自治区日喀则地区江孜县国家级星火技术密集区管委会主任，期间，兼任江孜县副县长。

口述：谭士军
采访：姚　媛
整理：姚　媛
时间：2020 年 2 月 28 日

　　许多人说，一生一定要去一次西藏。2001 年 5 月，作为上海第三批援藏干部来到"雪域英雄城"江孜县，组织上安排我担任江孜国家级星火技术密集区管委会主任（副县级）和西藏灿达经济发展有限公司总经理，2002 年 10 月起兼任江孜县人民政府副县长。在这片神圣的土地上，一待就是三年，至 2004 年 6 月完成援藏工作返回上海。回想，已经是十九年前的事情了。

　　十九年，历史长河的弹指一挥；十九年，人生旅程的年少追梦。背上行囊踏上的这为期三年的援藏之路，值得我回味一生。这三年，我同其他援藏干部，牢记家乡领导教诲，肩负家乡人民重托，不辱使命，恪尽职守，努力完成援藏工作各项任务；这三年，我在艰苦条件下磨炼意志，净化心灵，端正世界观、人生观、价值观；这三年，我深入经济欠发达地区工作，向广大干群学习，提高政策水平，增强政治能力。

缺氧不缺精神，艰苦不降标准

　　1994 年 7 月，"对口援藏"在中央第三次西藏工作座谈会上被正式提出。2001 年 5 月 27 日，我从上海出发，踏上了三年的援藏之路。6 月 2 日，我进藏抵达江孜。坐在车里，看着窗外，心里是忐忑不安的。随着海拔越来越高，高原反应也越来越强烈，耳朵嗡嗡响，呼吸越来越急促，但还算能挺着。到了晚上，反应更加强烈，头疼欲裂，彻夜难眠。这是援藏的第一天，也是给我上的第一堂课。

没有自来水，用水难，每周一次牧民用马车拉来；用电也不正常，电视机基本没用；全县都是土路，没有一条柏油马路……这一切，在进藏前，我从心理、生理等方面做了一些积极的准备，但恶劣的环境还是给了我一个大大的"下马威"。海拔高，工作标准不降；氧气少，工作热情不减。我们这一批的援藏干部，各显所长，采取各种措施，最大限度缩短高原反应的适应期，尽早投入到援藏工作中去。而我心中只有一个信念：人是要有点儿精神的，越是艰苦的地方，越能磨砺一个人。

与前任援藏干部洪宗设进行工作交接后，在援藏小组组长的带领下，我们顾不上休息、顾不上高原反应，半个月内跑遍了全县 19 个乡镇和大部分基层单位，调查县情、了解民意。制定了《江孜小组三年援藏工作规划》，提出了"立足新起点，明确新目标，争创新作为，使援藏工作在稳定性中求突破，连续性中求提高，开拓性中求发展"的总体目标，为日后工作打下坚实基础。

引进新思路，提升江孜对外形象

江孜国家级星火技术密集区于 1996 年 6 月经国家科委批准建立，是西藏全区唯一的一个国家级园区。通过几年的运行，由于技术密集区发展不适合市场经济运行规律，密集区内的许多企业出现了停产、半停产或濒临倒闭的局面。园区建设主要依赖于上级的国家拨款和上海的对口资助，自我发展和自我积累的能力弱，社会影响不佳，职工工资发不出、经营效益差、企业历史欠债多等。针对这些情况，2001 年下半年，江孜县委调整了星火技术密集区管委会领导班子，全面整顿，改革密集区管理、经营、发展思路，提出"通过思路创新、体制创新、科技创新，计划用三年时间，把星火技术密集区建设成为一个'招商资源比较丰富、基础设施比较齐全、投资主体多元化、对经济技术辐射面较广的经济、技术综合开发区'"的总体发展目标。

临危受命，当时的我，年轻、有干劲，坚信越是艰苦的地方，越能磨炼自己的意志品质。我通过调查研究，吸取以往政府办企业的经验和教训，提出实行政企分开并深化改革。根据市场经济客观规律，对星火密集区确立了"三个变"的发展思路，即由单一技术园变为经济技术一体化园区；由单纯依靠国家和援藏投资变为吸收社会各类资本投入；由政府包办企业变为客商自我投资自主经营自负盈亏。根据这一思路，我把招商引资作为星火管委会工作的重中之重，带领各族干部职工做了很多工作：一是倡导"千言万语、千山万水、千辛万苦、千方百计"的"四千"精神，克服星火密集区软硬件不足和工作经费匮乏的困难，充分发挥人的主观能动性，上门招商、敲门引资，不气馁、不自怨，百折不挠地广招社会客商。2002 年 4 月 8 日，星火密集区管委会与自治区星火计划办公室联手，在江孜召开招商引资信息发布会。会上，共签订投资协议 17 份。社会反响强烈，被称赞是日喀则地区前所未有最漂亮、最精彩、最时尚的一次商务会展。同年，在拉萨举行的名优新特产品经贸洽谈会上，江孜星火技术密集区谈成 52 个项目，签订投资合同 2 份，分别占全区的 56％和25％，星火技术密集区发展呈现喜人势头。二是从西藏的实际情况出发，根据国家法律法规和自治区有关政策，研究制订并广泛宣传星火密集区的优惠政策。2001 年 12 月，我利用返沪休假的机会，编辑并印制了 5000 册精美的《江孜国家级星火开发区投资指南》，成为日喀则地区第一本招商引资宣传手册，受到了地委领导的赞扬。三是借助外力，实行委托招商、代理招商、上网招商，吸引外部资金、人才和企业。如我们星火管委会与英资企业香港亚桥公司签订了委托招商协议，由该公司按照国际惯例在全世界招商。又如在家乡领导的支持下，星火管委会以上海市奉贤区驻外招商联络机构为平台，分别在浙江《温州日报》、温州《商报》刊登江孜星火密集区的招商广告，在广东东莞的企业家中分发招商资料，让内地企业家对西藏、对江孜星火技术密集区有所了解、认同和喜爱。四是开展"亲商、安商、富商"活动，以服务代管理，满腔热情地搞好对外来投资商的服务，提高办事效率和服务质量，达到"引得进、留得住、建得快、产得早"的目标。例如，经我们与地区工商局协商，在工商注册登记方面，采取简易程序，最大程度地方便投资者。三年来，共从国

◀ 与尼泊尔客商签约

内外引进投资落户企业 14 户，其中开始生产经营 10 户，动工土建或正在办证 4 户，超额完成了地区行署下达给江孜县的招商引资任务。尤其是西藏雪源拍卖公司江孜分公司和中外合资江孜德勒餐饮公司的投资落户，开了日喀则地区设立市场中介机构和引进外资企业的先河。

企业群体初步形成，星火技术密集区成为全县经济重要的新增长点。据统计，即使在受到"非典"影响的 2003 年，密集区内企业共实现营业总收入 1627 万元，比上年增长 225.4%；利税总额 180 万元，增长 82.6%。通过实施思路创新和工作创新，星火密集区人气越来越旺，影响力越来越强，社会各界对星火技术密集区的认识、了解和认同越来越深。三年中，先后有 200 多中外人士前来进行投资考察和参观访问；中央电视台、西藏电视台和西藏日报、西藏商报、拉萨晚报及上海"东方网"等媒体多次报道星火技术密集区的改革和发展；多次参与自治区政府组织的经贸推介活动，成了闻名区内外的投资创业园区。2003 年 4 月，我被光荣地评选为全国星火计划建设的先进个人，江孜国家级星火技术密集区管委会被国家科技部、农业部评为全国星火计划先进集体，大大提升了江孜国家级星火技术密集区的对外形象。

狠抓"牛鼻子"，带来新观念

从 1996 年以来，星火技术密集区依靠援藏投资和政府举债，相继兴办了一些工商企业。但由于多方面的原因，这些企业陆续在我进藏前歇业停产关闭，欠下了较多的职工工资、养老金和社会债务，成为地方财政的一大沉重包袱。面对困境，抓住深化改革这个"牛鼻子"不放，大胆进行企业经济体制和经营机制创新，因企制宜，分别采取租赁经营、抽资承包、产权重组、歇业破产等改制模式，引进优秀的经营者和资金、技术，实现生产要素的优化组合，彻底实行政企分开并深化改革，全部改制盘活，给企业发展注入了新的活力，让密集区具有生产能力却闲置、半闲置的企业转动起来。例如，已停产两年多的江孜塑料厂，招进浙江企业实行了股租结合式的改制，让企业主租赁厂子全部固定资产，再出资注入流动资金和购置设备，然后登记注册为私营企业。原企业的职工全部转到私营企业工作，规定养老金等社会统筹金由私营企业缴纳，工资实行最低保障线，岗位安排由企业主决定，采取多劳多得的分配制度，不仅税收交在江孜当地，还每年上交资产租赁费。经过资产重组和技术创新，产品质量上去了，设备更新了，规模扩大了，仅吹瓶的合格率就由过去的 60％提高到了 98％，基本占有了西藏地区的矿泉水和饮料用瓶市场，企业经营状况明显改善，职工实得工资要比在国有企业时多，逐渐改变了职工及其周围亲友们的择业观。又如，江孜水泥厂系江孜方面与西藏天路公司合资企业，已经关停多年，在每年的党代会、人代会上，干部群众要求尽快盘活水泥厂的呼声强烈。根据领导的要求和人民群众的意见，我与天路公司进行了长达两年的艰苦谈判工作，终于谈判成功，2003 年 8 月由灿达公司、天路公司、河南第三水泥厂三方共同签订《江孜水泥厂租赁合同》，将水泥厂整体出租给河南建材总公司第三水泥厂经营。关门歇业许久的水泥厂，最终恢复生产，为江孜增加了上百万元税收，解决了上百人就业，为当地农牧民增加了收入，老百姓无不欢欣鼓舞。

这种做法克服了过去全民所有制经营模式的许多弊端，实现了技术、资金、人才和先进经营管理方法等生产要素的优化组合，使企业恢复了生机，实

◀ 2003 年 8 月 30 日，在江孜饮料厂接受家乡记者采访

现了自我投资、自主经营、自负盈亏、自我发展。地方政府除了依法管理和协调服务外，不需要对企业的债务和经济纠纷承担连带责任，要债不会要到政府，真正做到他开厂、我欢迎，他经营好、我收税，他破产、我同情，他违法、我追究。

采取新举措，构筑良好市场秩序

在我分管全县经贸工作之后，根据上级工作部署，专题研究市场清理整顿问题，组织经贸、工商、税务、公安和农资、粮食等有关部门进行市场检查，清理市场环境，整顿市场秩序，规范市场行为，打击假冒伪劣，维护消费者合法权益。

针对江孜烟草市场比较混乱的局面，我从源头上抓市场管理，设立江孜烟草专卖部，统一进货渠道，统一标码标识，扩大专职和兼职的烟草市场稽查员队伍，杜绝了私烟和假烟上市，保证国家税源。针对农贸市场摊位安排不公平的老问题。我听取群众的意见，对市场的硬件和软件设施进行整顿和改造。

勇于开拓，大胆探索，构筑了江孜良好的商业信誉和社会诚信，让当地的干部群众在亲身经历中感受改革的成果，为当地干部群众的思想解放提供了新的实践基础。

创造新局面，搭建沪藏更紧密纽带

授之以鱼，不如授之以渔。通过产业援助的形式，实施项目带动战略，开办一些新企业，打造一批支柱型项目，带动江孜进入了跨越式发展的阶段。

上海第一批援藏项目的西藏灿达经济发展有限公司，在 2001 年 5 月底我接受移交时，公司账上仅有现金 348 元，职工三个月未领到工资，并有 2 万多元已签批但未兑付的报销单子。三年来，在公司全体员工的共同努力下，通过狠抓库存商品促销、强化物业管理、进行财务清理整顿和扩大资金融通等多管齐下，公司财务从亏损到 2002 年基本平衡，到 2003 年有盈余 72095 元；职工队伍从原来的 4 人扩大到 10 人，人均工资性收入从 550 元提高到 850 元。三年时间，共偿付历史债务 534070 元，实现公司内外都无欠债，不仅达到了"新债不欠、老债要还"的财务目标，还向县财政上交管理费 23.7 万元。

上海市第三批援藏项目拖拉机维修中心和农牧产品交易市场先后在星火技术密集区投资建成。我及时将它与已经关闭的县属企业福利公司嫁接，实行人、财、物合并，并经职工民主选举确立了一名维修中心抵押承包人，为农服

◀ 2003 年 7 月 20 日，上海援建的江孜农牧产品批发交易市场开业

▶ 与当地群众联欢

务的态度和质量大为改善，涉农业务量和经营收入都翻了一番，受到广大农牧民的热烈欢迎。与此同时，对维修中心加紧进行水电配套和设备安装以及员工培训，使之顺利运转。

向农牧区倾斜，为农牧民办实事，是上海第三批援藏干部开展援藏工作的又一创新。为了能够办好江孜农牧产品交易市场，我们先后赴白朗县城、日喀则市开展江孜农牧产品交易市场招商招租活动，2003 年 7 月 20 日顺利举办了"江孜农牧产品交易市场开业仪式暨江孜农牧土特产品交易周"。同时，为体现公开、公正、公平的原则，由西藏雪源拍卖有限公司江孜分公司在江孜举行江孜农牧产品交易市场经营权拍卖专场，最终拉萨中腾科技公司竞买取得经营权。江孜农牧产品交易市场的投入和建成，不仅增强了城市功能，还为改善城市环境、提高生活质量、搞活商品流通、促进边贸发展、多形式多方位拓展农牧民增收渠道、增加农牧民现金收入，起到了良好的促进作用。

人生不是一场等候，是擦肩而过或不期而遇，总有一些事情值得去做。三年援藏，就是我认为最值得去做的一件事情。三年中，我始终坚持以经济建设为中心，积极投身于西藏经济发展事业。以只争朝夕、时不我待的进取精神，融合上海城市精神，发扬特别能吃苦、特别能战斗、特别能忍耐、特别能团结、特别能奉献的"老西藏精神"，保持清醒的头脑和高昂的精神，团结一致、齐心协力、刻苦学习、勤奋工作、勇于创新、自觉奉献，打响了江孜国家级星火技术密集区的品牌，为江孜的经济发展找到了增长点，圆满完成了援藏工作任务。

"缘"藏无悔

刘杭，1964年4月生。现任奉贤区人大常委会委员、城建环保工委主任等职。2004年6月至2007年5月，为上海市第四批援藏干部，任中共西藏自治区日喀则地区萨迦县委常委、县委办公室主任。

口述：刘　杭
采访：徐晓华
整理：徐晓华
时间：2020 年 5 月 12 日

　　西藏是个令人向往但又望而却步的地方，向往西藏的神圣，有美丽的风景，遍地的牛羊及世界最高峰，令人却步是西藏的高原缺氧的地理环境。而我有缘在西藏工作了三年。2004 年初，上海第四批对口援藏工作启动，奉贤区有两个援藏岗位，一个是日喀则地区政法委副书记，另一个是日喀则地区下辖的萨迦县委常委、县委办公室主任。当时我在上海化工区奉贤分区管委会担任办公室主任，区委组织部要求符合条件的干部积极报名，考虑到岗位符合，自己又从小在部队环境中长大，没有吃过什么苦，需要在艰苦环境下锻炼，就积极报名，经过两轮筛选，并体检合格，最终踏上了这三年难忘的征程。

克服高原反应

　　2004 年 6 月 4 日，我们第四批 50 名上海援藏干部离开上海，在成都休整一夜后，于 6 月 5 日一早就乘机飞往拉萨。从拉萨机场下来以后，我们马不停蹄，乘上前来迎接的车辆直接翻山越岭前往目的地，海拔 3820 米的日喀则地区。

　　当天下午到达日喀则市区的时候，当地干部群众夹道欢迎，他们身着民族服装，载歌载舞，纷纷给我们献上哈达，场面非常热闹。日喀则给我的印象不错，马路宽阔干净，绿化也不少，也有高楼，但和繁华的上海市区相比还是有差距的。

在和第三批援藏干部做了工作对接，短暂受训后，由时任上海市委组织部副部长、市人事局局长（上海援藏干部陪送团团长）丁薛祥亲自带队送我们一行 5 名援藏干部前往萨迦县。

当时萨迦县刚刚纳入上海新一轮援藏计划，这个平均海拔 4400 米的县距离日喀则约 150 公里、面积 8126 平方公里，总人口只有 4 万多，地广人稀。在县城里的人口占总人口十分之一。进入萨迦县城时，当地干部群众也是夹道欢迎，跳着萨迦特色的歌舞，小山一样的哈达，把人包裹得几乎看不到头。我们感动得热泪盈眶，藏族同胞真是太热情、太淳朴了，同时，我心里也暗下决心，三年里一定要为这里的藏族同胞做点实事。

萨迦县的气候比较差，总有风沙，绿化几乎没有，县城有几栋楼房，房子最高的大概就是四层，基本是藏族特色的房子，主干道也就三四条，欢迎大会在县里的大礼堂举行，说到大礼堂，其实就像个仓库，还好当时天气不太冷，因此不觉得什么。

初到西藏，我一直处于一种好奇和亢奋的状态，虽然由于高原反应时常觉得头重脚轻，但总体感觉尚好，可到县里安定后情况就不一样了。记得最严重的一次高原反应是在到县里第二天早上，突然觉得浑身发冷，头疼恶心，浑身无力，人发慌静不下来，我抱个枕头到处跑，当时通讯员尼玛通知县领导，县领导急忙叫来县医院院长、急救人员赶到宿舍，检查后说是严重高原缺氧反应，要静下来多喝水、吸氧休息，但我实在静不下来，医生说再跑就打镇静剂，我只能听他们的话躺在床上。好在我当时体质较好，一天后症状缓解，但头疼、头昏、头胀等症状，一直延续了三年，直到援藏结束。

启动"安居工程"

在援藏萨迦小组组长、县委书记顾云飞带领下，我们对县内两个镇十三个

▲ 2005 年 5 月 10
日，在吉定镇了
解藏绵羊生长
情况

乡及县属各部门进行走访调研，这既是熟悉了解县内情况的需要，也是援藏
工作的需要。根据援藏联络组的要求，经过近一个月的调研，并与县政府协
商沟通，上报联络组同意，我们萨迦小组把安居工程、县综合文化中心建设和
新建自来水厂等项目作为萨迦小组援藏项目。在下基层调研中，我们发现乡里
大部分藏族群众的房子是土坯再加一点石板搭建，两层的房子一般是上层住
人，下面养牛羊，条件比较差。一些贫困户的家里，一眼望去，破旧不堪，一
贫如洗。针对这一情况，我们把"安居工程"作为首个援藏项目。我们选址
在离吉定镇大概将近十公里的扯休乡，该乡靠近 318 国道边，海拔只有 3900
米，周边环境很好，我们利用援藏资金，集中建造了一批住房，同时做了一些

配套设施的规划建设。当时建筑成本比较便宜，一栋房子的造价在四五万元，百姓只是象征性出一些劳动力，建这样的"安居工程"，我们希望将那些在偏僻地区的贫困农牧民迁移出来集中居住，这样不但能改善农牧群众的居住条件，也可使用配套设施，如水电、医疗、邮政、移动和电信等服务，方便群众生活。

"安居工程"是分批实施的，第一年迁入的大概有30多户，后来扩大到200多户，之后我们将这个工程延伸到萨迦镇里面，通过政策引导、资金补贴，把一些条件相对较好的百姓吸引过来，由他们自己出钱建房。后来，逐步形成了民俗一条街。再后来，几乎每个乡都有这样的工程，用援藏资金给予一定补贴，让农牧民尽量往乡政府周边集中，同时方便资源配置。通过"安居工程"的实施，农牧民得到了实惠，这是一项非常有意义的援建项目，深受农牧民的欢迎。

建设文化中心

县里原来的大礼堂，由于年久失修，窗户玻璃都是破的，房屋也十分老旧，四面透风。经过我们援藏小组与县政府协商沟通后，决定用援藏资金迁建新的县大礼堂，新的礼堂选址在萨迦小学的南边，建成后的县大礼堂由于使用功能的完善，改名为县综合文化中心。在建造的同时，对中心周边也进行了同步规划。利用县综合文化中心带来的辐射效应，不仅带动了镇上民俗一条街的发展，也拉动了萨迦县文化旅游产业发展。

萨迦县有非常不错的旅游资源，当地有座萨迦寺，兴建于1268年，是八思巴赴大都前兴建的，1962年被国务院列入第一批国家级重点文物保护单位，寺里的贝叶经、唐卡等非常有名，萨迦的温泉特别好，还有唐卡、藏刀、银器等手工藏品也很不错。围绕这些文化旅游资源和产品，我们萨迦小组与地区旅游部门进行了沟通规划，推出了几条旅游线路，取得了不错的效果。后来接替我们的援藏干部在我们的基础上对旅游产业有更大手笔的投入，文化旅游产业发展让当地藏族百姓的收入得到了实实在在的增加。

▶ 援建的萨迦县文化中心

解决"吃水难"问题

刚到萨迦县时，县委县政府大院里干部、职工以及周边群众，大约有两三百人的吃水、用水都依靠一口井。河里的水含硫量特别高，并不适合饮用，我们宿舍里每人都备有一个水缸，平时靠通讯员尼玛挑井水过来的，用明矾净水才能使用，但不能饮用。针对这种现状，经过调研，我们援藏小组决定将新建自来水厂列入援藏项目，在地区联络组的帮助下，请了专业的公司来县里考察，经过多次的可行性研究、调研、实地勘察，终于在南山上找到一个水源地，是积雪融化后的存水，水质也有保证。在我们三年援藏任务期满离开之前，这个自来水厂终于建成，彻底解决了县城干部职工及周边群众的用水问题。

踏实工作，共同进步

我在援藏期间担任萨迦县委常委、县委办主任，事务性工作较多，同时也要做好萨迦援藏小组与地区联络组间的沟通联系，协调有关援藏工作事宜。县委办十多名工作人员，有藏族干部，也有汉族干部，如何调动好他们的工作积极性，形成合力，是对我自身新的要求和考验。当时县委办有一名汉族副主任，一名藏族副主任。我作为主任，既要协调好两位副主任工作，又要与他们交朋友，为此，我把以前在内地担任办公室主任期间的经验和教训告知他们，以便他们在工作上尽量减少失误。同时由于西藏工作的特殊性、工作节奏较慢，但纪要文件、加密文件却很多，而且很多都是急件，需要夜里签发，所以常常刚睡下，就有人来敲门要签发文件，我都随叫随到。这样，在工作中以身作则，起到了较好传、帮、带作用。三年来县委办的工作得到了地委办、地区办的充分肯定。

"缘" 藏的感悟

说实话，在萨迦县工作的头两年里，生活条件是比较艰苦的，也比较枯燥。

当地的饭菜口味我们很不习惯，蔬菜水果很难吃到，"老干妈"成了必备品，县城里有个饭店，川菜做得不错，但我们只有招待朋友或改善伙食时，偶尔吃一次。

到了晚上，也没有什么电视节目可看，县里的差转台除了中央一套，其他台网络信号都很差，还经常断电（因河水水位下降而发不了电）。因为高原反应，每天头昏脑涨，书也看不进，进藏前朋友送的字帖也不想写。这三年中，经常凌晨二三点入睡，早上七八点醒，每夜是浅睡眠，一有动静就醒。

说实话，三年的援藏时间过得很快，三年下来，我对工作环境等方面都很熟悉了，适应了这种工作环境和节奏，除了有些寂寞，我感觉这三年还是蛮充实的。我们不是简单的挂职，而是跟当地的干部职工一样，为萨迦的发展实实在在做些工作。三年来，我们和当地干部群众结下了深厚的情谊，当地干部在工作中也很关心爱护、尊重我们，包括达孜县县长和县人大主任巴桑，以及后来的帕珠县长，常常嘘寒问暖、关心我们工作和生活，三年来，我们也同样本着相互尊重和平等的理念与当地干部职工一起工作和交往。

当地干部群众对我们五位援藏干部的评价很高，认为我们援藏干部是非常务实的，除了"安居工程"、自来水厂、县综合文化中心等实事工程，还为一些村户实施了安装太阳能光伏等小项目，另外在县委书记顾云飞同志的推动下，我们还开展了"蓝天下的至爱"活动，结对帮扶当地的困难学生。

三年援藏，让我们萨迦小组五位来自上海四个区的援藏干部结下了深厚的友谊，直到现在，我们五位援藏干部的家庭每年有一次聚会。三年援藏，我自己也有很多收获和历练，组织上也给了我很高的荣誉。2005 年 4 月，上海市援藏援疆工作领导小组、上海市人事局等四个单位对我在对口支援工作中取得的成绩给予表扬并颁发了荣誉证书。三年援藏，还让我改变了许多，特别是在回沪以后的工作和生活中，我看待很多事情上都比较坦然。因为我知道，在困难面前，不要怨天尤人，时刻保持良好的心态，尽自己的能力去克服。我们萨迦小组的五位同志都说，今后等我们退休了，可以自豪地告诉第三代，爷爷也曾经在西藏工作过，可以讲很多好听的故事……

三年援藏，援藏无悔。

三年援藏　一生真情

　　彭军，1974年1月生，现任中共奉贤区青
村镇党委副书记、镇长。2007年6月至2010年
6月，为上海市第五批援藏干部，任中共西藏自
治区日喀则地区萨迦县县委常委、县委办主任。

口述：彭　军
采访：吴嘉伟　徐如怡
整理：吴嘉伟　徐如怡
时间：2020 年 3 月 6 日

我们 50 名上海市第五批援藏干部，在总领队赵卫星同志的带领下，于 2007 年 6 月 7 日进藏。肩负着上海市委、市政府和 1800 万家乡人民的重托，我们从东海之滨启程，不远万里来到了美丽的雪域高原。根据组织安排，我任萨迦县县委常委、县委办主任。2010 年 6 月完成援藏工作后回沪。经我们先后几批上海市援藏干部和当地干部群众的共同努力，萨迦县于 2019 年 12 月成功退出贫困县序列，奉贤区对口帮扶的萨迦县脱贫攻坚战取得决定性胜利。

一人援藏，一家援藏

援藏工作是中央政府支援帮助西藏实现跨越式发展的重要决策，帮助和扶持西藏地区发展，并动员和组织内地相对发达地区支援西藏相对落后地区建设。在区委组织部的动员下，我积极响应组织号召，主动报名参与第五批援藏工作。我在学生时期就加入了中国共产党，内心充满使命感和责任感。

萨迦县驻地海拔 4468 米，全县平均海拔 4400 多米，最高海拔 6092 米，自然风光令人向往，但海拔高，气压低，容易产生高原反应。

援藏这件事，家人自然是非常担忧的。对于集体而言，我是一名共产党员；但在家人眼中，我是父母的儿子，妻子的丈夫，孩子的父亲，而且当时女儿才念小学一年级。西藏山高水远，高寒缺氧，自然条件异常恶劣，家人有所担忧也在所难免。我尽力宽慰家人，我年纪轻，身体底子好，应该没问题的，再说，支援西藏，是我一直以来的理想，错过这次机会，是我人生中很大的一个遗憾。其实我的话语并不能令家人安心，好在他们都是十分通情达理的人，强压下心中的担忧，在我面前表现的，更多是支持。

援藏干部永远不是一个人在战斗。出发援藏前，妻子对我说了一句话，令我心中十分感动，直到今天还记忆犹新，"你放心去，在西藏照顾好自己，家里一切有我"。一个人援藏，背后汇集的却是整个家庭的努力。"一切有我"，短短四字，是妻子的鼓励和支持。上有年迈父母，下有稚龄小儿，三年里妻子独自一人挑起家庭的重担，给我提供了稳定的大后方，是让我放心前行的动力。

从顾虑到全力支持，用真心赢得信任

上海市和日喀则市虽然地理位置距离遥远，但援藏把上海人民和日喀则人民的心紧紧联系在了一起。早在 1994 年 7 月，中央第三次西藏工作座谈会就明确了上海市负责支援日喀则地区。2001 年 6 月，中央第四次西藏工作座谈会将萨迦县纳入上海市对口支援的范围。我们是对口支援萨迦县的第三批人员。

进藏两周，我们稍事休息，调整身体上的不适后，就马不停蹄、兵分九路，跋涉 4000 公里到 5 个县一一考察。我们按照"最有益当地人民"的标准选择项目，把援藏资金花在刀刃上，最终敲定了 167 个援藏项目。

根据组织安排，我任萨迦县县委常委、县委办主任。初到萨迦，不同于出发前在书上、网络上看到的冷冰冰的文字介绍，一个鲜活的高原边境县城形象呈现在我的面前。萨迦县地处边境，县城距日喀则市 150 千米，是一个以农业为主的半农半牧县。县内有一座千年古寺——萨迦寺，寺内有大量藏经和壁画，被誉为"第二敦煌"，是一个文化名县。萨迦县自然风光有一种原始的美丽，文化积淀深厚，县府所在地海拔高，空气稀薄，以农牧业为主，几乎没有

▲ 2007 年，初到萨迦

绿化，没有工业，旅游业也不发达。我们在萨迦县参加的第一个会议，是讨论萨迦下半年的重点工作。会前，我们做了大量的准备工作，针对萨迦县地理人文等各方面的客观条件，进行了具体的分析和讨论，就萨迦县的未来发展有了基本的想法和建议。

我们是真心希望可以为萨迦县的发展方向提供新思路，和当地干部群众一起建设这个美丽的、文化积淀深厚的县城，令它焕发勃勃生机。个别藏族干部因为习惯使然，有时在会上说藏语，我们根本听不懂。这也让我们意识到，在西藏推进工作需要转变工作方式，最重要的事是要赢得当地干部群众的信任。

会后，我们援藏干部就未来如何在萨迦县开展工作进行了讨论。

有作为，才有地位。我们克服高原路险、恶劣的自然环境，走村串户、深入基层，走访藏民家庭，倾听他们的声音、他们的困难、他们的期望，并且一一做好记录。谁家有困难，谁家有需要，我们都牢记心头。日积月累，我们与藏民结下了深厚的友谊。另一方面，我们加大宣传，让广大群众了解到：我们是带着一颗真心和满腔热血想要来和大家一起建设这个美丽的家园。我们主动与藏族干部沟通交流，了解未来几年的重点工作，询问工作中遇到的困难，尽我们最大的努力帮助他们解决难题。萨迦县的发展还是一个底子薄的问题。

对于在国家援藏资金覆盖不到但确有需要的方面，我们努力联系上海方面的企业家，为当地解决资金困难。我们的真心，当地干部群众看在眼里，暖在心里，对我们的态度也从有所顾虑到了全面信任。

在建设援建项目的同时，上海把重点从"输血式"的单向扶持逐步转向"造血式"的互动扶持，重点加强对口地区产业培育，提升萨迦县的自我造血能力。萨迦县被称为"帝师故里"。千年古镇旅游资源十分丰富，亮点众多。既有卡吾法王温泉、冲拉山珠峰观景台等体验高原生态美的自然景观，也有萨迦南寺、北寺遗址、仁青岗尼姑寺、西藏佛学院萨迦寺分院等展现萨迦历史文化内涵的人文景观。萨迦的历史文物非常丰富，萨迦寺内保存有元代中央政府给萨迦地方官员的封诰、印玺、冠戴、服饰，还有宋元以来的各种佛像、刺绣、供品、瓷器以及法王遗物等，不少文物十分罕见，尤为珍贵。

我们以萨迦县丰富的旅游资源为切入点，制定旅游强县的战略，打造萨迦千年古城的品牌。在我们援藏干部和当地干部的共同努力下，萨迦县旅游业发展迅猛。仅 2009 年上半年，累计接待游客 3.5 万人次，实现旅游收入 292 万余元。萨迦县的旅游纪念品产业也进一步壮大，"八思巴"真丝哈达、"藏密花"黄酒以及陶瓷面具也开始打入西藏自治区旅游纪念品市场。我们用实干赢得了萨迦县干部群众的全力支持，与当地藏民建立了深厚的友谊。

智力援藏，授之以鱼不如授之以渔

萨迦县位于日喀则地区西部，全县教育事业发展水平相比于日喀则地区东部县市，处于较为落后的水平。随着国家西部地区"两基"攻坚计划的实施，萨迦县基础教育事业取得了较快的发展。在前两批定点支援萨迦县的援藏干部的努力下，萨迦县于 2002 年实现"普六"（普及六年教育），于 2005 年顺利通过"普九"（普及九年义务教育）验收，中小学教育事业实现历史性的跨越。然而，在 2008 年之前，全县范围内根本找不到一所真正意义上的幼儿园，萨迦县的学前教育事业依然处于空白状态。第五批援藏工作小组通过多方筹措资金，本着援藏先援教的原则，把援建萨迦县第一幼儿园确定为当年最重要的援藏项目之一。经大家共同努力，我们带来了 120 万元的投资，新建萨迦县第一幼儿园。2008 年 8 月，萨迦县第一幼儿园建成。新建的幼儿园占地面积 2903 平方米，校舍建筑面积 452 平方米，一座崭新的教学楼拔地而起，成为县城一道亮丽的风景线。

在萨迦县，虽说小学不像学前教育那样处于完全空白阶段，2006 年小学入学率达到 98.27%。但较高的入学率背后，依然是异常艰苦的学习条件。说是学校，其实只是几间破旧的房子，连门都关不紧，也没什么像样的桌椅、文具。夏天也就算了，到了冬天，冷风就从门里灌进来。但就是在这样简陋的环境下，与之形成鲜明对比的，却是孩子们一双双充满求知欲的眼睛。这样的情景，给我们带来的冲击是巨大的，我们有些援藏干部的眼眶都湿润了。

再穷不能穷教育，再苦不能苦孩子。回去之后，我辗转难眠，一闭上眼睛，眼前仿佛就出现了白天看到的情景。做了父母之后，更容易对孩子产生同情心。我也是孩子的父亲，想到他们，就想起了我同样在读小学的女儿。看到这样的情况，很心疼这些孩子，祖国的花朵是要呵护的。

我们想为孩子们建希望小学，想改善孩子们的学习环境。想法很好，但现实又给我们泼了一盆冷水：我们没有资金。因为小学并不是此次援藏的重点项目，所以没有专项资金。但一想到孩子们，我们不想放弃，也不能放弃。没有资金就自己筹集资金。我们努力联系上海的企业家，希望可以筹款建立希望小学，这一想法也得到了上海企业家的积极响应。在时任奉城镇党委副书记王天权的联系下，奉城镇当地企业家陈小祥表示愿意出资 20 万在萨迦县建希望小学。这所希望小学在我们在藏期间建成，当时陈总亲赴萨迦县雄玛乡实地考察，并参加了学校的建成揭牌仪式。没想到他一到萨迦县就产生了严重的高原反应，直接晕倒了，在床上躺了三小时才醒来。醒过来后，陈总当即决定再追加 10 万，出资额从 20 万增加到 30 万。他说，"进藏前真的没想到，这里条件会这样艰苦。你们援藏干部实在是太辛苦了。我们普通人别的做不了什么，只能多捐点钱。在我能力范围内，能帮的我还是要多帮一点。"陈总后来还认领了几个贫困生。这件事情让我很感动，我们上海的企业家是有良心的企业家。

上海援藏工作坚持把改善教育作为工作重点，致力提高对口地区办学的软硬件条件，突出智力帮扶。同时，开展专业人才交流，为西藏培养一批能够发展西藏、建设西藏的重点人才队伍。

三年援藏，一生真情

三年援藏生活，过得并不轻松。时间紧、任务重；自然条件艰苦，身体不适应。进藏的第一个半年过去，从夏天到了冬天，这是我们在西藏过的第一个冬天。西藏的冬天异常寒冷，昼夜温差巨大。由于贫穷，有些家庭并没有充足的御寒衣物过冬。我们看在眼里，急在心里，急忙联系上海方面，筹集了一批国家项目资金外的御寒物资，分发给藏族同胞。用真心换真心，当地干部群众对我们的态度也从初来乍到时的顾虑到了后来全身心的信任。当地干部甚至会主动跟我们讨论问题，征求我们的看法。我们和当地的干部群众打成一片，感情也越来越深厚。

完成三年援藏任务离开萨迦县那天的情景，也让我记忆尤为深刻。那天，全县几千人到场送别我们，献上酥油茶、青稞酒，用藏族最尊贵的礼节跟我们告别。当地干部群众依依不舍，好多人都哭了，这样的场面在历届援藏干部中是常态。每批援藏干部，都是在用真心做工作，真听、真看、真感受，和当地藏民打成一片，走的时候才会有这样的千人泣别的场面。这种场面，经历了一

◀ 2010 年，彭军女儿前来迎接完成援藏工作回沪的父亲

次，这辈子都忘不了。可以说萨迦县是我的第二故乡，我虽然回到了上海，但我的心仍有一部分留在了萨迦。我回上海以后，也一直在关注萨迦县的发展，和当地的干部群众也一直有联系。我现在任青村镇党委副书记、镇长，值得一提的是，我们青村镇和萨迦县还是友好县镇。2019年，萨迦县的干部来上海举行推介会，我们重叙旧情，并商量了两地相关的协作交流事宜。

三年援藏经历是我人生中一段宝贵的财富，增进了我的民族感情，也提升了我解决问题的能力，让我在政治上更成熟，也让我在之后的人生中受益匪浅。

炎炎红心　洒洒青春　我从西藏走来

　　项春，1975年4月生。现任上海头桥发展（集团）有限公司党委副书记、总经理。2010年6月至2013年6月，为上海市第六批援藏干部，任中共西藏自治区日喀则地区定日县县委常委，常务副县长。

口述：项　春
采访：张美丹
整理：张美丹
时间：2020 年 3 月 8 日

2010 年 6 月至 2013 年 6 月，我在定日县挂职县委常委、常务副县长，主要负责政法、安全生产、人力资源、工程建设等工作，从此就和这个神奇而美丽的地方结缘。定日县，隶属日喀则市，是珠穆朗玛峰自然保护区的中心地带，南与尼泊尔接壤。总面积 1.40 万平方公里，辖 2 个镇、11 个乡。

三年在藏工作经历对我来讲是巨大的人生角色转变。我告别了亲人和朋友来到了一个完全陌生的环境，工作角色从原来一个科级单位的行政负责人转变为一个县级领导。虽然环境、角色对我而言都来了个一百八十度的转变，但是我努力适应环境和角色，将一切挑战和困难视为历练人生的一次难得机会，将援藏经历视为人生的宝贵财富。

再苦，也要咬牙克服

定日县平均海拔 5000 米以上，全年有霜，最热的 5—9 月，也必须穿好秋衣秋裤，晚上须盖棉被。每当天气晴朗时，从办公室窗口就能远眺珠峰的顶峰雄姿。每年 2 月底，我都要到曲当乡工作两周，晚上大家在会议室里的藏式沙发上打通铺，风实在太大，门都被吹开了，冷得睡不着。但最苦的是高寒缺

▲2011年5月，下乡调研援建项目途中

氧，整个人无时无刻都感觉负重20斤，心跳都在每分钟100次以上，通宵的失眠、心脏的不适、欲裂的头疼等高原反应，时时考验着我。2012年，我查出由于高原影响得了高血压，虽然服了药，但是由于工作在高原，血压还是波动很大，我按照"战术上重视、战略上蔑视"的态度，仍然坚守在4300多米海拔的工作岗位上，把在定日县三年间的高寒缺氧，当作磨砺意志的最好考验。

我们吃饭都是藏族师傅烧的，菜的口味上不挑，很快就适应了。菜的品种很少，蔬菜都是外面运过来的，不新鲜，一般都是吃罐头肉，因为气压的缘故，肉是烧不熟的，最多只能烧到八成熟。有一次，我们的领队闵卫星带了几只大闸蟹回来，大家都特别稀罕，一人半只，谁知一吃都还是生的，无法烧熟，可又舍不得扔掉，几个大老爷们心疼半只螃蟹，吃也不是扔也不是，不禁哈哈笑了起来，眼眶都有些湿润了。

县里没电，每晚烛光照明，宿舍里常备着手电筒和蜡烛。为了解决晚上取暖，有的同志烧牛粪，于是就有了高原星空下的"炊烟袅袅"，也有的用发电机，于是每天晚上发动机的"突突"声和屋外的狗叫声，此起彼伏、不绝于耳。洗澡也是难题，用液化气烧水，可以说很"奢侈"了，一个月能洗一次澡也是难得的事情。刚到县里时，生活条件与原来相比一下子落差太大，艰苦的条件加上高原缺氧引起身体严重不适，思乡之情喷薄而出。但是我很快想到，援藏干部已经来了五批，他们能够坚持并适应，我为什么不行。再想到长期在定日工作生活的不但有藏族干部，还有许多汉族干部，我所感受到的这些苦和他们长年累月的坚守相比实在算不了什么，这么一想，眼泪很快止住了。

再难，也要拼劲闯过

去过西藏的同志都知道，在那里生活最怕感冒，因为容易造成肺水肿、脑水肿。所以，一打喷嚏我就马上吃感冒药，不敢马虎。有一次在村里检查工地时，由于天气突变气温骤降，得了感冒，那段时间除了天天吃感冒药，还穿着两层秋衣秋裤，足足过了一个月，身体才得以康复。在西藏山高路远，行车也是一个重大的安全问题。记得有一次，在下乡返回途中遇到泥石流，眼看"哗哗"的泥石流正吞噬着仅有的山间小道，从没看到过这种架势，大家心中直发毛。有人建议还是回到乡里去吧，但驾驶员洛桑说："回乡的路上有更多的泥石流路段，只能往前冲。"他下车查看情况后，上车将两驱调至四驱，迎着泥石流猛踩油门，车子最终有惊无险地摆脱了困境，但每个人都是一身冷汗、心有余悸。还有一次去绒辖乡，下了一场大雪，车陷在大雪里动不了，两部车相互连拉带拽，才有惊无险驶出积雪路段。

受自然条件限制，定日县一年中有八个月是冰冻期，也就是说三年时间实际的土建工程施工期只有一年。作为分管援藏工程的负责人，组织施工必须做到计划严密、节点明确、紧盯不放。2011年2月28日返藏后，我顾不上高原反应，立即投入开工前的各项准备工作中，在3月份内我就瘦了12斤。3月24日，组织召开了"援藏工程定日县领导小组会议"，明确了各项建设工程方案、责任人、推进时间节点。3月30、31日，分别对两个实施整村推进的新农村建设示范点进行了施工前的协调。5月3日，会同县宣传部策划了"定日县援藏工程开工仪式"，第六批援藏干部总领队闵书记带领地直单位援藏干部全部参加，仪式既隆重热烈，又为援藏作了一次很好的宣传。5月17日，主持了参木达村新农村建设示范点技术交底会。5月22日，县公安办证大厅项目

▲2012年9月，检查长所乡森嘎村新农村建设点

正式开工建设。9月8日，主持召开了森嘎村新农村建设协调会。9月28日，我代表小组向领队闵书记汇报了工程建设推进情况。在建设期间，我经常深入工地检查质量、安全、进度，特别是去一些新农村建设点路途较远，但仍坚持每两个星期去检查一次。从2011年9月份开始，我在督促当年度工程实施尽快收尾以外，还部署2012年计划实施工程的前期准备工作。2012年4月9日，召集参建单位在日喀则召开了开工动员会，明确了各方责任和建设时间节点。4月份，两次去在喜马拉雅山脉南麓的绒辖乡检查新农村建设情况，只因路上积雪太深，两次只能中途折返，到天气转好后的5月16日总算到乡里完成了检查任务。6月8日，组织参建单位对工程建设进行了中期检查。8月18日，陪同时任县委书记蒋仁辉再次对工地安全、质量、进度进行了调研。9月12日，陪同时任总领队闵卫星对工程推进情况进行了视察。"功夫不负有心人"，工程最终在2012年9月，顺利竣工，心里才踏实下来。

援藏后，第一次落泪是在上海展览馆门前和妻子女儿告别时，"哇"的一声女儿突然哭了出来，妻子也在一旁抹眼泪，刹那间一股亲人间的离别之痛直逼心头，扭过头转身跳上车，眼泪还是止不住地流了出来。2011年3月，家里打来电话说女儿由于耳疾突然失聪，要求我回去一次。可2月底刚回西藏，各项工作都在紧张部署中，怎能突然回去，只能嘱咐家里人照顾好女儿尽快就医，自己只有在西藏默默祈祷女儿平安健康。同年 5 月 16 日，得知从小就关心、照顾我的表姐不幸去世，我也只能在西藏流下悲痛的眼泪。2012 年 6 月，县委书记本想安排我带培训班回上海，顺便探亲，但我考虑到可能碰上政府换届选举以及援藏建设项目推进正处在关键时期，因此将带培训班的计划安排在年底休假期间。8 月，两年未见的表哥来日喀则，因我在县里有任务，也没能见上一面。对于家人和亲友，心里有太多亏欠和遗憾，不是一句"对不起"能够表达的。

难忘的那些人，那些事

我和藏族同胞洛桑成了好兄弟，他除了是我的驾驶员，还是我的老师。在学习藏语的过程中，由于高原缺氧，每天头昏脑涨，常常记不住，但洛桑很耐心地一个字一个字帮我发音校准。从藏语的一到十，从日常用品和食物开始学习，最后学习讲连贯的一句话。每当我学会了一首藏语歌曲时，总请他当第一位"歌迷"。哪怕我藏语说不准，或说或唱后往往换来的是他爽朗的、毫不在意的笑声。我没有语言天赋，但三年学习藏语的过程是我在藏期间非常愉快的经历。洛桑还是我的民俗讲解员，在车上他给我讲藏族的文化，比如宗教的仪轨、民族的节日等。对于一些藏族的忌讳、礼仪需要记得特别牢，避免在日常的言行中有不妥之处。这是神山、这是圣湖、来历是怎样的，这是神庙求什么的，他都给我讲得清清楚楚。有时路过一个村时，他会介绍这个村特有风俗习惯，我听后感叹不已，不禁为我国广大民族地区多样的文化折服。三年下来，我对当地风土人情和县情有了一个比较全面的了解，这都是我的好兄弟洛桑的功劳。

定日县，在国家各项优惠政策和上海援藏的帮扶下，依靠珠峰旅游，各项社会经济事业都得到了前所未有的发展，农牧民的收入年均增长在 14% 左右，但是不可否认，在边远的乡村一些农牧民的贫困程度仍然超出我们的想象。有一次我参加了县里组织的慰问贫困户活动，走进一户藏民家里，环顾昏暗的屋内一周，面积大概在 10 个平方米左右，在墙角一侧隐约看到一对上了年纪的夫妇坐在那里，同行的干部讲明了来意后，递上了慰问金，夫妇俩一个劲作揖默祷，表示感谢。我的泪水夺眶而出，难过的是他们的生活艰难，感动的是他们没有任何怨言，相信党和政府会带领他们逐步脱贫致富的。我接触到的藏族群众都非常淳朴、善良、有礼貌，我们去到藏民家里走访慰问，他们都要拿出家里最好的东西来招待我们，以表达他们的敬意。

　　在西藏工作的有藏族干部、援藏干部、就地转业干部、国家定向培养的大学生和怀着梦想进藏的志愿者。有的到了西藏，就患上了高血压、秃发，有的去了海拔最高的乡，去了一年不仅人变黑了而且还生了病，也有的因为感冒变成肺水肿。同我共事的宣传部长由于感冒治疗不及时，引发肺水肿导致年龄四十岁不到的他，肺功能衰退至七十多岁，无法较长时间走路；更有甚者，在山路上发生车祸不幸去世，将生命献给了西藏；他们都是在用生命给党旗添彩，在为西藏做贡献。而当地的一位老党员，也让我难以忘怀。那是一次下乡调研期间，跨入一家贫困党员屋内时，墙上一面鲜艳的国旗映入眼帘，一股亲切和崇敬感油然而生。落座后，经过交谈得知男主人是 20 世纪 70 年代入党的老党员，由于有位患有精神疾病的儿子，经济条件比较艰苦。这位老党员告诉我们：由于自己条件和能力有限，所以他觉得要做个老实人，尽力为党做些力所能及的工作，不要为自己的困难向组织上提要求，做到以上两点也就尽到了一位党员的本分。朴实的话语让我泪流满面。

终生的雪域情怀

　　我时常告诫自己，对于援藏项目不仅我们要认为好，而且要让当地领导也认为好，不要一厢情愿，做吃力不叫好的事。当县里对援藏项目有不同意见时，作为援藏干部不能以一种"施舍者"的姿态高高在上，而是要以主动、诚恳的态度和县里相互协商、探讨。做好细致调研，将钱花在刀刃上，同当地领导协调好、沟通好，那么在项目实施中遇到的各类问题都会得到他们的全力支持，许多问题都会迎刃而解。正因如此，我和当地的干部群众结下了深厚的情谊。在藏的第一个中秋来临之际的一个晚上，一起在定日县的几个同志在一起小聚，大家都有点想家了，突然有个兄弟提议一起唱首歌献给在上海的亲人，

◀ 2012 年 9 月，在
扎西宗乡小学援
建项目现场

　　唱毕又有人讲道：多喝点酒就不想家了。刹那间鼻子一酸，眼泪落入酒杯，和着酒仰头一干而尽。接着，大家又唱了一首《兄弟情》，让我在万里之遥的雪域高原感到援藏兄弟就是亲人，在西藏我并不孤单。

　　三年时间，确确实实让我人生境界得到了提升。我希望自己用实际行动为塑造上海援藏干部良好形象贡献一分力量，因此当地的各项公益活动我都积极参与，慰问贫困户、帮扶孤儿、为"9.18"地震灾民献爱心、为乡村卫生所添置设备、改善驻村工作队的生活工作条件等，累计捐款 3 万多元。特别是我作为曲当乡乡村工作队队长，经常给他们解决一些生活用品和伙食，还配置了两台电视机，丰富他们的业余生活。在继 2011 年党委换届我获得全票当选后，2012 年在政府换届中我又获得全票当选。2012 年，我还被评为"2011—2012年度援藏工作先进个人"。这些对我来说，不仅仅是荣誉和肯定，更是藏族干部群众对我深深的信任，让我动容，像甘泉滋养着我的内心。

　　在珠峰脚下的三年援藏经历升华了我的世界观、人生观、价值观，更是对自己党性的锤炼，让我对"中国共产党党员"这个身份应该具备的品质有了更加直观的认识，涤荡了心灵、感悟了人生、磨砺了意志；我在缺氧中学会了忍耐、在寂寞中学会了坚强；理解了感恩、包容、忍耐和奉献的真谛；知道了最大的幸福满足在于无私的付出。精神上的富足，让我感受到了定日县四套班子和两院领导对我政治上充分信任、工作上全力支持、生活上细致关心的浓浓同事情，让我在工作遇瓶颈时，只要想起在定日县的经历，我就会充满力量迎难而上。我要感谢养育我三年的第二故乡——定日县，心中由衷发出：三年援藏，终生梦牵定日雪域情怀。

不辱使命　对口援滇

江顺标，1957年11月生。曾任奉贤区人大常委会委员、农业与农村工委主任、办公室调研员等职。1997年7月至1998年12月，为上海市首批援滇干部，任云南省红河州扶贫办主任助理。

口述：江顺标

采访：王嘉梁

整理：王嘉梁

时间：2020 年 3 月 30 日

1997 年 7 月 2 日，香港回归祖国的第二天，我作为上海市选派的首批 12 位援滇干部之一，满怀激情地踏上了云南省红河州的土地。在红河的援滇干部还有徐汇的陈怡、青浦的许卫峰、长宁的沈汉平。在工作中，我们视云南为第二故乡，把红河人民当作自己的亲人，真心实意做到"真扶贫、扶真贫"。作为上海人民的友好使者，发挥了联络员应起的沟通沪滇两地之间友谊的桥梁和纽带作用，在离开云南的时候，我获得了云南省红河州荣誉州民的称号。十八个月的援滇经历，虽然在漫漫人生中十分短暂，但却是我一生中不可多得的财富，在红河这片土地上，我经受了考验，学到了许多在上海学不到的本领，心灵受到了震撼，思想得到了升华。

教育援助

我赴滇担任的职务是红河哈尼族彝族自治州（以下简称红河州）人民政府扶贫办公室主任助理。红河州位于云南省东南部，北连昆明，东接文山，西邻玉溪，南与越南接壤，是一个多民族聚居的边疆少数民族自治州。地势是西北高东南低，地形分为山脉、岩溶高原、盆地、河谷四部分。总人口 380 万，农

▶ 1998 年，在云南
偏远山区调研

业人口占 84%。全州 13 个县市，有七个国家级贫困县，贫困人口多，贫困程度深。

到了工作岗位后，我为了掌握帮扶工作情况，克服语言不通，生活习俗不同的困难，跋山涉水，行程万里，深入基层，下到贫困县、乡、村、农户家，吃、住、行都入乡随俗，一切从简，与少数民族干部群众打成一片。

经过调查研究后，我们认为要想从根源上改变红河州地区的落后面貌，必须把办教育放在首要位置。当时奉贤对口援助的红河县与石屏县有三个希望小学项目，其中红河县的两个项目已于 1997 年 5—6 月开工建设，只有石屏县的项目迟迟没有动静。

经过沟通我了解到，原来石屏县政府想把这个希望小学项目的资金挪用到石屏县城学校的升级改造工程。我立即与石屏县委、县政府沟通，我们的初衷是要支援最困难的地区，不是为了条件较好地区的升级换代，如果是这样，就改变援助的初衷了。石屏县委、县政府最后召开办公会议，决定接受我的意见，就在石屏县最困难的地区建一所希望小学。

为了进一步确定希望小学建在何处，我几乎跑遍了整个石屏县进行考察选址。由于水土不服，我开始腹泻，但为了让山区的孩子早日有学上，我吃点药扛着，继续上路。

记得到大塘村选址那天，天下着大雨。跟我同行的有石屏县扶贫办副主任武家才，冒合乡党委副书记龙清福。他们告诉我说，这样的天气加上全是山土路，极其容易诱发泥石流，还是改日再去吧。我说一定要去，另外两个项目都已经开工了，石屏县也要赶上去。

于是，他们就给大塘村的村委会打电话，电话没通，后来知道是因为下大雨，发生泥石流把电话线砸断了。我们就这样冒着雨，踩着泥泞的山路，几乎是爬到了大塘村。

到的时候是下午三点钟，大塘村的群众见到我们，非常高兴，当得知我的身份后，他们连连惊呼："真没想到！"村委会党支部书记白阿金说："上海干部到我们村，你是第一人，州里面的干部到我们村，你是第一人，冒着雨过来的州干部，你又是第一人。"

群众看到我们非常热情，忙前忙后准备晚饭，甚至还专门杀了一只羊。我急着找校址，在村书记带领下，直奔大塘小学。学校只有一间房子，房子里面的地面已经湿透了，校长李文友告诉我，一旦下雨，屋外下大雨，屋内下小雨。当看到这一切时，我非常心酸，就在现场跟石屏县冒合乡、大塘村领导开会，当即确定将项目落在大塘村。那天，我来回徒步七个小时，13公里山路，记得那一趟回到住处时，已是晚上8点多。穿的白色旅行鞋沾满了褐色的泥土，已经完全洗不掉了。

第二天，石屏县扶贫办主任胡亮明跟县委领导做了汇报。1997年11月，大塘奉贤帝高希望小学正式开工，1998年9月项目基本建成，一幢教学楼，八间教室，总建筑面积480平方米，辅助房105平方米。县委领导在全县三级干部大会上说："如果我们石屏县的各级干部都有上海支边干部这样干事创业的劲头，我们石屏县脱贫速度就能加快了。"后来这件事上报到了云南省扶贫办，受到好评，上海人民广播电台还专门作了采访报道。

奉贤县对红河、石屏两县家庭经济困难、品学兼优的贫困生，还进行了"1+1"助学结对活动，共认助了150名学生。我作为一名在红河州工作的援滇干部，也认助了"大新寨奉贤希望小学"二年级彝族学生马文红同学，一直资助她直至大学毕业。

项目援助

如今在农村发展沼气项目已经不是什么新鲜事了，但是在二十二年前的红河州，还是急需推广发展的。我在红河州扶贫办工作期间，非常注重把这一先进的理念引入这个地区，我们赴滇支边不光是资金的援助，更重要的是帮助村民找到脱贫致富的有效路径，这样的扶贫才是有效且可持续的。

当时有一个温饱试点村项目准备落户在石屏县大桥乡六美尼村公所大寨村，这个自然村一共 65 户，257 人，有傣族、哈尼族、壮族等多个民族，以傣族为主，村民的生活极其贫苦。

我到这个村考察后发现，山下有一条山村公路经过村边通往县城，交通还算便利。村民大多养猪，但是都没有猪圈，猪满山跑，吃饭的时候甚至在饭桌底下窜来窜去，气味难闻，污水横流，很不卫生。村民大多用木柴作为燃料，山上的树木几乎被砍光，做饭的时候烟熏火燎。

要在大寨村施行温饱试点村项目，必须通盘考虑，既要考虑让群众脱贫致富，还要考虑因地制宜地发展，这样才能事半功倍。我们就想到了将猪圈养起来，利用猪粪实施"沼气猪圈"项目的方案。第一，沼气可以点灯照明，烧火做饭，不用再大量砍伐树木，既能保护山上植被，又能优化生态面貌。第二，建设猪圈，可以改善村庄环境，告别过去那种不卫生的生活方式。第三，粪便经过沼气池发酵过后的材料，是很好的有机肥，可以栽种蔬菜。第四，这些原生态的绿色蔬菜可以通过公路直接运往石屏县城售卖，从而大幅度提高村民收入水平。这个项目可以实现能源、经济收入、生态保护、生活方式等多种因素的有效整合，不仅能使群众脱贫，而且让群众的生活理念得到更新。

"沼气猪圈"的益处很明显，但是老百姓说，这个东西过去他们没有见过，都很疑惑。如何调动村民的积极性，也需要费一番脑筋。因为村民才是项目实施的主体，我们不能搞大包大揽，强迫实施，因此唯一的方法就是让村民见到实实在在的好处。

我们决定先在村干部家里搞试点，为鼓励先行者，按照政策给两户分别

▲1998 年 3 月，到
云南大寨村指导
沼气猪圈工程

　　补贴了价值 2000 元的物资用于建造沼气池。待试点的两户"沼气猪圈"建成后，我们组织大寨村所有村民去参观，并请技术人员为他们介绍。猪粪都冲进了地下沼气池里，再也没有了难闻的气味，粪便经过发酵产生沼气，还可供一家人做饭、烧水、照明用，很是方便，操作起来也特别简单，一边讲解，一边示范。

　　干部带头，群众很快就跟上来了。大家纷纷表示愿意建设沼气猪圈，大寨村的温饱试点村项目全面启动，在县里派出的技术人员的帮助下，在村民的辛勤努力下，大寨村共建成 51 座猪圈、厕所、沼气池三配套的"沼气猪圈"工程，我们资助农户价值五万多元的建设物资，形成了以沼气为纽带的循环经济，拉动了养殖业，调整了种植业结构，实现了农户生态家园的连锁效益，提高了村民的生活水平。通过温饱试点村工程，农民真正得到帮扶，尝到甜头，增强脱贫信心，以点带面，起到示范作用。

　　在资金的运行上，除了无偿补助的方式，我们还结合当地政策，为那些有需要的农民提供小额贷款，不收利息，保障了农民在生产过程中的投资。沪滇帮扶是一项长期的工作，因此我经常下乡到户指导工作，记得刚开始的时候因为语言不通，群众对我还有些陌生，通过沟通，得知我们到这里来是扶贫的。

后来群众跟我越来越熟悉，看到我们不辞辛劳、跋山涉水，帮助脱贫，他们激动地说："真正的共产党干部来了。"

如何让群众通过掌握一些生产技能而实现脱贫致富，这是我在红河州工作期间一直在思考的问题，"授人以鱼不如授人以渔"，如果解决了这个问题，我们既可以调动群众脱贫的积极性，又可以为扶贫工作提供动力，从而使群众的日子一天比一天好，一天比一天有盼头。毋庸置疑，依靠科技帮扶是解开这道难题的金钥匙。

我们详细研究了当地的情况，因地制宜、一切从实际出发是保证项目接地气而避免出现水土不服的根本原则。

种植业方面，重点对田块进行改造优化，调整作物种植结构。我积极联络，先后陪同上海百事食品公司的中外专家，多次深入石屏、建水、泸西县进行考察，大西洋马铃薯种植项目在红河州实施，1998 年 9 月在石屏县龙武、冒合、陶村、新城四个乡建成百事食品公司原料基地，依靠科技把冬季闲置的土地利用起来，种植马铃薯 300 亩。在架车乡仰普村进行了"发展干果（核桃500 亩）为主，养猪养羊为辅"的项目。利用扶贫示范基地建设，在红河县发展荔枝、芒果、龙眼等 110 亩。

养殖业方面，通过对种猪、种羊进行优良配种，为农民提供优质品种，利用温饱试点村项目的实施，在石屏县冒合乡大塘村开展了"改造坡改田 60 亩为主，发展养猪养羊为辅"的项目。为了使奉贤援建的红河县"良种猪繁育基地场"的扩建工程能顺利完工并发挥应有效益，我先后三次到现场进行具体指导，又陪同红河县畜牧局局长徐克功一起到蒙自县"沪滇农业开发有限公司"，洽谈引进上海梅山良种母猪 50 头。1998 年 9 月工程完工，新建猪舍 24间 250 平方米，饲养生产母猪 500 头，公猪 5 头，每年向红河县农民提供良仔猪 4000 头。

在石屏县，我们重点援建了"种羊基地场"。原来他们养的龙陵黄山羊，繁殖率不高，我们引进努比羊（公羊）与本地黑山羊（母羊）交配后，可生产两头，存活率也大幅提高，1998 年 6 月，基地建成，有种羊舍 2 幢，面积 120平方米，青贮氨化池 60 立方米，水池 60 立方米，修缮厩房 250 平方米，引进种公羊 260 头，每年可向石屏县农民提供良仔羊 1000 头。

依靠科技帮扶群众脱贫除了靠政府推动，也需要群众的自发参与，这需要考虑生产投资问题，还要考虑群众掌握科技的水平。为此，我们专门组织科技培训班，让群众通过培训了解与掌握种植业与养殖业方面的生产技术。

医疗援助

医疗卫生工作是关系到提高全民族素质、保障生产力、振兴经济、维护社会发展和稳定的重要工作，是关系人民群众的健康，关系千家万户幸福的重要民生问题。红河州地区医疗资源非常匮乏，加上山区交通不便，就医难成为当地一个迫切需要解决的难题。我们对贫困地区进行帮扶的主要目的就是要用切实可行的办法帮助当地群众改善贫苦的状况。

我们首先通过捐赠医疗设备来助力当地的主要医院，加强受援医院的能力建设，全面提升受援医院的服务水准。1997 年 10 月，奉贤捐赠了救护车、心电图机、显微镜、722 光度计、膀胱镜、导链等医疗设备，这批医疗设备改善了红河县人民医院、中医院、防疫站、药检所等部门的硬件设施，为红河县人民就医提供了有力保障。

红河县乐育卫生院因为资金缺乏，房屋年久失修，已成危房，每逢下雨天就漏雨，安全隐患很大。我们根据当地卫生部门的建议，从奉贤有限的捐助资金中拿出三万元，对乐育卫生院进行维修。1997 年 12 月，完成了对门诊的维修，大大提高了医务人员的工作热情，改善了就医条件。

硬件设备是改善了，但光有硬件也不行，为了提升红河州卫生人员的服务素养，我们还实施乡镇卫生院全科医生培训项目，对乡镇卫生院、村卫生室人员进行培训，提升农村卫生人员服务能力、自学意识、自学能力，建立健全人才培养的长效机制。

当地人如果得了大病，一般都会选择在家中静养。即使选择看医生，也只能靠人力担架，一步一步抬到县医院。

为了解决这个问题，我们既尊重当地风俗，又要让群众得到医疗保障，最好的办法就是让医疗进到群众的家门口，让群众看病变得便利。白玉兰卫生室工程是以上海形象标志白玉兰为载体的帮扶项目，可以解决这个问题。这个项目严格实行标准化建设，统一配置医疗设施，统一配备医护人员。在白玉兰卫生室工程建设过程中，严格考核验收，把好质量关，验收通过后则为之挂上统一标识。1998 年，在红河县援建车古乡利博村、架车乡牛威村、阿扎河乡洛孟村、垤玛乡蔓培村共四个白玉兰卫生室，在石屏县援建冒合乡大塘村、大桥乡六美尼村共两个白玉兰卫生室，分别解决 2605 户 12740 人和 623 户 2725 人的就医难题，群众在家门口就可寻医问诊。

医疗帮扶给红河州的群众带来了极大实惠，通过医疗帮扶，当地群众看病方便了。我看到他们的身体健康有了保障，也感觉到自己的工作是有价值的，是受到群众认可的，内心也有了成就感。

一年半的时间很快就过去了，但在我之后的工作历程中，也从未忘记云南红河的山山水水，从未忘记红河州人民对自己的关怀和爱护。我也努力运用在红河学到的工作经验、工作方法，坚持在贫困地区这个特殊的环境下磨炼养成的优秀作风，勤政为民，为沪滇友谊大厦添砖加瓦。回顾上海与云南的对口帮扶，真是难以忘怀。这也是我作为一名普通党员为国家的脱贫攻坚所尽的一份绵薄之力！

两年援滇事　一生红河人

　　瞿军，1967 年 3 月生。现任中共奉贤区西渡街道党工委书记、人大工委主任。2003 年 5 月至 2005 年 6 月，为上海市第四批援滇干部，任上海市援助红河哈尼族彝族自治州联络组组长，挂任云南省红河哈尼族彝族自治州州长助理。

口述：瞿　军
采访：王志刚
整理：王志刚
时间：2020 年 3 月 17 日

　　两年的援滇经历，让我感触良多，受益匪浅。根据上海市委组织部和奉贤区委的安排，2003 年 5 月—2005 年 6 月，我担任上海市第四批援滇干部联络组红河哈尼族彝族自治州小组组长，挂任云南省红河哈尼族彝族自治州州长助理，与青浦区张炜、长宁区蒋平平、徐汇区李青在云南省红河州开展扶贫协作工作，我们奉贤区主要结对红河县、石屏县。两年中，我们主要聚焦产业、教育、人居环境等当地薄弱环节，本着"当地所需，奉献所能"的原则，开展了一系列工作，改善了当地的贫困状况，目前石屏县已于 2017 年成果脱贫摘帽，红河县将于今年实现脱贫摘帽目标。

难忘的红河印象

　　我们是 2003 年 5 月 27 日抵达红河的，当时正值非典暴发时期，在短暂的休整后，为尽快掌握扶贫地区的情况，我们计划到各村寨实地调研查看。6、7 月的红河就像天空被捅破了一样，暴雨下个不停，在入村进寨的调查中，我第一次见识了泥石流、塌方等自然灾害，一路上飞石不断，真是险象环生，这也是人生的一种独特经历吧。到了红河才知道有一种公路叫"五紧"公路，就是车子开在红河的公路上，"眼要盯紧，手要握紧，脚要绷紧，背要靠紧，屁股要夹紧"。记得2003年10月，我与同事一起到绿春县调研，车行至一处，发现路和车等宽，轮子就碾着悬崖边走，四公里路走了半小时，手里捏出一把一把的汗。

西部地区由于历史、地理环境等诸多因素，造成了改革开放起步晚、经济发展缓慢，与东部地区的差距不断扩大。我们帮扶的红河州就是一个集边疆、山区、民族和原战区为一体的少数民族自治州，是云南省的一个大州，有13个市县。作为红河扶贫协作组组长，我差不多用一半的时间到各市县进行调研，走遍了全州13个市县，对各市县的经济、社会发展情况作了全面了解。经常深入到奉贤对口的红河、石屏两县的乡村、农户、项目点走访查看。在下乡过程中，我所见到的是泥墙茅草屋，是高山陡坡的艰苦耕作条件，是面朝红土背朝天的原始耕作。当地有个村落群众叫"芒人"，在那里，现代文明就体现在两件东西上——铁锅和电灯。然而，我也看到了广大干部群众热火朝天，改造大自然的奋斗场面。可以说既看到了落后的一面，也感受到了希望的所在，这增强了我们对口帮扶的决心和信心。

扶贫先扶智

经过一段时间的调研，我感到要彻底改变当地的贫困面貌，让群众彻底脱贫，关键还是要在根子上做文章，实现有效可持续性的创收。结合当地的实际情况，我调整了扶贫思路，从集中向基础设施项目投入转向教育扶贫，这就是"扶贫先扶智"。

2004年8月的一天，为了分配扶贫项目，我去石屏县宝秀村调研，走进了一户农户，所见到的一切，让我触动很大。家里共4口人，夫妻两人、一个女儿和一个儿子，家里唯一的经济收入就是靠女主人捡垃圾为生，每月收入大概300元左右，丈夫和儿子又都是智障人，当时一家人正因为女儿考上了大学却交不上学费而犯愁，准备放弃上学的机会，在了解此情况后，我当时暗下决心，"一定要改变这里的现状"。

回到驻地后，我就想到了我的大后方——奉贤，一方面多方联系，积极想办法解决贫困学子入学问题，最终找到了奉贤综合开发区的上海连豪实业发展有限公司施云刚和钱玉龙总经理，在他们的牵线下，韩国企业家上海小高皮革化工有限公司董事长柳文善也表示愿意资助。一个月内，我们就在石屏一中设立了"上海连豪——文善石屏一中特困高考学生助学基金"，基金规模60万，计划连续资助十年，每年资助12名石屏一中考上大学的特困生学费每人5000元，第一时间解决因贫退学问题，化解了贫困学生的急难问题。据我所知，该项助学基金目前仍在资助中，而且每年资助的学生人数也在增加，每年高考后柳文善先生都亲赴红河州石屏一中为优秀困难学子颁发助学金。另一方面，第一时间动员奉贤企业捐资建学校，本着多做"雪中送炭"事的原则，先后发动4家奉贤企业热心出资165万元，在政策难以覆盖、交通不发达的特困地区建设了4所希望小学，做到扶贫扶到点子上。其中还发生了一件让我非常感动的事，当时赞助建设希望小学的奉贤企业丁总，受邀出席希望小学的落成典礼。由于路途遥远、道路不平、山路崎岖、路况不好，他一路颠簸、一路呕吐，在参加完典礼后，在宾馆休息时，他又得知有两名贫困学生上学有困难，当即承诺负担两名学生大学期间的费用，目前他资助的学生都已大学毕业，其中一名学生小丁在石屏一中当了老师，另一名学生小朱医科大学毕业后，在我的推荐下，作为人才引进在我们奉贤区医院工作，成为一名新上海人。在此期间，我也与两位贫困学生结成了帮扶结对，资助他们上学，其中一位学生小毛在2006年高考考进了红河学院预备班，由于是预备班要多读一年，学费开销又大，家里又困难，准备辍学外出打工，在得知这一情况后，我及时劝她认真读书，主动把自己获评全国民族团结先进个人的6000元奖金全部资助了小毛，如今她也已大学毕业，目前在红河一中当教师，全家也已脱了贫。

小路小富，大路大富

都说"要想富先修路"，这对于红河县来说尤其如此，可以说是闭塞的交通、信息瓶颈，阻碍了当地的发展。在我走访红河县乐育乡时，有一个偏僻的寨子，不通电、不通水、不通路，只有烂泥路，七八公里的路程，我们走了两个半小时。坐落于深山里的这两个寨子，小的寨子有20余户、大的有40余户，自然条件很好，光照和雨水都很充足，盛产毛竹，但由于交通不便、信息

▶ 2004 年 5 月，在
石屏县哨冲乡验
收产业路

不畅通，只有依靠人扛、马驮等效率低下的运输方式运出去，运输成本较大。

　　还有石屏县哨冲乡，是红河州最边缘的地区，与玉溪市接壤，有良好的自然风光，当地村民热于种植花椒，但交通也是限制当地发展的最大瓶颈。在多次调研征询后，我决定将帮扶的重点放在改善当地的基本生活条件上，在乐育乡通过饮水工程安装自来水解决饮水难题、兴修公路解决运输瓶颈、通电解决通信问题，为辖区产业的发展奠定了基础。在哨冲乡，实行投工投料、群众出力等方式启动工程，我们提供水泥等物资的资金，当地百姓提供劳动力，合力修建了这条产业路，总投资不高，但道路的质量却非常好。2004 年 8 月，时任奉贤区区长的沈慧琪同志到石屏县视察时说，这条 3 公里长、6 米宽的乡村产业路，建设质量和规格都很高，比上海的都市公路都要好，他为此而感到惊叹。

　　随着产业路的打通，缩短了乐育乡、哨冲乡与县城的距离，打开了农产品的销路，为两个乡的经济发展装上了发动机，实现了农业增效、农民增收。如今哨冲乡已经发展成为花椒产业基地，带动了一大批农民脱贫。

率先提出整村推进工作机制

　　在具体开展扶贫工作中，我调查发现中央及各部、各结对帮扶地区投入在

◀ 2004 年 8 月，在
石屏县花椒村调
研人居环境

红河的各类资金、项目是比较多的，但帮扶的方式都比较散，在资金、人员、项目上没有成规模，大部分帮扶都是单打独斗，导致有些地方是重复帮扶、有些受帮扶项目资金比较充裕、有些贫困地区覆盖不到等情况，这就造成了帮扶的成效不是很大，脱贫也不够彻底，难以从根本上实现帮扶的目标。因此，在我们调研的基础上，提出了所有项目资金统筹使用，实行贫困村分类推进、整建制帮扶的调研报告，同时，我们按照"改善环境，保持风貌，扶持产业"的十二字方针，规划设计了"上海帮扶红河州五年规划方案"，对项目、资金、活动等进行了细化，得到了上海市、红河州州政府的认可。

　　在得到上级认可后，我们决定建试点村改善村民的居住环境。在石屏县牛街镇山上一个名唤"老旭淀"的彝族山村进行了试点。我先是争取国家对少数民族帮扶的有关政策，然后又和上海各界联系，终于筹集了 260 多万元，在山下开始重建新村落。2004 年新春，70 户山民移居新家，新村灯亮、水通、路平、树绿，每家每户还分到了 80 平方米的崭新砖瓦房。记得搬迁那天，因为房屋较少，人员较多，怕引起混乱，当地还出动了武警维护秩序。"老旭淀"搬下来后，新村被村民们更名为了"福康村"。

　　为了确保整村推进能顺利实施，我们又以石屏县异龙镇六家三村为整建制推进试点村，本着朴素、保留少数民族风貌、不大拆大建、不穿衣戴帽的原则，对村民房屋外墙做简单维护，重点对室内提升改造，将土墙粉刷平整、地面全部水泥化，同时每户附有"一个猪圈、一个沼气池、一个厕所"三配套，村内建设希望小学一所，这样孩子们就拥有了一个新小学，村民们也多了一个科技活动室。我们当时考虑"三配套"的想法，就是让村民居住环境改善后，还要开展产业扶贫，引导村民饲养种猪，发挥距离县城较近的优势，建设县城蔬菜基地，让居民住得下、住得好、住得久。这个村的建设工作，在 2005 年6 月我回沪后仍在建设中。异龙镇六家三村的建设模式也先后在云南省全省推广，最后得以全国推广，这一点是我非常欣慰的，这也算我为沪滇对口帮扶事业贡献了自己的一点力量。

当好沪滇友谊使者

在红河援助期间，我作为联络组组长，始终把"严于律己，塑造形象，争当沪滇两地友谊使者"作为我们扶贫干部的基本要求，重视联络组的整体形象。一方面要带好队伍，以好干部标准要求自己，塑好上海干部形象。作风上，我严格要求自己，事事做到以身作则，严于律己，做到吃、住、行入乡随俗，一切从简，对于不适应、不习惯的，我都要求尽量克服，我们来扶贫，本身就是来吃苦的，因此在生活上从未提过任何要求，坚持不搞特殊化。在团队建设上，我与青浦的张炜、长宁的蒋平平和徐汇的李青一起制定了一系列行之有效的规章制度，至今我都认为是非常实用的。在联络组内部，我们本着团结与尊重的原则，工作上集思广益，相互借鉴、相互支持，取长补短。比如，平常大家都在自己结对县开展工作，每两个月我们就召开一次协作组例会，以座谈加实地视察的形式进行。大家一起交流前期工作情况和下一步工作打算，会后选一个结对地的项目现场查看，针对遇到的困难共同想办法、出点子，好的经验相互学习，这对我们较好地推进项目实施起到了关键作用；生活上，我积极关心三位队员，在队员生病时，及时关心，送医救治，吩咐照料，同时，我还定期以联络组的名义向三位队员的家属汇报大家工作生活情况，让我们的大后方放心。在下乡镇、山村时，我都挤出时间看望在当地实施教育帮扶的老

◀ 红河州颁发的荣
誉州民证书

师，了解大家的生活工作情况，为他们解决些实际困难。另一方面，我们也要
处理好上海与援助当地的关系，自觉主动接受州委、州政府的领导，我们率先
建立了每年年终援滇座谈会，邀请当地政府领导、委办局负责人等参加，主动
向州委、州政府汇报工作情况，积极征求大家的意见和建议，及时调整工作计
划，确保了工作开展的针对性和时效性，听说这项工作至今也成为我们援滇干
部的常规机制。

　　两年的红河援助时光，我们虽然力量有限，不能为百姓做更多的事情，但
做的每一件都要做得最好、最有效。两年内，我先后协调资金510.5万余元，
落实帮扶项目七大类、37个，成功创建小康村4个、温饱村6个、安居村1
个，实施教学点建设工程9个、教育培训项目9个、机关自动化建设3个，得
到了当地党委、政府的肯定，我还有幸成为"红河哈呢族彝族自治州荣誉州
民"，这算是我援滇期间获得的最高荣誉了，红河也就名副其实成了我的第二
故乡。

深情回眸那美丽的红土地

王天权，1965年10月生。现任中共奉贤区红十字会党组书记、常务副会长。2009年6月至2011年6月，为奉贤区第七批援滇干部，任云南省红河州州长助理。

口述：王天权
采访：华丽娜
整理：华丽娜
时间：2020 年 2 月 10 日

云南红河州，是红河哈尼族彝族自治州的简称，位于云南东南部，因云南五大水系之一的红河流经全境而得名。2009 年 6 月，我和长宁区王友生、徐汇区诸文彬、青浦区汪清等作为上海市第七批援滇干部红河联络组的成员，踏上了云南红河这片红土地，度过了两年难忘的援滇生活。作为红河州州长助理、第七批援滇干部红河联络组的组长，调研扶贫项目，落实扶贫工作，深化对口协作，我把所有的时间和精力花在这片美丽的"彩云之南"。虽然两年时间不算长，但我们始终牢记组织的重托，能干事能吃苦，尽心尽力做好援滇工作。

马不停蹄赴一线

与上海市第六批援滇干部交接工作，拜访了州有关领导和部门后，我和同组的三位同志马上开始对上海市帮扶的七个县开展调研，记得第一次去调研，下乡的车是老式越野车，坐着很累。

随着调研的深入，当我们走进深山之中的村寨、少数民族群众家里、乡村学校和爬上村民耕种的梯田时，一颗心从兴奋和陶醉中一点一点被心酸和沉重

◀ 2010 年 9 月 13
日，在石屏县大
桥乡他克苴村调
研

塞满，我记得我们沿着蜿蜒曲折、充满坑坎的泥石路往山寨攀登，身旁不时有村民经过，他们背着柴木或者其他东西，有的甚至脚上都没有穿鞋，光着脚走在山路上，身上的衣服也是又破又旧，看着当地的老百姓，我真真切切感受到我们上海援滇干部身上肩负的使命和责任。

红河州以红河为界，南北区域经济社会发展差异大，山区与坝区生产力水平差距大，全州约 70％的贫困人口集中在南部 6 县，北部 7 县市贫困人口主要分布在山区。全州 13 个县市中，6 个是国家扶贫开发重点县，1 个是云南省扶贫开发重点县。通过两个星期的实地调研，我们走遍了这 7 个贫困县，克服了各种实际困难，感受到了隐藏在郁郁葱葱的大山背后的苍凉和贫穷。红河州多山区、多民族、贫困深、边境线长、区域发展不平衡，到底怎么做才能改善当地的情况，帮助他们摆脱贫困呢？

牵线搭桥建家园

挂职虽然只有两年，我想作为上海援滇干部，必须做出点什么！我积极调研抓重点村建设、产业发展等帮扶项目，落实帮扶工作，大部分时间都花在了基层。不管项目或大或小，项目点或远或近，不管是夏天雨季还是高山滑坡，

◀ 2010 年，验收南洞整村推进项目

我都要深入实地，调查研究。经过多次调研和分析，我隐隐约约产生了这样一个想法，上海对口帮扶项目一定要整村推进、连片开发，要针对每个村镇的实际情况，发展对当地老百姓、当地经济社会发展产生实际意义的项目，并且必须注重项目规划的科学性、合理性和实效性。

有想法就要马上实施，我们即刻召开座谈会，会同州县扶贫办相关部门，共同研究帮扶项目，最终制定了"集中力量，整合资源，集中连片，整村推进"的帮扶新模式。红河县勐龙村就是其中一个例子。过去村里都是土路，凹凸不平，到雨天泥烂路滑，修路成了全村人的心愿。由于村集体缺乏资金，村民也因为贫穷没能力集资，一直难以了却这个心愿。勐龙村整体帮扶项目规划实施中，在上海帮扶项目的资金全力支持下，村里老百姓投工投劳，力争改变贫困落后的面貌。在项目推进期间，村支书白福对我说，村民积极性特别高，不计任何报酬，有拖拉机的拉石料，没有的则搬水泥抬石头，齐心协力建设新家园。现在勐龙村的新农村建设如火如荼，面貌焕然一新。

授人以鱼不如授人以渔。石屏县大桥乡位于石屏的西北部，是红河州的西大门，由于受科技、信息、资金等条件的限制，农业产业结构单一，农民没有经济收入来源。但是大桥乡有着自己天然的优势，海拔低、气温高、光照足，属于热河谷地带。这些特殊的自然环境条件，适宜种植具有经济效益的农作物。我们开始展开调研，调研的工作集中在筛选经济作物上，经过反复研讨实地考察，发现红心火龙果在 2002 年被大桥乡果农从海南引进，经过两年培育试种成功。大桥乡的火龙果颜色紫红妍丽、清甜可口、品质极佳。但是刚开始种植，无人能识。当时我们调研队伍像发现了宝贝一样，当下就做了决定，就是"它"了！接下来在 2009 年大桥乡团山村委会整村推进项目中，上海帮扶安排了 30 万元用于扶持火龙果产业，2010 年追加 70 万元，为了鼓励农户种植火龙果，大桥乡出台了新植一亩补助 1000 元的奖励机制，红心火龙果开始在大桥乡大面积种植开来。解决了种植，我们开始为火龙果的储存担心起来，水果是容易腐烂的食物，火龙果也不例外，同时延长火龙果销售时间，避开销售高峰期也是一大难题。为了解决这一困难，我们想到了建设冷库，通过可行性研究，2010 年，上海帮扶马上安排 20 万元用于建设火龙果冷库，解决火龙果储存问题。为了打开火龙果销路，2009 年 10 月，在红河联络小组的积极协调下，由红河州委、州政府和上海市合作交流工作党委、上海市合作交流办共同主办的"红河州特色产品及旅游推介会"在上海市徐汇区开展。这是红河州第一次到上海举办特色产品推介会，也是红河州滇沪对口帮扶十三年来又一新举措，许多特色产品是首次在"上海滩"亮相，尤其是红心火龙果，受到了热烈的追捧。渐渐地，红心火龙果成了大桥乡的名片，当地农户纷纷要求加入，他们表示"项目区的农民增收近 1 万元，火龙果的经济效益这么好，我们也要种！"两年来，通过上海帮扶项目，红河州还发展了水果甘蔗、台湾青枣等特色水果种植，通过合作社带动，加大宣传引导、技术培训，种植的水果销往上海、广东等地，供不应求，大大增加了农民的收入，当地的生活条件也得到了极大的改善。

继 2009 年 10 月红河州首次到上海举办特色产品推介会后，2010 年 10 月，在徐汇区举办"云南年红河上海旅游推介会"，红河州旅游局分别与徐汇区、奉贤区、长宁区、青浦区旅游局签订了旅游精品路线开发合作协议，同时上海中国青年旅行社、上海旅行社、千景旅行社与红河州 6 家旅行社签订了业务合作协议。2011 年 1 月，在联络小组的积极协调努力下，红河农特产品直销中心在上海长宁区正式开张，随后又分别在徐汇区、奉贤区、青浦区举行了红河州农特产品迎春展销会，红河与上海之间的经济协作不断深化。

公共设施再完善

帮扶之路除了经济发展，还有对公共基础设施建设的扶持。我们第七批红河联络小组两年来帮扶各项社会事业项目的实施，帮扶 180 万元的红河州综合技术检测中心项目，基本按国家实验室标准设计，设备先进，为之后红河经济发展提供了坚实的技术保障；帮扶 60 万元的泸西县旧城镇卫生院和金平县金河镇卫生院标准化建设项目，改善了当地少数民族老百姓的就医条件。在我们小组的积极努力下，上海援建了乡镇中心小学规范化建设项目、科技文化活动室等公共基础设施，两年来投入的资金逾 300 万元。

红河县迤萨镇莲花小学创办于 1907 年，当时学校设施陈旧，学校用房大多被鉴定为 D 级危房，老师和学生的生命安全得不到保障。为解决莲花小学教学用房紧张的难题，我们联络小组积极牵线，为学校扩建项目出谋划策。2010 年，上海帮扶援建了红河县迤萨镇莲花小学，新建一幢教学实验楼，四层框架结构，建筑面积 2032 平方米；2011 年 3 月底竣工完成，改善了教学条件。看着新校舍拔地而起，老师和学生们笑容满面地在新校园里上课，我发自内心感到无比满足。

众志成城抗旱灾

正当我们为红河逐步发展而欣喜时，2009 年秋季以来红河遭遇连续干旱，这是红河有气象记录以来出现的最为严重的旱灾，其范围之广、历时之长、程度之深、损失之重均为历史罕见。根据云南省民政厅的相关资料显示，在此次特大旱灾中，红河州有 205.87 万人和 206.21 千公顷农作物受灾。

灾情"十万火急"，我和援滇的兄弟们联系了上海《解放日报》，记者两度赴红河州实地采访，2010 年 3 月 24 日至 26 日的《解放日报》连续三天刊载《记者直击红河州抗击特大旱灾》的写实报道，大力宣传红河州干部群众合力抗旱救灾的精神，引起上海各方关注。上海在滇单位党委也积极响应云南省

"共产党员抗旱救灾特别捐献活动"，广大党员表现出了积极的捐款热情。云南省上海商会部分企业、上海籍企业人士等纷纷慷慨解囊，向受旱民众送出爱心。除了物资援助之外，我们援滇干部联络组筹划着帮助解决当地群众饮水难的问题。一方面，在计划内项目实施过程中重视做好人畜饮水工程；另一方面，我不遗余力，牵头联系了奉贤区水务局所属排水运行中心，投资20万元在红河州元阳县新街镇石岩头村援建人畜饮水工程，修建水池水窖，埋设管道，把自来水管接到每家每户，让该村102户450多位村民喝上了清澈卫生的自来水，改变了该村过去依靠步行背水的生活。

还有令我印象深刻是一名叫陶贵珠的上海奉贤籍女孩，当时她还在美国康州肯特学校就读十年级，她通过上网了解到云南的旱情后，捐出了自己多年攒下的一万元零花钱，委托红河州红十字会购买矿泉水送给灾区学生。经红十字会牵线搭桥，矿泉水送到了个旧五中的学生手中，带着满满的祝福和期望，感动着个旧五中的每个学生。暑期，陶贵珠又专程来红河看望受灾学校学生，我陪同她和她的母亲一起来到个旧市保和乡核桃寨村的小学校，为他们送去了书本、书包等学习用品。我很感动，为奉贤小姑娘的善举，感受到上海人民和红河人民心贴心共患难的真情。

通过对口帮扶工作，我与红河这片土地结了缘，所做的只是具体日常事务，但是我相信在一批批援滇干部的不断努力下，在当地干部群众的共同积极奋斗下，勤劳、质朴、智慧的红河人民一定会唱响他们心中最美的山歌，编织最美的画卷！

心寄阿瓦提 一生援疆情

　　宋正，1968年8月生。现任上海金融小镇发展有限公司党委书记、董事长。2005年至2008年，为上海市第五批援疆干部，任中共新疆维吾尔自治区阿克苏地区阿瓦提县县委常委、副县长。

口述：宋　正
采访：姚逸韵
整理：姚逸韵
时间：2020 年 2 月 26 日

2005 年之前，我没有到过新疆，也不知道阿瓦提县是什么样子的，更不知晓维吾尔族人民的风俗民情、生活习惯，对新疆异域般神秘色彩的认识和向往，多是在"西部歌王"王洛宾的歌曲中得知的，命运也许注定要我与新疆结缘。1997 年，上海开展对口援助新疆阿克苏地区，在积极响应党中央、国务院关于西部大开发、支持边疆地区发展的号召下，2005 年 7 月至 2008 年 7月，作为上海市第五批援疆干部，组织上安排我担任新疆阿克苏地区阿瓦提县县委常委、政府副县长，分管当地城市经济、科技、旅游等工作。与我同批的奉贤区援疆干部万建平担任阿克苏市教育学院教务处处长。

我所在的阿瓦提县隶属于新疆阿克苏地区，位于中国西北部，天山南麓，塔克拉玛干沙漠北缘。为加快当地经济发展，改变农业大县、工业小县、财政穷县的县情，在上海市和当地党委政府的统一领导下，我们援疆干部结合当地发展规划，开展项目合作、资金援助、人才培训、技术支援。以动真情、办实事、求实效的作风，较好地完成了援疆任务，向沪疆两地人民交出了援疆的满意答卷，也为后续的援疆接力者赢得整个援疆接力赛的最终胜利创造条件。

如今阿瓦提县已拥有农副产品深加工、文化旅游等主导产业，享有"中国棉城、中国长绒棉之乡、中国慕萨莱思之乡、刀郎文化故里、中国民间文化艺术之乡、中国刀郎农民画之乡、中国魅力小城"等美誉。能有现在这样的发展，与我们当初的艰苦奋斗是离不开的。

"上海刀郎人"

阿瓦提县位于新疆西部，是少数民族集聚区，维吾尔族人口占总人口的83.61%，该县地理环境、自然条件等各方面都比较特殊。作为上海的援疆干部，县委常委、副县长，各方面的责任压力都比较大。我们有着双重职能，一方面要把上海交给我们的援疆任务做好，另一方面作为县委常委、副县长，还要把当地的工作做好。

"阿瓦提"，维吾尔语意为"繁荣"的意思，初到阿瓦提县，曾有上海的朋友问我，你们是不是骑着骆驼去上班的？与很多人想象的不同，阿瓦提县辖区面积1.33万平方公里，属典型的温带大陆性气候，干旱少雨，地貌类型多样，气候差异明显，当地的出行方式与内陆地区是一样的，多为步行、汽车、公交等。每年4—5月份属当地沙尘暴的频发季节，逢沙尘暴天气，我们都会减少外出，紧闭门窗，做好防护措施。

为快速融入角色，了解当地发展问题和人民生活，我们深入阿瓦提县的多个乡镇考察。阿瓦提县辖5乡3镇3个农业企业，在阿瓦提县，开出县城200里，便荒无人烟，极少有旅馆。每回入乡考察，我们都住在当地百姓家中，出发前自备好衣物、棉被，睡觉铺上毯子便席地而睡，当地百姓吃什么，我们便吃什么，那时生活条件非常艰苦，但必须得适应。

阿瓦提县是著名的刀郎文化发源地，已有数千年的历史，积淀了厚重的文化底蕴。刀郎文化是通过麦西来甫与木卡姆艺术歌舞形式来表现。初来阿瓦提县，当地便为我们援疆干部举办了欢迎宴，那是我第一次见到阿瓦提维吾尔族人民独特的有着近千年历史的刀郎木卡姆舞蹈。刀郎木卡姆以"喉喊"为特色，歌声粗犷，饱含苍凉遒劲的力量感，体现了"刀郎人"坚强、粗犷的性格特征。在一次接待宴会上，阿力木江·瓦依提县长招手邀请我上台跳舞，起初我心里有些许忐忑，但当音乐响起，台上的我仿佛融入了舞蹈，动作优美而舒

◀ 刀郎木卡姆舞蹈

展，连最后的转圈都一气呵成。当我在维吾尔族兄弟的叫好声和鼓掌声中走下来时，顿时感觉自己就是个刀郎人。可以说，因为刀郎木卡姆舞蹈，我很快融入了阿瓦提这片热土。

"因地制宜"引项目

阿瓦提县是全国著名的百万担植棉县和优质棉花生产基地县，棉花种植面积达 60 多万亩，年产棉秸秆近 30 万，长绒棉产量占全国长绒棉产量的三分之一，被誉为全国"长绒棉之乡"。如今 11 月下旬在阿瓦提县，会看到农民在地里开着收割机清理棉花秸秆，一车一车往县上的国能生物发电厂拉运，"有秸秆送电厂"已经在阿瓦提县乃至周边毗邻县乡成为一股"潮流"。而在 2008 年国能生物发电厂还未建设之前，当地百姓直接在地里大面积地焚烧棉秸秆，烟熏火燎的场面随处可见，有时还会烧毁附近的林带。

能让这些棉花秸秆变废为宝，实现农民增收，全得益于我们引进的国能阿瓦提县生物发电项目。

初到阿瓦提县，组织上便交给我分管城市经济工作的重任，当地的县情，使我感到肩上责任重大。经济要发展，必须实行招商引资，但阿瓦提县资源短缺，地缘优势差，为扩大阿瓦提县的知名度，加快招商引资，我多次带队参加乌洽会、喀交会，积极宣传和推荐阿瓦提县，希望能为当地引进对经济和财政收入具有较好拉动作用的产业项目。2005年底，了解到北京国能生物发电公司计划在新疆建厂的消息后，我马上向有关领导进行汇报，并与该公司代表取得联系，宣传阿瓦提县棉花秸秆资源优势，表示引资诚意，通过积极联系和推介，2005年12月，国能生物发电公司与阿瓦提县签订了新建一座装机容量为25兆瓦，年发电量为1.5亿度，总投资29亿元的生物发电厂项目。建成后，预计年消耗棉秸秆约20万吨，可为当地农民增加收入3000万元，为农民无偿提供草木灰肥约8000吨，节省标准煤约10万吨。

招商引资，不仅要考虑对当地经济的带动作用，更要全盘考虑对社会、生态环境的综合带动作用。生物发电项目所用燃料是可再生的棉花秸秆，燃烧后的草木灰又可作为优质有机肥用于农业生产，不仅有效减少二氧化碳排放，变资源优势为经济优势，还能帮助当地农民增收致富，推动就业。

在项目申报过程中，我积极向阿克苏地区有关领导、有关部门介绍该产业目前发展状况和优势，消除了相关部门对项目环保方面的疑义，并得到了阿克苏地区有关领导批示，该项目实行特事特办，顺利通过了环评审批，并于2009年初投产发电，成为新疆第一家利用生物秸秆发电的企业。

县上要建生物发电厂的消息传开后，许多村民喜笑颜开说，"种几十年的棉花了，只知道棉花秸秆能生火做饭，不知道它还能发电，这真是天大的喜事。"如今，该发电厂已建成并投入使用，成了当地主要的"纳税大户"。

"造血"扶贫 "谋长远"

特殊的水土光热资源使阿瓦提县成为远近闻名的农业大县、"水果之乡"，但长期以来，阿瓦提县经济发展以单一的棉花、瓜果、皮、毛、奶等农林牧业为主，缺乏自身造血功能的挖掘和其他产业的带动，致使产业结构不合理、经济总量小、财力不足的现状。若靠过去单一的、短期的、救济式的送钱送物难以从根本上解决当地落后的面貌，长远来看，阿瓦提县需要以产业化发展为主导，增强自身"造血"功能，深挖当地的已有资源和地方特色，形成可滚动获利的源头活水和再生动力。

在阿瓦提县，"自我造血"之路该如何走，该从何入手，我第一个想到就是"慕萨莱思"——这个阿瓦提县维吾尔族独特的有着近千年历史的民族特色饮品。第一次品尝"慕萨莱思"是在初来阿瓦提的接风宴上，淡淡的甜，微微的酸，幽幽的香，完全没有葡萄酒的味道，给人一种全新的感觉。县科技局局长托合尼亚孜·买木吐拉告诉我，"慕萨莱思"的汉语意思是"三分之一"，用三斤的葡萄才能制成一斤"慕萨莱思"，味微酸甜，气味芳香，无添加剂，是一种营养丰富的上等补品。那时候，我便对"慕萨莱思"产生了兴趣。

后来让我惊讶的是，在阿瓦提县部分乡村，几乎家家户户都酿制"慕萨莱思"。但家家户户手工作坊式的生产，没有任何包装，既无产品标准，也无注册商标，存在小、散、乱等一些问题。这种状态既无法吸引更多的消费者，也无法规模生产，更谈不上形成产业链。阿瓦提县委、县政府曾多方努力，想把"慕萨莱思"做大做强，使其成为阿瓦提县的一个支柱产业，一直未能如愿。当时我萌发了一个念头，应该让"慕萨莱思"这种特色饮品"走出去"，让更多的人品尝到"慕萨莱思"，从而也让更多人知道在中国的新疆有阿瓦提这样一个地方。

有了想法我便立刻行动。我对县里"慕萨莱思"生产现状、存在的问题、产业发展的难点及发展前景进行了全面、细致的了解和分析，向县委、县政府主要领导进行了汇报，得到县委刘洪俊书记的支持。

由于缺乏统一的生产标准和有效的市场管理手段，许多生产"慕萨莱思"的企业存在规模小、产品质量不过关、生产企业相互压价争夺客源等现象，对此，我主持制定了"慕萨莱思"产品地区级生产标准，解决了"慕萨莱思"产业发展的首要问题，组织相关单位申请了"慕萨莱思"商标和地理标志。对县域内"慕萨莱思"生产企业进行了规范和整顿。加强了商标运用和包装设计，开发了从简装到精装的系列产品，"慕萨莱思"完成了从无包装、无生产质量标准、无商标的自制"土酒"到中高档酒品的华丽蜕变。在多方共同努力下，2007 年新疆将"阿瓦提慕萨莱思酿造工艺"列入非物质文化遗产名录加以保护。

▲ 检查阿瓦提县 "慕萨莱思" 生产企业

　　有了 "慕萨莱思" 品牌和产品，如何打开市场又是个问题。恰好阿克苏地区要举办龟兹文化旅游节，我感到机会来了。阿瓦提县有着 "慕萨莱思" 酿造工艺和 "刀郎木卡姆" 两种非物质文化遗产宝贵资源，我一方面积极争取把阿瓦提县活动纳入阿克苏地区的总计划中，另一方面精心筹备阿瓦提县 "慕萨莱思" 狂欢节。充分的准备带来极大的回报，许多企业和个人都积极参与，连歌唱家巴哈尔古丽、高空走钢丝的阿迪力等著名艺人都纷至沓来。可不到十万元的办节经费，让我一筹莫展。在与 "达瓦孜"（流行于新疆维吾尔自治区的杂技表演项目）经纪人的协商中，县旅游局局长邓辉告诉我，光阿迪力的出场费就要超出总预算，怎么办？为缩减出场费，我决定亲自出面与 "达瓦孜" 经纪人协商，会面中我告诉他们，我是来自上海的援疆干部，举办 "慕萨莱思" 节，就是为了弘扬维吾尔族的传统文化，其中也包括 "达瓦孜" 文化。后来，高空王子阿迪力来电愿意免费给阿瓦提县演两场，让我出乎意料。解决了出场费，但是为期三日的 "慕萨莱思" 节涉及活动演出、场地布置、万人饮 "慕萨莱思"、当地少数民族体育运动等诸多活动，活动的经费还是远远不够，于是我便开始四处 "化缘"。首先积极向我的家乡奉贤区申请，争取了 10 万元的冠名费，其次召集当地各政府部门、社会上有投资捐助意向的企业，一家家开展

▶2007年10月，"奉贤杯"阿瓦提县多浪文化暨"慕萨莱思"节

座谈，以商业营销为切入点，讲述1996年美国亚特兰大奥运会上商业营销的故事，希望能鼓动多方资助，结果很成功，县经委、宣传部，中国人寿保险、"慕萨莱思"生产商等都争相来为活动赞助。2007年10月，"'奉贤杯'阿瓦提县多浪文化'慕萨莱思'节"顺利开幕，集聚四面八方的宾客和当地各族群众近万名，中央电视台进行了全程录播，创造了多项吉尼斯世界纪录，其中，最让我震撼的还是"万人同饮'慕萨莱思'，万人同跳'木卡姆舞'"。在这之前，"慕萨莱思"节在阿瓦提县每年都有，但这么大规模的是第一次。

如今，全县"慕萨莱思"年产量在2000吨以上，产值过亿，远销到北京、上海、广州以及香港、澳门等大中城市，可以说能有这样的成绩，离不开我和当地干部群众最初的努力和坚持。

除拥有特殊的水土光热资源外，悠久的历史文化、特殊的地理位置和气候条件，还造就了阿瓦提县独具特色的刀郎文化旅游资源，中国最长的内陆河塔里木河（阿克苏河、和田河、叶尔羌河三河交汇形成塔里木河）源流在阿瓦提县境内形成，地处中国最大的沙漠塔克拉玛干沙漠北缘，拥有百万亩原始胡杨林，具备发展生态游、休闲游和度假游的独特优势。但由于受地缘、资金以及观念等多种因素的影响，旅游产业尚未形成。为推动县域旅游业的发展，我深入调研，结合全县旅游资源分布情况和县情，牵头制定了加快旅游产业发展的实施意见和管理规定，以点带面，打造"多浪文化"旅游品牌，加快阿瓦提县最大的旅游景区玉满旅游度假区建设，以此带动全县旅游业整体发展。玉满旅游度假区选址在玉满水利工程闸口附近，距县城 18 公里，距阿克苏市 50 公里，处于原始胡杨林风景区，四面绿洲环绕，风景秀美迷人。为加快景区开发建设，一方面，我们加强资金保障，积极引进了当地的企业家来投资；另一方面，我们狠抓工程推进，联系设计院开展景区规划，多次前往景区检查、督促，协调解决土地、林地、牧民搬迁、土地补偿等问题，并组织卫生监督、安全、工商、公安等单位在景区试运行期间进行了两次全面检查，促进景区规范管理和经营。2007 年，结合多浪文化和民族文字特点，景区重新起名为"多浪托格拉克风景区"，并于同年 6 月 16 日举行了开业仪式，成为阿瓦提县唯一一个对外营业、具有综合服务功能的"AAA 级"旅游景区，开启了阿瓦提县旅游业的第一条航线。景区的建成不仅加大了少数民族文化保护和发展力度，也使当地的少数民族拓宽致富途径，加大"造血"功能。

扶贫项目惠民心

在新疆三年，我同时兼任了上海第 5 批援疆干部阿瓦提联络组副组长，连我在内的阿瓦提联络组共 9 位成员，在完成挂职部门的分管工作之外，我们还要做好市委市府批准的援疆实施项目，为使项目建设各环节"公正、公开、透明、严格、有序"，我们小组制定了《援疆项目管理细则》、援疆项目建设联席会议制度、项目经理监理定期例会制度、项目建设联络员责任制度等，确保了援建项目的顺利开展。

进疆后，我和其他援疆干部一起抱着稳定与发展的宗旨开展调研，走遍阿瓦提的多个乡镇，目睹了当地群众的生活状态，我更多是想在三年的援疆工作中怎样做才能帮助他们改变现有的状况，过上更好的生活？

根据三年援疆工作的整体部署，我们聚焦农村建设、教育扶持和老百姓生活等方面陆续开展工作。在阿克苏、阿瓦提、温宿一市两县建设 9 个上海"白玉兰"重点贫困村整村推进项目是我们的首要任务。把有限的资金投入到贫困村，让贫困群众直接受益，彻底改善贫困村的村容村貌，为脱贫致富奠定基础。在实施任务前，我们组织规划、建设、教育、农林等各局，对帮扶村进行把脉，深入乡村入户调查，全面征求农牧民的意见。在集思广益的基础上，立足于原有面貌进行改造，对农户房屋、庭院等基础设施进行完善。在项目推进过程中，我们遇到了方方面面的困难，也听到了各种各样的反对声，如有些农牧民反映收入低，自己拿不出足够的改造资金；有些农牧民因规划搬迁地理位置不理想等因素，对项目表示反对。针对这些情况，我们一一深入，讲清道理，拿出措施，有针对性地做好思想工作，让每个农牧民自觉自愿参加。在我们返沪之前，已有许多村民住上新建的抗震安居房，房内都有洗漱间，实现了居住区、养殖区、种植区的"三区分离"。

开展教育支援也是我们援疆的任务之一。阿瓦提县教学基础设施薄弱，由于缺乏相应的读书条件，当地许多孩子难以获得应有的教育。了解情况后，我积极向上海市里争取资金援助，希望通过改变当地学习条件，帮助孩子受到更好教育，成长成才。通过努力，在2007年4月由上海市拨款援建的阿瓦提县上海奉贤白玉兰小学正式投入使用，为400余名学生提供了良好的学习环境，目前该学校已成为阿瓦提县条件最好的希望小学之一。

促进民族团结、维护边疆稳定是援疆工作的重要内容之一，援疆三年，有为因龙卷风而受灾的阿瓦提县居民捐款；为对口联系村的12户贫困户送去米、面、食用油等生活用品；也曾深入基层，协调解决贫困户在自来水入户、房屋建设及看病就医等方面的难题；更曾开展"四进村""四进社区"活动，为农牧民群众带入科技知识、科学种植、科学致富的理念等等，这些力所能及的帮助，渐渐地使我们和当地干部群众建立了深厚的感情，只有设身处地地为当地百姓着想，了解他们的需求，才能为当地百姓办实事、惠民生、聚民心。

援疆回沪十余载，尽管远隔千山万水，那曾经工作过的地方，那些通过自己的努力而落成的项目，与单位同事和各族群众欢乐的时光，都成了我不能忘却的记忆，成为我对第二故乡阿瓦提割不断的深情。

2010年根据国家统一部署，上海新一轮对口支援新疆地区由原来的阿克苏地区的阿克苏市、温宿县和阿瓦提县，调整为喀什地区的莎车县、泽普县、

◀ 上海市奉贤区安全监督管理局为阿瓦提县上海奉贤白玉兰小学捐赠棉衣

叶城县和巴楚县。这是党中央、国务院赋予上海的光荣使命和重大任务，也是今后上海服务全国、支持西部大开发的重中之重。做好上海对口支援新疆工作，责任重大，使命光荣。

有首《援疆之歌》道出了每个援疆干部的心境，"为了支援美丽的新疆，我们远离了妻儿爹娘，美丽的新疆我来到你身旁，感觉了你的浩瀚和胡杨强壮，我们手拉手心连心，谱写着友谊的篇章……"在新疆这块土地上，早已留下了一批又一批援疆干部的足迹，为经济、社会、文化等事业发展挥洒了辛勤的汗水。对我们而言，援疆是不平凡的历练；对民族同胞而言，是关乎切身的福祉。

阿瓦提的援疆岁月

刘伟，1976 年 3 月生。现任奉贤区科委党组书记、区科协主席，2008 年至 2010 年，为上海市第六批援疆干部，任中共新疆维吾尔自治区阿克苏地区阿瓦提县县委常委、副县长。

口述：刘　伟
采访：张晓辉
整理：张晓辉
时间：2020 年 1 月 18 日

援疆之行意已决

2008 年 3 月，我主动报名参加上海对口援疆工作。6 月，接到通知成为上海第六批 61 名援疆干部的一员。7 月 26 日，出发前往新疆阿克苏。作为一名共产党员，能够到祖国的边疆工作服务一直是我的愿望。早在 2007 年，我就报名参加援藏项目，但当时因为种种原因没有实现这个心愿。其实，援疆对于我来说是心意已决，我也一直有这个决心和想法，要到艰苦的地方进行锻炼。2008 年 6 月接到组织通知，确定成为援疆干部的一员时，心情比较激动，觉得自己的心愿终于可以实现了。家里人得知我要去援疆这件事时，也是绝对支持。我丈人曾经在新疆当兵十多年，所以对那里也有着一份特殊的感情。当时，我的女儿只有 4 岁，父母和妻子也表态会把孩子带好，让我放下心，全身心地投入到祖国边疆的建设中去。

2008 年 7 月 29 日，我来到新疆阿克苏，担任县委常委、政府副县长，主要分管外事外办、旅游、科技，协管城市经济。与我一同来到阿瓦提县的援疆干部共有 9 人，其中有外地工作经历的仅 2 人，对每名成员来说，援疆工作都是全新的课题，不仅要提升综合素质和能力，还要尊重民族地区的风俗习惯，更要增强政治意识、大局意识、责任意识，这是每一名援疆干部都要历经的磨炼。刚到阿瓦提县的半年时间里，我们阿瓦提县联络小组在当地各级干部的热情帮助下，围绕县委、县政府关心的"三最"问题，深入全县五乡三镇及相关单位进行实地调研超过40次，召开各类座谈会22次，做了大量的调查研究，掌握了大量第一手资料。比如，在调研中，我们了解到阿克苏棉花产量约占新疆的三分之一、全国的十分之一，长绒棉占全国85%以上，有着"中国棉都"和"长绒棉之乡"之称，棉花品质可与世界上最好的埃及棉媲美。阿瓦提县面积1.3万平方公里，有24万人，近90%的人口是维吾尔族。阿瓦提县以农业为主要产业，全县范围内大面积种植棉花。走访的过程中，整个城市给我的感觉还是不错的，市中心的城市配套设施都比较完善，但从阿克苏前往阿瓦提的路上，就感觉地区的发展差距还是比较大的。整个阿瓦提县五乡三镇再加上三个农场，整体基础设施比较落后，包括县里的学校、企业、农村房屋都比较陈旧，农民住的房子基本上就是用泥巴混合稻草和红柳枝建起来的，生活环境非常艰苦。

根据走访安排计划，我们要对全县税收前20名的企业进行走访。刚开始走访过程还算顺利，第一家我们去了鲁泰丰收棉业有限公司，这是一家典型的棉纺企业，整个企业的现代化程度还是比较高的。但到第三、第四家生产"慕萨莱思"的酒厂调研时，看到整个厂区的生产设备生产车间非常落后……整个走访过程给我的印象就是当地的产业基础是相当薄弱的。另外，给我印象比较深的是当地干部群众的民族团结氛围，包括县委领导班子整体氛围，我们9位援疆干部还在地区联络组的组织下，参加了"牢记援疆使命，奉献援疆事业"和"维护民族团结，促进边疆稳定"的主题教育活动，先后组织赴喀什、和田等地考察南疆经济社会发展状况，赴军营感受反分裂斗争一线的浓厚氛围，赴少数民族同志家中感受民族风情。

这些经历都让我感受到当地群众的热情好客，帮助我们很快进入角色，融入了阿瓦提，成为阿瓦提的一员，对阿瓦提也逐渐有了家的感觉。

援疆项目系民心

　　援建项目，是上海援疆工作的落脚点和出发点，是当地群众看得见、摸得着、能切身体会到的援疆成果，是检验援疆工作是否取得实效的根本标准。阿瓦提县上海援疆统筹项目共有 16 项，个性化项目 19 项。当时县委县政府的想法是，希望我们这批上海援疆的干部更多地在产业扶贫方面能够发力，能够引进一些企业，简单来讲，就是变输血变造血，能够通过企业的引进、产业的导入进一步提升当地经济发展的水平。所以援助项目主要集中在四个方面，一个是教育事业，我们援建了阿瓦提县第一中学宿舍楼、第二中学教学楼、第三中学宿舍楼和拜什艾日克镇中学。第二是新农村建设方面，项目惠及 8 个乡镇、26 个自然村、2204 户农户，这是最直接让当地居民有获得感的项目，得到了当地农户的积极配合和支持，我们联络组还表示要建设阿瓦提的"上海新村"，最终也圆满地实现了这个目标。第三是基层组织阵地建设，涉及 67 个村、3 个社区，有效提升农村党建工作水平。第四个是农业产业项目，涉及高产节水棉田示范区建设、推广膜下滴灌技术和林果间种技术。

　　先来说一下教育事业方面。我们当时整个援疆的很重要的一部分项目放在了教育上，因为觉得教育是改变当地群众的思想认知，提高能力素质最直接的方式。阿瓦提县主要建设的几处教学楼和宿舍楼，基本上都在 2009 年正式交付后投入使用，上海援助资金占到建设资金的 80％。应该来说，整个建设的过程还是比较顺利的。除了这几个大的建设项目，我还积极调动个人的社会资源，引入和汇投资集团，援建了和汇希望小学。还有一件事情对我感触比较深，2008 年 9 月，学校开学，我们 9 位援疆干部分别与阿瓦提县二中的 9 位高一学生结对，选择高一年级结对是因为可以在三年左右的援疆期间跟踪这些学生的学习生活，真正能够帮他们一把，完成高中学业，顺利考取理想的学校。我当时结对的高中学生叫阿不都热，计划是每年资助 1000 元帮助他完成学业。但是到 2009 年 3 月，在高一第二学期开学，对结对的学生进行第二次慰问的时候，当地的干部就告诉我，我结对的那位维吾尔族学生已经退学了。我了解到这个孩子实际家庭情况还算可以，怎么会突然退学呢？我特地到

◀ 阿克苏地区阿瓦
提县一中宿舍楼

他家去了解情况，在与他父母交流的过程中，了解到家中确实存在一定的经济压力，另一方面他们对教育的重视程度不高，觉得读书对他以后就业没什么帮助，所以父母就让他出去打工了。在与当地干部交流沟通中了解到，当地维吾尔族孩子的退学率还是比较高，东西部地区教育理念上的差异一定程度上左右着这些孩子接受教育的程度。我们总说扶贫先扶智，但想从思想上让当地群众改变教育观念，不仅需要当地干部广泛的宣传，而且更需要时间的累积，要让群众看到教育是一剂良方，是创造财富的基础，是帮助他们脱贫困境的希望。

我们进行了招商，在与企业交流的过程中，一直都希望企业用人本土化，帮助当地群众解决就业的困难，改变当地群众以农业为主的生产生活方式，增加他们的收入。在新疆，棉花播种期为 4—5 月份，成熟采摘期是 9—10 月份，一年中还有将近半年的空闲时间，农民可利用好这半年左右的时间进入企业获得额外的打工收入。在推进过程中，企业提出他们的顾虑，当地很多劳动力的就业技能普遍不足，满足不了企业的用工需求。棉纺企业招聘了当地的年轻人，送他们去先进地区学习技术，但往往学习效果都不好，这就跟当地受教育程度有直接关系。

教学楼、宿舍楼的建设工程前后持续了一年左右，受限于当地自然环境的因素，冬季由于冻土不能进行施工，整个施工战线拉得比较长。项目建设完成后，我还多次去学校，宿舍楼的建成有效解决了学生住宿紧张的难题。我们还与上海的一些企业进行对接，建立了一个专门的教育基金，每年提供一万元的奖学金奖励品学兼优的学生，整个项目从2008年开始一直持续到2012年。

第二个援疆项目是"白玉兰"工程。开始是由第五批援疆干部发起的，到我们这一批援疆干部手中，已经是第二批。第一期抗震安居房的入住率总体不高，其中一个重要的原因就是新建的抗震安居房没有充分考虑到当地群众生活方式。第一批工程主要是迁建，重新选择新址建设一批抗震安居房，而我们当时选择的则是在原址上改建为主，一方面是为了降低建设成本，另一方面为了保证维吾尔族同胞日常放牧需求。当时国家提出"生产发展、生活富裕、村容整洁、乡风文明、管理民主"的新农村建设目标，以农民自愿和地方经济实力为前提，以经济适用抗震安居为标准，以自然村落为主题，以基础设施配套建设为重点的建设思路，特别是对新农村建设作了详细的方案和报告。

在项目建设工程中，我主要负责新农村建设的规划、设计和过程管理，主要牵头多浪乡、塔木托格拉克乡新农村建设试点工作，项目规模为2个乡7个自然村619户。试点项目全面完成后，我也对项目推进过程中的得与失进行了总结，提出"统一规划、突出功能、成熟现行、示范带动"四个原则，充分调动农户积极性，变"要我建"为"我要建"，重视村委会"一事一议"村民代表大会制度的作用；充分整合各类资源，做到"降成本不降标准"，通过发动农户投入劳动力来降低人工成本，通过全村统一备料来降低建材成本，通过采用新型罗马柱建材、统一建设沼气池来提高使用效率，降低建设成本；充分理解农户需求，做到"共性、个性相结合"，在村容整体规划上严格遵守共性要求，做到村容整洁划一，在围墙样式、三区分离模式等方面，做到个性需求和共性要求的和谐统一。

在推广过程中，最难的地方就是把当地农民的思想工作做通。一方面就是资金的问题，因为整个项目的资金来源组成部分有三个，一部分由援疆项目配套，一部分由当地政府支持，最后一部分是农民自筹，虽然这部分占比比较少，但这笔支出对于农民来说也是比较困难的。其次，农民也提出了他们的想法，比如说家家有养羊和种葡萄的习惯，希望在抗震安居房建设中保留一部分的畜牧区域，所以在二期建设过程中我们就选择原址改建翻建的形式，将整个区域一分为二，分为生活区、非生活区和生产区。生活区就是日常生活的区域，屋前非生活区，可以种葡萄；屋后的生产区就是畜牧区或蔬菜园，进而改善农民的居住卫生环境。我们到农户家中去走访，包括带农户到先期试点建设完成的抗震安居房实地考察参观。房屋建设前后的对比让农户逐渐改变了他们的观念，居住环境、居住体验也有了很大改善，最大程度上尊重了他们的生产、生活方式。农牧民看到了试点建设情况后，打消了他们很多的顾虑。在抗震安居房二期项目推进过程中，得到了当地群众大力的支持和拥护，觉得这确实是在为他们考虑，他们在没有离开故土的情况下，解决了实际问题。

第三个援疆项目是推进 200 亩"林果间种示范园"的"滴灌工程"。早在2005、2006 年，当地县政府开始推广林果间种，简单来说就是要把红枣、核桃也作为当地一种新的农业发展方向。开始时，农民的接受程度不是很高，因为棉花种植产业已经在当地发展得比较成熟，当地群众对棉花种植技术掌握程度较高，他们更倾向于将棉花种植作为主要经济作物，对于新生事物总有一种陌生感、排斥感。农民要从零开始学习红枣、核桃的种植技术，对于他们来说也是一种挑战。其次，当时红枣和核桃的市场需求并不明朗，全国的销售渠道没有现在这么发达，采摘收获后怎么把这些农产品顺利地卖出去也还是未知数，这都使得农民对此的积极性并不是很高。那时候，我们援疆干部每个人有一个林果示范园，每年提供 3000 元经费用来种植红枣、核桃。在我们经常走访林果示范园的过程中，发现当地在推行一种新技术——膜下滴灌，就是通过预埋管道和覆膜的方法，让养料和水分能够通过管道精准地滴灌到农作物根部，减少水分蒸发、降低养料流失。这个项目就是立足阿瓦提农业现状，提升农业基础设施建设水平，整个项目做下来也给当地人民群众带来很多的好处。我们测算过通过这项工程，每亩能够增收 300 元。

阿克苏地区阿瓦提县膜下滴灌项目

　　这个项目是我们从来都没有做过的农业援疆项目，各方面的顾虑也比较多，一方面是成本问题。农业薄膜存在使用年限，一般使用周期在三年，三年后滴灌设施就需要重新进行铺设安装，农民也会考虑到成本与收益上的平衡。另一方面就是改变农民种植习惯的问题。我们更多地是想通过林果间种示范园的建设，能够让更多的农民接受膜下滴灌的新技术，让他们看到，我们采取这种滴灌技术，既节水节肥，产量又提高，收益也增加。相比于教学楼、宿舍楼和抗震安居房建设的投入是一次性的支出，但是膜下滴灌技术的投入只能维持二至三年的时间，全面的推广势必意味着持续的投入，重新更换管道、铺设薄膜，对于农民来说也是一笔额外的支出和成本。我们考虑到阿瓦提地理环境缺水，而广大的群众还是在靠土地吃饭，所以我们决定在农业上做一些投入，做一些示范引领，希望能够带动一部分农民做出改变，尽管这个项目不是一劳永逸的，但这样的改变就是一种进步。我们花两三年的时间去改变农民的种植方法，农民一开始也不相信这种技术能给他们带来额外的收益，但通过我们前期总体投入与实际收益的对比，当地农业种植节水节肥率达到了30%，土地利用率提高了7%。

　　援疆项目推广推进过程都还比较顺利，我们前期调研将情况摸得比较清楚透彻，选点也选得比较准。以这个滴灌项目为例，第一，我们感受到这个技术是非常有效的，它是在经济效益上做加法的。第二，农民们不太愿意接受新技术是因为他们没有感受到新技术给他们带来经济上实实在在的提高，当然他们会对投入上加心存疑惑。第三，当地农民基本没有存钱的习惯，在抗震安居房项目建设中，很多农民很难一下子拿出额外的 8000 元的自付资金。我在当地还发现一个很有趣的现象，每当棉花丰收的季节，县城的三类店——手机店、摩托车店和金饰店的生意都非常好，换手机、换摩托车，给老婆孩子打金耳环、金戒指等，一轮消费完后基本上就剩不下多少钱了。所以，在试点地区的选择上，我们选择在爱依巴克乡，主要原因就是该乡的党委书记是一位非常年轻的干部，非常有冲劲，他也争取了自治区和地区相关的资助经费，基本上做到了当地农民零投入，让采用滴灌技术的农民直接感受到实际效果。我们也会直接到田间，去和老乡们切身交流，可以说，我们做的所有项目都获得了当地政府和群众的支持。

援疆收获难忘怀

三年援疆工作给自己带来了很多，包括到今天，我一直认为新疆是我自己的第四故乡。河北是我出生第一故乡，湖南是我学习成长的第二故乡，上海是我工作生活的第三故乡。其实，这四个故乡是并列的，在新疆留下了奋斗的足迹、辛勤的汗水，给我带来的是工作能力的提升。三年的奋斗时光，更与我们阿瓦提联络组的 8 名援疆干部结下了深厚的友谊，这是我们一共战斗过地方，是我们奉献青春的地方，是见证我们走向成熟的地方，9 个兄弟就像是一家人一样，虽然在异地工作，但依旧感受到亲人般的温暖，这里的点点滴滴都是援疆工作带给我的收获。

遗憾的话，就是说如果现在还有机会再去援疆，我觉得会比当时做更多的事情，受制于当时的学识、能力、精力、资源，所做的事情还是太少了。放到现在，我应该能调动更多的资源，包括我们现在在做的南桥益联，这种社会化扶贫慈善的方式都能在一定程度上帮助到当地群众，即使不能直接改善当地群众的生活，但也能通过多种平台的宣传，让更多人看到、了解阿瓦提。很

◀ 维吾尔族三口之
家的幸福生活

多事情可以用今天更多的方式方法，用新时代的定义去把援疆工作做得更加扎实，真正能够让上海先进的做法、优质的资源更多更好地为新疆发展服务。离开新疆时的心情是依依不舍的，感觉还有很多工作没有做，或者说还可以做得更好。

结缘雪域高原　抒写坚定情怀

　　刘卫东，1979年9月生。现任中共奉贤区柘林镇党委副书记、镇长。2013年7月，为上海市第二批援青干部，任中共青海省果洛藏族自治州达日县委常委、副县长。

口述：刘卫东
采访：陶媛清　曹铭杰
整理：陶媛清　曹铭杰
时间：2020 年 3 月 9 日

　　2013 年 7 月，根据组织安排，我从奉贤来到平均海拔 4200 米的果洛州达日县开展对口支援工作，有幸成为上海第二批、奉贤第一批援青干部之一。与我一起同行的奉贤援青干部还有潘敏，任达日县办公室副主任。

　　援青三年，情系高原，我的工作、生活与达日人民紧紧地联系在一起。这既是增长见识、开阔视野的实践，也是一段倍受感动、深受教育的经历，1095个昼夜，我努力思考、践行和诠释的是"援青能学什么、能干什么、能留什么、能带走什么"。期间的砥砺与自豪、快乐与艰苦依旧历历在目、恍若昨天。

　　脚踏青海大地的那刻起，便开启了自己的援青之旅，从喧嚣的城市到广阔的草原，从现代化工业区到相对比较贫困的牧区。这里，没有车水马龙、人头攒簇，而是一望无际的高山草甸、巍峨雄壮的群山连绵。初到达日，震撼于眼前的自然风光，也真切感受到两地的差异，更深感工作压力之大和肩上责任之重，对口帮扶不仅仅是一句口号，更是一种不达目的誓不罢休的信念，需要的是坚持和坚守。

　　"汉藏一家亲"是我们中华民族优秀的传承，全力帮助藏族同胞脱贫致富是时代赋予我们义不容辞的历史责任。在对口援助项目的管理中，最让人焦急的是教育、卫生、产业等各项事业相对落后的局面。

教育扶贫——用心撑起孩子们的梦想

从正式报到的第二天起，我们就在当地领导的带领及陪同下，克服高寒缺氧、交通不便、语言不通等困难，深入到机关、单位、乡镇，走村入户，开展调研，掌握了大量的第一手资料，对全县经济社会发展、地理环境、资源状况、民风民俗等情况有了较为全面的了解和认识。

达日县全年平均气温零下 4 摄氏度，无明显四季之分，人们经常开玩笑说这里只有冬季和大约在冬季。起初，我们难以习惯，睡不着是家常便饭，但我们始终坚持以饱满的精神状态适应高原的挑战，与当地干部同甘共苦，全力融入藏区干部群众。

在刚到达日的几个月里，我们跑遍了全县所有的中小学，落后的教学条件在我心里产生强烈的震撼。全县只有德昂乡有一个图书馆，桑日麻乡有一个电子阅览室，而这仅有的图书馆和电子阅览室，却是牧区老师和孩子们的最好的阅读去处。第一次来到窝赛乡寄宿制藏文小学，全校两百多名学生，只有一间算是现代化教学设备的电化教室。用语文老师索南端智的话说："想告诉孩子

◀ 下乡检查民生项目

们柳树长啥样都难，只能找台电脑打印一张图片。"为帮助牧区孩子们打开一扇了解外面世界的窗，我和潘敏决心尽自己所能，发挥自身力量。

　　我们了解到奉贤有众多热心公益事业的企业家，于是制作了达日县学校概况和困难需求的PPT后去求助，在与企业家们一次次交流沟通中，孩子们迫切渴望了解外界的情况，深深触动了企业家们。最终，企业家们出资捐助50万元，帮助达日县5所学校建设图书馆。这是一间间设计独特的集网络、多媒体、图书和课堂为一体的标准化教室。一笔捐助成功后，我们趁热打铁，积极呼吁，功夫不负有心人，奉贤生物科技园区公司也给达日县捐助20万元，建设学校多媒体教室。

　　当然，我们并不满足于帮助达日县学校建设图书馆、电子阅览室、多媒体教室，我们更希望把自尊、自信、博爱、团结的理念传递到达日县各个乡镇学校。在县领导关心支持下，经过各方协调努力，2014年7月30日，来自上海、广东等地的梦想公益基金的12名志愿者们来到达日县，为老师们开展真爱梦想培训。培训时间虽然很短，但志愿者们传递的梦想课程理念，展示的梦想课程授课方式，让达日县老师们感受到"什么是素质教育"。真爱梦想教室也给达日县的孩子们搭建了瞭望世界的窗口。

在藏区，让适龄孩子就学也是干部的一项重要工作。我们的基层干部为了让牧区孩子入学，常常骑马或开着摩托车翻山越岭，动辄每日奔走上百公里山路，把一个个孩子从帐篷中接出来，送到学校。在这过程中，有时得不到牧民的理解和支持。有一次，一位乡长在开摩托车接孩子上学的途中，遇到暴雨跌进水流湍急的黄河中。在他奋力把孩子救上岸后，被孩子家长一阵打骂。但这位乡长既没动手也没还口，而是第二天继续到帐篷中去接孩子上学。后来，这位乡长在谈到这段经历时说，"孩子是藏区的希望和未来，在这里娃娃只有通过接受教育，才能改变命运。"就是这样的坚持，达日县适龄儿童就学率超过95％。我相信，这些入学的孩子长大成人以后，必将永远感激当初把他们从帐篷中接出来的阿爸们。

医疗扶贫——用情照亮贫困家庭的明天

只有尽力了才不会留下遗憾。在达日的这三年，我们致力于关注教育，也关注医疗事业。其间，奉贤区医疗专家团医生为达日近 2000 名牧民进行义诊和医学教学活动，实施医疗"精准扶贫"。

有这样一张目录：奉贤区医疗专家团来达日开展医疗巡诊活动，义诊病人 1400 人次，捐赠价值 70 万元的医疗器械药品等；奉贤生物科技园区捐助20 万元，建设民族中学多媒体教室；奉贤区红十字会捐助县红十字会 18.8 万元资金用于购买救灾物资储备；奉贤区教育局捐助 20 万元的电脑、图书、书包等。

实际的工作不止这些。如何在上海每年援建达日县 2000 多万元的建设项目之外，发挥自身的主观能动性，让援建工作更加富有成果，让援建项目更多地惠及当地牧民群众，是我们一直思考的课题。我们深入草原牧场、牧户家中调研，发现肝包虫、心脑血管、关节性疾病、妇科病等疾病是对达日县牧区群众生命健康的最大威胁时，联系推动上海奉贤卫生系统赴达日县开展巡回医疗活动，为体现此次活动的自愿性和公益性，所有参加的医疗专家，采取自愿报名招募方式。2014 年 8 月下旬，奉贤区医疗服务专家团来到达日，为达日县1000 余名牧民提供帮助。在了解到县红十字会同年 4 月刚刚成立，急需要储备志愿者下乡的救灾物资，我和潘敏立即与奉贤区红十字会联系沟通，奉贤区红十字会同意向达日县红十字会捐助资金用于购买救灾物资。

在这里，看病也是一大难题，74岁的哇加大叔是满掌乡牧民，因为患白内障而失明，再也不能放羊养家。家里缺钱，语言不通，他从没走出过达日的大山，也不知道怎么治病。得知情况后，我们向上海新华医院求助，2015年7月，新华医院安排13人专家小组和志愿者带着一流的眼科设备来到达日，一共做了30例白内障复明手术，全部成功。医生们说，这次手术做得太及时了，再拖一段时间，有些人将永远失去手术的机会。当哇加大叔揭开眼睛上的纱布，看到自己的老伴时，他一边笑一边流下了眼泪，"看不见八年了，真没想到这辈子还能这么清楚地看东西，好亮堂！感谢上海专家，感谢你们。"

产业扶贫——用智改善百姓的生活

达日县是"三江源"自然生态保护治理地区之一，这里是孕育华夏民族祖祖辈辈的母亲河的发源地，保护"三江源"就是守卫我们的生命和对自然的尊重，我们深知青海果洛在地理上的特殊意义，"绿水青山就是金山银山"在这里得到了很好的诠释。这里的脱贫，不能以牺牲环境为代价，必须顾全大局，在东西部均衡发展这盘大棋中去谋求突破，走出一条特色发展之路。

来三年，干三年，思考三年。这期间，除了帮助老百姓切切实实解决一些实际困难，想得最多的还是如何帮助老百姓脱贫，如何转变人们的观念，让群众脱贫致富，留下一支带不走的队伍。

2014年，在上海援青干部联络组的支持下，我们积极联系上海配套投入200万元发展窝赛乡直却村奶牛产业化养殖暨野血牦牛繁殖基地。2014年底，合作社召开了首期分红大会，136户社员分红107万元，户均7867.7元，户均年增收近千元。"加入合作社，第一年我们家的收入就增收了近千元，感谢政府的好政策！"窝赛乡直却村牧民相见高兴地说，"年初，乡里说要组建奶牛产业化养殖基地，刚开始我们大家还不太相信，不相信搞个什么产业合作社就能提高收入。加入合作社后，年底分红给了我们近8000元！"

后来，全县合作社达到了6个。老百姓分得了创新改革的红利，干部们学

▶ 2015 年 7 月，调研畜牧业发展情况

到了干事创业的精神和理念。此次上海援青项目管理全部坚持"项目导向抓前期、问题导向抓管理、需求导向抓规划"，全面落实上海援建项目管理相关制度和措施，积极引入上海项目建设管理先进理念、做法、机制，从项目的立项、设计、招投标、建设、监理，从进度的把握、质量安全的控制、资金管理规范等各方面，形成长效机制。严把在建项目安全、资金、验收等关口，有效提升了县发改、住建等部门的项目建设管理能力，带动了全县政府性投资项目管理水平的提升。

秉持这样的理念，果洛州的第一个网络视频会议系统就此诞生。到达日县深入开展党的群众路线教育实践活动征集意见环节过程中，有基层同志反映，到县里开会距离实在太远，如果遇到大雨、大雪等恶劣天气，就只能住在县城里，这样，一次会议要花 2 天时间。如何解决基层干部经常往返县里开会耗时又耗力的问题，成为达日县群众路线教育实践活动解决基层实际问题的一个实事项目。这时，有干部提出了建设县城到乡镇的视频会议系统。

可是建设资金从哪里来呢？县里财政没有这个资金预算，怎么办？我们得知这个情况后，主动请缨，到上海奉贤争取资金，近 50 万元的视频会议系统资金很快到位了，在州县相关部门关心支持下，建成了果洛第一个网络视频会议系统。看着建设一新的视频会议系统，乡里干部都说好，既解决了往返的时间成本和交通成本，又让大家安心在乡镇工作，真正把时间用在帮助群众解决困难问题上。

达日县县长周洛曾经用"上海速度"和"上海标准"来评价我们的工作，他说，"上海对我们的援助不仅仅是资金，更重要的是思路、是理念。"

精神传承——践行梦想筑牢友谊

果洛藏区的最大特点就是高寒。冬季常常平地积雪半米以上，阴坡积雪可达数米。这时 7.2 万平方公里的果洛全部被大雪所覆盖。就是夏季，我们所在的达日县往往一天可下好几场冰雹。有时短短几分钟，地面就能积上半尺厚的雹粒，铺满整个草原。

刚到达日的半年，我们出现了头胀胸闷流鼻血、心跳加速血压高等高原反应，但"特别能吃苦、特别能战斗、特别能忍耐、特别能团结、特别能奉献"的青藏高原精神，支撑我们援青人每一个奋斗的日日夜夜，正是在这个精神的指引下，我们迎接挑战、战天斗地、艰苦奋斗、攻坚克难，为开创对口支援全新局面不断实践着。

由于气候恶劣，抗雪灾成为果洛藏区的重要工作。一场雪灾过后，草原就像恶战后的战场，牛羊尸横遍野，令人痛心。在这时，救灾就是战斗。即使是再大的暴雪，我们的干部也必须开辟道路，把救灾物资第一时间送到牧民手中。一位乡长跟我讲，有一次在运送救灾物资过程中，因雪太深根本看不到路，他就沿着高处驾驶（这是开车经验，因为掉进河谷的概率低）。等到第二年冰雪消融，才发现那次是沿着山脊在驾驶，稍微偏斜一两米，就摔进百米深谷。

最难忘的还是通过下乡与藏区基层干部交流的所见所感，尤其是初到达日，晚上高原反应失眠，脑海里总是浮现各乡基层干部的身影。作为全国 30 个少数民族自治州中海拔最高、气候最恶劣、环境最艰苦、经济社会发展最滞后的自治州。果洛藏区基层工作条件之艰苦，不仅作为上海等发达地区的干部难以想象，就是许多久居西宁的市民都因恐惧高原反应而从未有勇气踏上高原

▶检查援建项目工程

果洛。由于自然环境恶劣，一位曾来果洛调研的领导说："干部能在这里工作，就已经是莫大的贡献了。"

"达日所需、奉贤所能"这是我们两地心连心的根基，也是两地支援发展的见证，因为我们两地你中有我、我中有你，拥有血水交融的革命友情。三年来，组织达日干部到上海、到奉贤挂职锻炼、参加各类培训，开阔眼界，扩宽思路，收获了先进的发展理念，组织达日干部赴上海参加司法行政、城乡建设、社区管理等培训30余次，培训人员150余人次，到奉贤区挂职党政干部11名、医生教师10名。也不断有奉贤干部群众前往达日学习、考察、体验，他们感受到当地环境的艰苦，接受了高原精神的洗礼，激发起积极动员各方力量参与到藏区建设的主动性，将奉贤人民的热情和爱心挥洒在达日的每一片土地上，也不断收获着新的果实。

随着对口帮扶工作力度的不断加大，越来越多的上海奉贤各界人士开始了解青海、认识果洛、知晓达日，并将他们援助之手伸向远在两千多公里外的藏族同胞们，使更多的梦想在两地的共同努力下不断绽放，使更多的达日人过上更加美好的幸福生活。

三年援青生涯，我们看到了百姓危房得以改造、中小学校得到修缮、畜牧产业得到一定发展和提升，老百姓得到了实惠。我们由衷欣喜，可以通过做一点实事为牧民群众留下希望；我们由衷敬佩，当地干部一辈子扎根高原默默奉献；我们也由衷感激当地党委政府对援青干部政治上的高度信任、工作上的大力支持和生活上的关怀备至。

难忘达日的每一处草木山河，难忘达日的每一位同事朋友，更难忘达日的每一个日日夜夜。脸颊的"高原红"会随着时间慢慢消退，但就如由中央第二批援青干部合作作词的《青海青》歌词里唱的那样，"不管多少年，岁月如何更改"，自己无法忘记那片青海、无法忘记果洛达日，这些记忆会随着岁月的流逝日益浓厚。

心灵在吸氧

　　许秀明，1972 年 8 月生。现任中共奉贤区委巡察办公室主任。2016 年至 2019 年，为上海市第三批援青干部，任青海省果洛藏族自治州委副秘书长、州委办公室调研员。

口述：许秀明
采访：薛　琼
整理：薛　琼
时间：2020 年 4 月 10 日

2016 年 7 月 24 日 18 时 55 分，我们 22 名（2018 年增派 2 名）上海市第三批援青干部一行乘坐东航 MU2156 航班在西宁曹家堡机场平稳落地，还未出机场，一根根洁白的哈达已挂在胸前，从这一刻起，我开始了三年援青生涯。三年来，在高原、在牧区，我领略了壮美的雪域风光、纯朴的藏区风情，也目睹了国家东西部地区发展的不平衡，更领会了脱贫攻坚战略的重大意义；在工作、生活中，我体会了在高原严酷自然环境下的艰辛，也收获了参与脱贫攻坚伟大进程中一次次工作显现成效的喜悦，更感受了"精神高地"灌养、洗礼之后意志的坚定。这里注定将成为我心灵深处的一片圣地……

初上高原，找准定位推动援建工作

2016 年 7 月 26 日，是第一次去果洛的日子，当时去果洛还没有通高速公路和飞机航班，车队沿着 S101 省道以及 227 国道从青海省会城市西宁出发，一路盘山向东南方向前行。车行至海南州同德县河北乡赛羊村停了下来。

"高原也堵车呀？"我很惊讶，并向窗外张望。车队停在一处峡谷中，两边是几乎陡直的山，前方不时传来隆隆的声响……而此时已距西宁 300 多公里，不知道是海拔的原因还是心理的因素，头一下子感觉昏沉沉的，浑身紧绷而又无力。

大概在一个半小时后，车队缓慢挪动，司机说，"7、8月正值雨季，这里山体属丹霞地貌，经常发生滑坡。"

"快看！那边……"顺着司机手指的不远处的山头，滚动的石头就像水一样在流下来。没想到初临高原，就给一个"下马威"，让我惊怵不已。

在颠簸了8个小时后，我们终于抵达目的地——青海省果洛藏族自治州玛沁县大武镇。有细心的援青兄弟做了个统计，车队一路翻越上百个山头，拐了750个弯，从2200米攀爬至3800米，大有斗折蛇行、百折千回之感。

通往果洛的路是曲折的，但最美的风景，一直在路上，美好的愿景，更在担当中创造。阿尼玛卿雪山海拔6282米，山势雄伟，气势磅礴，光洁如玉，是藏区四大神山之一。还有源于果洛州扎陵湖和鄂陵湖的中华母亲河——黄河，在果洛境内流程长达760公里，流经玛沁县时，更是呈现黄河向西流的地质奇观。

果洛——藏语意为"反败为胜的人"。古往至今，这是一个创造传奇的地方，相传格萨尔在这里称王，这里也是丝绸之路河南道和唐蕃古道的重要组成部分。现今，西宁至果洛的飞机通航了，连接果洛各县的高速公路也通了，我们和果洛人民一道成为脱贫攻坚奔小康国家战略的追梦人、践行者。

我在果洛州任职州委副秘书长，协助领队负责上海援青队伍管理工作。我较快地适应岗位角色的转变，初上高原和环境的改变，队员们生理、心理反应很大。由于刚接触大家，彼此间不太熟悉，作为领队副手，我压力也同样很大。但很快我调整好心态，将心比心和队员们交流思想，换位思考领导的决策，协调解决援青干部住宿、就餐，安排保障联络组进青后首次项目调研，每日了解援青干部身体状况……一件件工作，用真心真情完成，让领队和队员们彼此理解各自的内心想法，心灵得到沟通。很快，我赢得了队员们的信任。

在援青联络组，我策划"思想先行、学习在先"教育活动，组织学习习近平总书记有关扶贫开发思想理论，领会贯彻中央西藏工作座谈会等重要会议精神，以不断强化理论武装为手段提高思想站位，切实加强对"中央要求"精神

◀ 2017 年 10 月，检查州直上海援建项目

实质的把握。在援青之初，给团队成功传递了两个信息：一是我们要做打好、打赢攻坚战的准备，要提前进入角色，要把党中央、国务院的战略意图领会到位，要把上海市委、市政府工作要求把握到位，要把团队战术方法准备到位。深入思考"进青为什么、在青干什么、离青留什么"，在如何开局、如何完成任务上要做到心中有底；二是我们要有打胜仗的决心。不仅要服从指挥，而且要有工作的自觉性，融会贯通学习内容，找准定位，充分发挥自己的主观能动性，敢于和善于在新环境中创造性地工作。

工作中，我紧紧围绕"中央要求、果洛所需、上海所能"找准工作抓手，策划开展"狠抓质量铸品牌、精准扶贫有担当"主题实践活动、"砥砺品格、快乐援青、服务为民、建功雪域"主题教育活动，两个主题活动贯穿三年始终，一手抓援建项目，一手抓队伍建设。

援青联络组各项工作进展顺利，牵头筹备成立上海援外队伍第一家临时党组织，协助完成上海市委组织部每一次考核考察，接待保障沪果两地党政代表团互访。会同州发改委、州对口受援办，每年主持召开全州援青项目遴选会议，坚持"民生为本、产业为重、规划为先、人才为要"上海援建方针，确保80%以上的援青资金向基层倾斜、向民生倾斜，50%以上县级援青项目资金集

◀ 2018 年 10 月，在班玛县检查上海援建项目

中用于"精准扶贫、精准脱贫"。连续三年，牵头筹备州委州政府对口受援工作会议，确保援建工作始终高位推进。三年来，上海市对口支援果洛州安排项目 303 个，援助资金 9.08 亿元。全州脱贫 10202 户 34678 人，2017 年国家对口援青考核排名第一档，2018 年玛多县率先脱贫摘帽，2019 年顺利通过上海市人民政府对口支援工作考核，今年 4 月果洛其他五个县也全部脱贫摘帽。

第二故乡，多方温情助力脱贫攻坚

在果洛，年平均气温在零下 4 摄氏度，一年无四季之分，只有冷暖之别。当地还流传这样一句话，"果洛只有两个季节，一个是冬季，还有一个是大约在冬季"，这里的自然环境对人而言确实比较恶劣。三年来，果洛的干部群众敞开胸怀，无条件地接纳我们、支持和帮助我们，始终如家人般关心关爱我们，使我们始终倍感责任、唯恐不及。三年来，得到上海亲人朋友的理解和支持，各级干部群众全方位支撑和增援，让这里的冬天不再寒冷，让我始终备受感动、铭记不忘。

我是在农村出生长大的，但到了果洛后，走进牧区帐篷，看到冷风不时刮进来，牧民勉强糊口过日子，真切感受到这个地方的贫穷。我与玛多县黄河乡

◀ 2018 年 3 月，慰问结对帮扶贫困户

阿央村 4 家贫困户结成对子，每年两次驱车三个多小时来到牧区，送上油米、面粉、茶叶和慰问金。索忠是结对的一户单亲家庭，她患有包虫病，没有务工能力，其儿子索南桑杰已成年，也没有工作，全家生活来源仅靠当地最低保障。得知情况后，我出资让索南桑杰参加一个摩托车修理培训班，又帮助他在县城找了一份工作。2019 年 7 月，当我离开果洛时，索忠一家生活水平明显得到改善。女儿得知我在果洛结对认亲后，激动地说，"我也有份，我也想来看看。" 2018 年 8 月 24 日，在女儿高二的暑期，她用自己的压岁钱买了 5 个书包，在我爱人陪同下，来到了果洛州玛沁县民族小学，又向 5 名贫困家庭学生送上 5000 元助学金。我和爱人、女儿，共同完成了一个心愿。

在果洛，上海千里驰援的故事很多。奉贤区红十字会的徐萍，上海第三批大部分援青干部都认识她，我们亲切地叫她"阿姐"。2017 年奉贤区工商联组团赴果洛州达日县帮扶慰问，徐萍高原反应特别厉害，住宿果洛的当晚，她说，感觉生命要结束了。但是，2018 年，她带着大学三年级的儿子又来到了果洛，与州民族高级中学贫困学生结对，交流高中学习生活。2019 年，她们一家三口，再次来到高原。三年来，她和援青干部经常保持电话联系，了解身体健康状况，叮嘱注意安全，还托朋友从国外购买有助睡眠的保健品快递给援青干部。

2018 年 9 月 4 日，奉贤区关工委常务副主任叶连均、执行副主任曹平生、副主任沈明飞、"助学帮困"组组长李伯才等一行赴达日县开展"情系高原，与爱同行"关爱助学行活动。助学团为达日县教育局捐赠 10 万元助学资金，向贫困学生发放了 200 份学习用品和书籍。值得一提的是，这个助学团的 4 位老同志平均年龄超过 70 岁，这么大的年纪远赴青藏高原，这需要克服多少困难呀。老同志永葆政治本色，送来的不仅仅是爱心书包，更让藏族孩子感受到关怀和温度，更激励我们援青干部传承老同志崇高精神，更自觉、更精准地助力果洛州脱贫攻坚工作。

我区"圆梦行动"，两地精准对接，惠及医疗帮扶、教育帮扶、产业帮扶诸多领域，还帮助贫困户孩子走出高原来到奉贤，开始就业脱贫之路。厂区落户在金汇镇的祥同科技是一家制鞋民企，连续三年赴青海果洛捐资赠物，价值达 300 万元，惠及果洛六县 19 所乡镇学校，受助学生 5002 名。

上海爱心，温暖果洛。一个个高原上的新亲戚，一项项暖心举措、一次次爱心行动，溯江而上，涌向果洛，让牧民群众看到实实在在的获得感和幸福感。还有一双双有力增援的手，一声声关切的问候，给援青干部传递了温暖、力量和信任，让我在对口支援第一线始终充满信心和斗志。

一生铭记，精神高地书写奋斗篇章

人无精神不立，国无精神不强。精神始终是最为宝贵的财富、最为动人的力量。果洛藏族自治州位于青藏高原腹地，平均海拔 4200 米，空气中的含氧量只有上海的 60%，再加上强辐射和低气压，自然条件非常恶劣，是我国藏区经济最欠发达的地区。但我发现这个苦寒之地，竟是孕育精神的摇篮，"两弹一星"精神、"五个特别"青藏高原精神、青藏公路"开路"精神、玉树抗震救灾精神、可可西里"坚守"精神……都诞生在这片高山厚土。三年来，我无时无刻不是心怀对于连绵雪山净化心灵的敬畏，煨桑台上焚起烟雾对美好生活的追求，更时刻激励着我郑重跑好这场脱贫攻坚的接力赛。

到过果洛的同志对高原反应会有这样的感受：吃没吃饱不知道，睡没睡着不知道，生没生病不知道。我在果洛生活工作，真切地体会到"躺着听心跳，坐着想睡觉"是一种"常态"。在这样的环境下，有援青兄弟笑侃"第一年靠身体，第二年靠药物，第三年靠精神"。

细细想来，真正支撑我们的还是精神和意志。我们从上海到果洛面对这样的环境确实艰苦，但是，在果洛我们亲身感受到的一切让我们深感这些辛苦其实根本就不值一提。

"两弹一星"精神、"开路"精神、可可西里"坚守"精神、玉树"抗震救灾"精神，一批又一批的前辈和先驱响应国家号召，肩负光荣使命，不怕牺牲、忘我工作、自力更生、无私奉献，很多人献了青春献终身、献了终身献子孙，更有很多人献出了自己宝贵的生命。这些故事和事迹，无不深深地震撼和感动着我，激励和鞭策着我，同时也更加感到使命光荣、责任重大、机遇难得，更加坚定地在脱贫攻坚主战场传承精神、创造新传奇。

援青三年，我始终以斗争精神为内涵开展对口援青工作。2017年3月8日，下乡途经达日县窝赛乡，突然风雪交加，10米开外已是一片白茫茫，更不见路。我和同行的援青干部下车，冲锋衣顿时被风雪刮得呼呼作响，身子站不稳，脸被刮得生疼，眼睛也睁不开，呼吸都有困难。原本两个多小时的车程，用了五个多小时才赶到目的地。2018年11月，因冰雪天气高速公路关闭，临时改道县级公路。但在翻越玛积雪山时，有一台越野车因冰雪路滑，溜出路基，冲下山谷，所幸一块大石头挡住了下滑车辆。直到现在，都心有余悸，后怕不已，车上可是有1位藏族司机和我们3位援青干部啊。

高原行车路难行，尽管爆胎、陷车、翻车，我们没有少遇过，甚至还有生死瞬间的经历，但每年三次项目检查，一次不落，每次行程至少2200公里。三年来，我的足迹遍布全州各乡镇和每一处上海援建项目工地。

五彩经幡当空飞舞，伴随着的是美好的祈福，净化的是心灵。对口支援工作，从来不是单方面的给予或付出，援青三年，我始终心怀感恩。据当地干部说，果洛虽然地处高原，但因拥有极其丰富的矿产资源，曾经离"贫困"两个字是比较遥远的。果洛的玛多县因为有金矿开采，在50年代就曾经是全国的百强县。但是为了保护好三江源头的生态环境，全面停止矿产开采。为了恢复草原生态，大力实施退牧还草和生态移民，当地政府和牧民的收入逐年减少。为了国家大局，为了确保一江清水向东流，果洛做出了壮士断腕般的牺牲。这种抱着金山银山，却耐得住清贫寂寞，甘于牺牲的精神和风格，深深地震撼着我，东部沿海地区的发展怎么能离开像果洛这样江河上游地区默默无闻的奉献和付出，果洛对全国人民都有恩！

三年来，我们在项目安排上，紧紧围绕牧民群众迫切所需，实施"小雨露"工程，缓解牧民"急、难、愁、盼"。紧紧围绕果洛民生发展，把三分之一的资金安排在教育项目上，在当地盛传着"最好的建筑是学校，最幸福的孩子在校园"。饮水思源，我们做得再多都无法回报果洛的无私和慷慨。

我在青海这个精神高地，接受了最深刻的党性教育、最直接的国情教育、最生动的民族团结教育和最严峻的反分裂斗争教育，收获的是人生最宝贵的财富。援青三年，更让我深刻地认识和理解了"东西部扶贫协作和对口支援是加强区域合作、推动区域协调发展，实现先富帮后富，最终实现共同富裕的大战略、大布局、大举措"的重大意义。

三载春秋赴雪域、一生铭记果洛情。三年如梭，高原留痕，黝黑的脸庞，消瘦的身影，花白的头发，渐退的记忆，骤增的心跳……我无悔！三年弹指，岁月无声，连绵雪山净化心灵，酥油茶的浓香还留在唇齿间，格桑花开常驻心头……我无憾！

三个梦想

　　李亿，1977年9月生。现任东方美谷集团公司党委书记、董事长。2016年7月至2019年7月，为上海市第三批援青干部，任中共青海省果洛藏族自治州达日县县委常委、副县长。

口述：李　亿
采访：徐雅琨　张韵哲
整理：徐雅琨　张韵哲
时间：2020 年 3 月 3 日

2016 年 7 月至 2019 年 7 月，根据组织安排，我作为上海市第三批援青干部，赴青海省果洛藏族自治州达日县挂职，开展对口扶贫协作工作。在此期间，我担任达日县委常委、副县长，具体分工为协助管理发改、扶贫、住建、卫生健康、医疗保障、农牧水利、科技、河湖长制方面的工作，负责与上海对口支援相关工作的联系和协调，分管县教育局。

达日县是经济欠发达、高原纯牧业县，自然条件严酷，生态环境脆弱，经济基础薄弱，产业结构单一，是国家级贫困县。

三年挂职期间，面临过许多艰难，也收获了许多感动，在那片广袤而纯净的土地上与藏族同胞们一起齐心协力摆脱贫困的经历是我人生中宝贵的财富。

才吉的梦想

还没去达日挂职的时候就听说，在达日你会有三个不知道："一是吃没吃饱不知道，因为在高原你不会觉得饿；二是睡没睡好不知道，因为你不知道自己一晚上要醒多少回；三是生没生病不知道，因为时间长了你的反应机制会明显下降"。事实也的确如此，从海拔 4 米的上海，到平均海拔 4300 米的世界屋脊，缺氧是来到达日的第一项挑战。初入高原，我血压偏高，最高到过170 mmHg多，同去的陈伟旻一直头晕，走几步路要停下来大口喘气。身边的藏族同事见状都劝我们先适应和调整一下再工作，但我们知道，没有调研就没有发言权，时间有限，只有走进牧民家，走进学校里，走进大山深处，才能真正知道他们需要什么，我们要做什么，才能知道精准扶贫的方向和意义。

刚到达日县第二天，我和陈伟旻开始了全县9乡1镇的调研之路。在崎岖的山路上辗转了几个小时，来到了特合土乡，旅途颠簸和高原反应让我俩身体有点不适，心中不免感慨达日群众出行不便，但没想到的是，跟接下来得知的消息相比，这点辛苦状况根本不值得一提。

刚到特合土乡，就看到乡干部正在开会，商量组织乡民们募集资金，仔细一问，了解到乡里一个小女孩全家都患有一种叫作"包虫病"的疾病。孩子的父母因为这种病相继离世，而就在会议前几分钟，小女孩唯一在世的亲人——她的奶奶也因为"包虫病"去世了。听到这个消息，我和陈伟旻感到非常难过，当即从工资中各拿出1000元交给乡干部，请他们务必转交给这个小女孩。

在接下来的走访调研过程中，"包虫病"也是乡民们反映最普遍、最强烈、最集中的问题。什么是"包虫病"？县里的同事告诉我，是一种幼虫寄生在人或者动物体内引起的人兽共患寄生虫病，潜伏期长，死亡率高，而达日县又是青海果洛州发病率最高的一个县，前几年患病率最高达到13%，很多牧民都患上了该病，甚至有的乡镇牧民因为染病而绝户。

作为援青干部，我们每个人都有结对帮扶的贫困户，位于莫坝乡的才吉一家，是我5个结对帮扶家庭中的一户，他们的生活条件很艰苦，一家四代10口人挤在一间不大的帐篷里，全家人日常的生活支出靠着才吉父亲当保安每个月1700元和母亲清扫垃圾每个月1000元而勉强支撑着。在他们村普查的牧民中，确诊了73名包虫病患者，而她的父亲就是其中之一，这对于原本生活窘迫的一家更是雪上加霜，高额的手术费用让这个家庭望而却步。才吉和我的女儿差不多大，见到她我就想起了自己的女儿，便和她聊起来，在聊天中，她告诉我，她见过父亲病发时的样子，父亲大口咯血并日渐消瘦的样子让年仅9岁的她很害怕，我问才吉有什么心愿梦想，她告诉我，她最大的梦想就是希望能够治好她父亲的

"包虫病"，然后全家人能够健健康康地在镇上开一个属于自己的小店。

又是"包虫病"！小女孩的不幸和才吉的梦想深深地触动了我，我下定决心，一定要尽我所能，帮助乡民们早日摆脱"包虫病"的困扰。

首先想到的是弄清"包虫病"的致病原因，经过调研，我发现绝大多数牧民都是因为水质问题而导致染病。当地水质较差，矿物质含量偏高，且有寄生虫。而由于高海拔地区气压低，烧水烧到沸腾也只有 70—80 度，导致这些寄生虫也无法被彻底杀灭。还有一些群众生活习惯不太讲卫生，有时候喝生水，更是有很大的染病风险。对此，我们考虑通过建设自来水厂，进一步改善水质，让牧民们喝上安全的饮用水，力争从根源上解决这个问题。但经过具体调研发现，达日县地广人稀，当地牧民们的居住地又比较分散，夏季还要进行转场，常年不在家，因此单建一个自来水厂的成本相对过高，这也是为什么整个 9 乡 1 镇中只有吉迈镇有一个自来水厂。

改变饮水的办法行不通，我们便想着引入上海优质的医疗资源来治疗包虫病。但几经咨询却发现，由于"包虫病"主要流行于畜牧地区，在国内青海、宁夏、甘肃、西藏、内蒙古、新疆、陕西及四川西部的牧区比较多见，身处沿海地带的上海医疗人员对"包虫病"并不是很了解，治疗经验反而不如流行地区的医护人员。于是，我们又立即转战联系青海本地的医学院所，并最终与青海大学附属医院建立了定点救治机制。

解决了怎么治、哪里治的问题，筹集救治资金成了摆在我们面前的又一道难题。因为经济拮据，大部分的贫困户在患病的早期没能得到及时的救治，发展到中晚期，就需要手术治疗，加上往返医院的交通费、食宿费和后期康复的费用，一个患者所需的治疗费用不少，很多人因为钱的问题最终也没能得到治疗。想到每年被"包虫病"困扰的患者数量，这背后一定有很多个像才吉一样的孩子，与家人一起健康快乐地生活在一起，是大多数 9 岁孩子的日常，但对饱受包虫病困扰的家庭来说，却成了一个难圆的梦想。

为了筹措费用，我和陈伟旻积极联系上级单位，经过多方努力，2016 年10 月，奉贤区政府同意拨付 100 万元专项资金，专门用于对达日县贫困家庭的"包虫病"患者进行手术治疗，解决他们的手术费和就医附带费用。有了充足的资金，在定点医院的帮助下，有 100 位患者得到了及时救治，才吉的爸爸就是其中的一个。出院后不久，我去他们家走访。才吉说，爸爸提前很久就准备好哈达等在门口，他们一家正计划着去镇上开店的事情，纯真的笑意浮现在孩子的脸上，清澈的眼睛里满是希望。

治疗只是治标，驱除包虫病更重要的是筛查和预防。经过各区援青干部的共同努力，在上级部门的高度重视和大力支持下，自 2017 年起，"包虫病"的病患治疗正式立项作为上海市的市级援建项目，每年由市对口帮扶专项资金安排 300 万元，用于全县包虫病的前期筛查和诊断治疗，这不仅有效地遏制了发病率，也大幅度降低了病患的死亡率。

为了进一步从源头上预防包虫病，我们制作了大量的宣传手册，深入牧民家中，进行"包虫病"防治知识的全覆盖宣传，引导大家从最基础的预防措施做起，吃东西前要洗手，要喝烧开的水，吃熟的肉，转变群众的生活卫生习惯。

祁拉措的梦想

在对县里的学校进行走访时，让我印象最为深刻的就是建设乡寄宿制小学。据校长却杰介绍，学校共有 6 个年级 8 个教学班，学生 328 名（其中 280 人住校）都来自周边牧民家庭，生活条件比较艰苦。在这样的环境里，读书不容易，而上课的老师更不容易，在这样的海拔高度，任何一种大幅度的行为都将消耗身体里的氧气，包括说话。

走进其中的一间教室，学生们正在简陋的平房里书声琅琅，他们穿着藏族独有的校服，坐姿端正。而正在上课的一位老师引起了我的注意，她叫祁拉措，她没有穿藏服，而是一袭白色羽绒服，相比于其他老师，显得格外的活泼和醒目。在和她的交谈中我了解到，她是藏族，毕业于哈尔滨大学日语专业，之前在大连工作，因为想为家乡做点贡献，2017 年 3 月通过青海省考试后分配到了建设乡小学，现任五年级语文老师。

"在这里教书应该有很多困难吧？"我问她。"最大的困难是住，学生们都是六十多个人挤在一间宿舍。"她回答道。走进学生们的宿舍，映入眼帘的是成排的大通铺，不同年级的孩子混住在一起，甚至还有学前班的学生住在里

▶ 2018 年 5 月，上海援建达日县满掌乡寄宿制小学建设项目开工仪式

面。宿舍的墙壁并不厚实，青藏高原昼夜温差大，即便在夏天，夜里也要盖上棉被，冬天更冷。为了照顾学生们，包括校长在内，这里的老师轮流值班，每天早上四点多就起来，晚上也要等到学生全部睡觉才能回去。学生宿舍的不远处便是教职工宿舍，住宿条件也是十分简陋。校长告诉我，现在基本都是三四个老师住在一起，有时候家属来探亲也只能同住在宿舍里。像祁拉措这样从外地大城市回来的年轻老师，工作上很突出，是学校的优秀人才，而且她还没有结婚，跟其他老师同住确实有很多不方便，但学校里条件确实有限，也没办法给她更多的照顾和隐私空间。

祁拉措很健谈，交流中说了很多学校教学方面的情况，也谈到了她回到家乡支援建设的初衷和过程中的酸甜苦辣。当我问她从大城市回到高原后不后悔时，她想了想，说道："孩子们很纯洁，在外面的世界你很难找到这样的纯洁，有时候我也会觉得累，可能所有的老师都在坚持着，但真的，当你看到她们笑的时候，你就觉得一切都是值得的，因为这里需要我们！""我的梦想就是让孩子们能够有更好的学习条件，学到更多的知识和技能。我们目前只能教一些基础的知识，还有许多孩子刚毕业可能就失业了，他们需要更多的资源、更多的引路人带领他们走出去！"祁拉措接着说，目光坚定又充满着期盼。

◀ 2018 年 8 月，在达日县建设乡小学工地检查开学前工作

接下来对于全县各个乡镇学校的走访调研，让我更加深刻地意识到，建设乡小学教育资源的匮乏其实只是全县所有学校的一个缩影。精准扶贫的最终主线，还是要归结到教育上来！

我和陈伟旻积极发挥援青干部的桥梁纽带作用，联系协调奉贤的教育扶贫资源和爱心企业，帮助达日县的学校改善教学设施和住宿条件。上海市级和奉贤区级帮扶资金共同出资两千余万，对建设乡小学教学楼、学生宿舍、运动操场和食堂等场所进行重建和改造。孩子们的琅琅书声从窗明几净的整齐课堂传出；他们再也不用挤在 60 个人一间的"大通铺"，住进了卫生间、浴室一应俱全的新宿舍。因为经费紧张，所有的政府对口支援经费都用在了学生们身上，祁拉措和其他的老师们却还住在旧宿舍里，每每想到这，我对他们的敬意就更加重了一分。后来，我们多方联系，最终在爱心企业的捐助下，老师们住上了相对独立的简易板房，虽然条件仍然艰苦，但总算有了个人的隐私空间。

援青干部的梦想

习近平总书记在主持召开解决"两不愁三保障"突出问题座谈会时强调："要探索建立稳定脱贫长效机制，强化产业扶贫，组织消费扶贫，加大培训力度，促进转移就业，让贫困群众有稳定的工作岗位。"

古话也常说"授人以鱼不如授人以渔"，从筹集资金帮助牧民们治疗包虫病到协调资源改善当地学校的软硬件设施，一定程度改善了当地群众的生活。但在达日县工作的时间越长，就越觉得这种短效的捐助远远不够，祁拉措的那一句"学生毕业即失业"，一直深深触动着我，我坚定地认为，真正的扶贫应该是变"开发式"扶贫为"参与式"扶贫，变"输血式"扶贫为"造血式"扶贫。想要实现稳定脱贫，就要增强贫困地区内生发展动力，提高贫困人口的自主脱贫能力，促进贫困人口增收，而这一切的关键在于劳动力，因为达日的美好明天还是需要一代又一代的建设者去共同努力。

作为长期在人社系统工作的我，随即想到发挥自身资源优势，进一步帮助达日县建档立卡贫困人员实现就业脱贫。从靠天吃饭的游牧生活到自食其力的企业员工，从雪域高原的青海达日到东海之滨的上海奉贤，似乎隔着很遥远的距离，但在两地人社部门的共同牵线搭桥之下，终于在 2018 年 7 月，奉贤区人社局带着 17 个企业的招聘信息，在达日县成功举办了首次劳务协作转移就业专场招聘会，受到了当地群众的热烈响应，现场报名踊跃程度超出预期，近200 名达日青年意向报名赴奉贤工作。经过两地人社部门多次沟通确认，最终有 12 名求职者表达了来沪就业的强烈意愿。

由于达日县此前从未有过赴上海外出务工的记录，藏族同胞的生活环境和习惯与沿海地区之间又有着很大的差异，如何保障这些年轻人在异地平稳过渡又成了摆在我们面前的一大重要课题。我与时任奉贤区人社局副局长盛一萍多次会同有关单位负责同志召开准备会议，对企业工作环境、住宿条件、劳动强度、薪资待遇以及来沪后的日程安排进行了反复讨论，并制订了一套完整的工作预案，确保每个环节都周到有序，尽量减少他们来沪后的不适应感。

2018 年 10 月 12 日，12 名藏族青年在达日县人社局副局长妮香的陪同下顺利抵达上海，达日青年到奉贤企业转移就业成为现实。在他们黝黑但充满阳光的脸上，看不到坐了 30 多个小时火车的疲惫，有的只是热情洋溢的笑容和对这片陌生土地的新鲜感。

在研精舍精密机械有限公司和沪宁人力资源公司的全力配合下，这批转移就业青年的工作和生活得到了妥善的安排。在入住乐活青年公寓后，藏族青年看到干净整洁的房间，一应俱全的生活用品和优美的周边环境都喜出望外，交口称赞。公寓负责人特地安排了很好的楼层和位置，并安排专人负责沟通协调，让他们在沪期间住得放心舒心，没有后顾之忧。此外，达日县人社局还安排了一名工作人员对他们进行跟踪服务。

经过必要的入职体检和上岗培训后，这 12 名青年正式走上了工作岗位，完成了从牧民向产业工人的转变。虽然对新的岗位还有些陌生，但他们表示一定会努力工作，尽快融入企业。我相信，这批果洛赴沿海地区转移就业先行者们的足迹，将为众多有外出务工意向的藏族同胞提供指引，两地对口支援和就业扶贫的道路也将越走越宽。

除了扶贫资源"请进来"和贫困人员"走出去"，我和陈伟旻还积极探索"留得住"的本地发展扶贫模式。陈伟旻一直说，他最大的梦想就是希望让更多的人来到达日，了解达日，关注达日，和达日同胞一起来建设他们的家乡，把这里变成更加富饶美丽的地方！

为了这个共同的梦想，我们确定了产业扶贫的脱贫思路，但具体做什么项目，在各方面资源都紧张的前提下必须尤为慎重，产业扶贫的项目事关宝贵资金的合理使用，事关群众对脱贫致富的信心和获得感。最终，经过科学评估、反复论证和多方协调，由达日县政府牵头，充分结合达日县情实际，选址在黄河起源地萨尔琳卡的山脚下，通过产业到户、对口援建和县级自筹等方式斥资1.32 亿元，打造集文化、购物、休闲于一体的"精准扶贫商贸旅游产业园"，力争建设成为辐射周边区域的高端民族用品贸易中心和文化交流中心。园区总占地面积 3.33 万平方米，包括 6345 平方米的民族商业步行街（主要经营民族用品批发销售、旅游手工艺品销售及藏式牧家园餐饮服务等）、7813 平方米的四星级酒店（运营后将成为达日县规模最大、标准最高的酒店，满足高端、普通对象住宿及餐饮需求）、1197 平方米的自驾车保养中心（提供集汽车一般修理、保险定损维修、保养、美容、装饰于一体的高端综合性汽车维修保养服务）和 800 平方米的农贸蔬菜市场。

为进一步确保精准扶贫商贸旅游产业园发挥最大带动作用，实现效益最大化，产业园在设计之初，就明确以资产收益扶贫的方式，最大程度地促进贫困

◀ 2017 年 3 月，在窝赛乡检查新农村项目建设情况

户增收。由贫困户股民推荐成立青海达日查毛岭股份有限责任公司，并由政府牵头运作，公司盈利和租金收益则按比例用于贫困户分红。产业园覆盖建档立卡贫困户 7502 人、边缘贫困户 1979 人，同时，还将为当地贫困户提供 120 个工作岗位，让他们可以通过技能培训后在产业园转移就业。

　　三年的时间过得很快，在我即将结束挂职工作离开达日的时候，达日县已基本实现全县脱贫摘帽，产业园的酒店也已经建成，步行街和自驾车保养中心也在紧张的建设过程中，用不了多久，这里就将打破人们对达日县的固有印象，变成一个熙来攘往的高原商业中心。来自上海市各区的第四批援青干部们也将继续在我工作过的地方和当地的藏族同胞们一起，实现这个脱贫致富的美好梦想。扶贫工作是一项系统工程，也是我国全面建成小康社会伟大历史征程中最艰巨的任务。我始终坚信，在党中央的正确领导下，在各级政府的通力合作下，达日 9 乡 1 镇必将会全员脱贫，果洛，这个留下援青干部无数辛勤汗水的宝地，也必将迎来自己的幸福明天！

　　风光旖旎的辽阔草原，道不尽上海援青干部的深情厚谊；连绵起伏的雪域高山，阻不断奉贤果洛两地人民的不解情缘。谨以此文致敬我们亲历的、伟大的、正在进行的脱贫攻坚战。

希望之路　光明之路　幸福之路

　　顾卫兴，1969年2月生。现任中共奉贤区委党史研究室主任。2013年7月至2016年7月，为上海市首批援黔干部，任中共贵州省遵义市务川仡佬族苗族自治县县委副书记、副县长。

口述：顾卫兴
采访：夏　叶
整理：瞿建新　夏　叶
时间：2020 年 1 月 16 日

2013 年 7 月 13 日，上海市第一批 10 名援黔干部远赴贵州省遵义市，开展对口支援扶贫工作。我和瞿建新组成务川联络小组，负责奉贤区对口的遵义市务川、凤冈、余庆三县的援建项目和合作交流工作。我担任务川仡佬族苗族自治县委副书记、县人民政府副县长，分管上海对口合作交流、全面小康创建、招商引资等工作，联系扶贫开发、教育卫生等民生事业工作；瞿建新任务川县扶贫办（合作交流办）副主任，具体负责上海援建项目建设，分管扶贫办的"帮一带一"等工作。

务川县位于贵州省东北部，东与德江县、沿河土家族自治县相连，西与正安县、道真仡佬族苗族自治县毗邻，南与凤冈县接壤，北与重庆市彭水土家族自治县交界，全县总面积 2777 平方公里，辖 11 镇 2 乡 3 街道 123 个村（社区）。境内生活着仡佬族、苗族、土家族等 17 个民族，是全国两个以仡佬族为主体民族的自治县之一。

踏上这片热土，对我们而言，是个挑战，是个考验。由于是上海派出的第一批援黔干部，缺乏对口援助工作经验，又没有援黔工作的先例，所以我们以打头阵和做先锋的精神状态，与遵义扶贫系统同志们一起，边摸索边实践，边实践边总结，边总结边完善，一步一个脚印，"摸着石头过河"，探索了奉贤对口支援务川、凤冈、余庆三县的"减贫摘帽"和全面小康建设新路径，取得了初步效果，我们的工作得到了奉贤、遵义两地各级领导和人民群众的认可。

要想富，先修路

"没有调查就没有发言权"。到贵州第一个月，我和瞿建新就冒着烈日酷暑，开始走村入户、上山下乡开展调研，每次与当地的干部或者群众交流，一个高频词便是"修路"。秘书杨秀清捧着一堆资料，详细地告诉我们，2013年，务川县产值500万元以上的工业企业只有16家，因为缺少支柱产业，村民缺少就业和致富的道路，没有稳定的收入来源。全县47万人口，有11万多在外打工，留下来的村民，大多只能靠种田的收入维持生计。导致这样的原因很多，但交通不便一直是制约务川发展的最大瓶颈。全县没有一条二级以上等级的公路，更没有省道、国道和高速公路。一位老乡拉着我，直指着家门前方不远的土路问，"能把这条路修修好吗？我运点蔬菜到城里卖就方便了，山里的蔬菜多，特别便宜，卖不掉搁着地里烂掉，拿到县里去卖，贵很多，能补贴点家用。"

无论是当时下乡调研，还是三年援黔过程，我们对当地的路况感触颇深。为保证出行安全，县里给我们配了一名专职司机老何，五十多岁的当地人，常年在机关开车，对县里纵横交错、大大小小的路都相当熟悉，平时开车车速也相当快。每次出去，车子飞驰在盘山公路上，一路飘移过弯，引擎声响彻山谷，人晕乎乎地，满眼只见天空，不见道路，仿佛在云端穿行。奉贤区某位领导来调研时曾应景应情写下"悬崖万丈岩岩立，百转千回天地间"的诗句，可谓感同身受。有时途经坑坑洼洼、崎岖不平的石子路，车子不间断地颠上颠下，左晃右摇，我们坐在后座，被颠得一蹦一蹦，难以自控。有一次，何师傅忽然来了个急刹车，我一时没坐稳，脑袋"砰"得一声撞上天花板，疼得发出一声尖叫，吓坏一车人。我们笑言何师傅前辈子肯定是和尚，只有和尚打坐才能稳住这份"颠熬"，可就是真和尚打坐也可能坐不住吧！公路尚且如此，没有硬化的"通组路"（通往老百姓家的宅村路）情况更是糟糕。有时徒步进山

拜访农户，不巧逢雨天后，泥土还很湿粘，高一脚低一脚，一不小心，鞋子陷入烂泥，拔出了脚，鞋子却没跟着，及至山上，裤脚和鞋袜早已沾满了污泥。

很显然，务川的基础设施不够完善，上海援建项目有必要向基础设施建设倾斜，要建一些看得见摸得着、实实在在的项目，让务川老百姓切实得到实惠。同时，在安排援建项目时，也要大力支持务川的草地生态畜牧业、有机农业尤其是特色产业的发展，如精品水果、核桃、金银花、魔芋、脱毒马铃薯等，尽快让务川老百姓的腰包鼓起来。遵循这样的思路，结合当地修建道路的迫切需求，我们整理了一份关于对口帮扶工作的调研报告，向区合作交流办汇报了以修路带动农村人居环境改善，进而带动产业发展的计划，得到了肯定的答复。高速公路每公里造价 1 亿多，通村道路每公里造价也要 60 多万，这些道路一般都由国家、省市统筹拨款。援助资金体量相对较小，修建的目标路就定位在每公里造价 40 万以下的农村产业路、通组路和联户路，并且优先保障修建乡村种养殖基地周边的道路，方便物产运输。经市、区合作交流办核定，最终确定新建务川县石朝乡金银花基地、凤冈县现代烟草园区、余庆县花山乡白茶基地等与民生、产业相关的道路，列入上海帮扶贵州的第一批项目。尽管产业路、连组路、联户路的长度、宽度无法跟省道、国道相比，但建好修好这

◀ 2013 年 12 月 10 日，到石朝乡浪水村走访困难群众

些家门口的"最后一公里"，车来车往运输更快捷了，老百姓茶余饭后走家串户更方便了，到城里买卖农副产品更容易了。

我结对了石朝乡的一户贫困户，农户的妻子是聋哑人，育有一儿一女，女儿出嫁了，儿子还在读书。一家人只种植些玉米、高粱，每年两三千元收入，日子过得非常艰难。上门了解情况后，老乡提出家门前的烂泥路坑坑洼洼，一下雨更是泥泞不堪，能否帮助修建水泥路。我当即表示支持，自掏腰包出资了一部分，并让秘书帮忙落实了路面硬化材料和施工人员，圆了老乡的一个梦。修好路后不久，老乡便把山上的自留地改造种植金银花，等三年后金银花量产，他家的贫困状况会彻底改变。

这就是修路建路对当地的意义。它不只是方便出行，而是出行方便后，人的信心足了，人的思路活了，脱贫致富的路更宽了，这也是我们援助项目突山建路修路的初衷。最典型的像丰乐镇庙坝村，原是省级二类贫困村，农户的院落脏乱破旧，70％的村寨不通公路，全村也没有卫生室、文化广场等配套设施。2014 年，我们安排上海对口帮扶资金 380 万元、整合其他项目资金 1100 万元，实施交通基础设施改善和产业带动扶贫，推动新农村建设。先是宅门组到楼房组 60 多户人家的联户路硬化工程完工，再是 1000 亩精品水果、1000

亩辣椒、1000 亩构树的种植基地建成，而后协调奉贤区卫计委捐赠 10 万元修建卫生室……环境越来越美，空气越来越好，人气越来越旺，渐渐地，便有了乡村旅游的雏形。如今，每到周末，许多人自驾去那里，尝尝农家的饭菜，看看优美的环境，聊个天、打个牌，许多村民的农家乐生意红火，收入比种地强多了。2015 年，该村人均可支配收入从原来的 4000 余元增至 8364 元。

光明行，送光明

2014 年 5 月 17 日一早，务川这座小城沸腾了。听说上海奉贤的眼科专家来做免费白内障义诊，前来看病的患者和家属在务川县医院门诊部外排起了长龙，约有两三千人。原本县医院就不宽敞，平时看病的人也挺多，这一下就真挤满了。义诊医疗队伍分了两组，每组都是"导医问诊 + 视力检查 + 专家诊断"模式，每名患者先经导医问诊，再检查视力，最后由专家根据多项指标来确定能否进行手术治疗。经过一个上午的忙碌，一共确诊了 500 多名白内障患者，可医疗队只备了 120 个人工晶体，患者远远超过预估数，所以只能优先救治农村贫困户、双盲白内障患者。

当天下午 14 时，第一例手术开始了，主刀医师是崔红平和吴强两位专家，奉城医院眼科主任周媛做助手。因医院只有一个手术台，医生搭档阵容破天荒得强大，也因只有一个手术台，手术只能一例接着一例做，急不得，快不来。在手术过程中，专家们便发现手术的难度也超出预计。一般来说，奉贤的白内障患者刚得病就会求医问诊，病情较轻，医生仅需 20—30 分钟便能完成一台白内障手术，但务川的白内障患者因长期得不到有效治疗，病程长，病情重，手术难度较高，完成一台手术有时需要 45 分钟。为保质保量完成医疗任务，医疗队随即调整了时间安排：原计划每天手术从早上 8:30 时排到下午 5 时，现一律延长至晚上 10 时。一整天连轴转十多个小时，专家们忙个不停，顾不上休息，就连吃饭，也是送餐到手术室内。因为一出手术室，便要消毒、穿脱防护服，过程复杂，耗时较久。他们舍不得浪费一分一秒，拼命和时间赛跑着，就怕患者等不及，怕时间不够用。一天下来，医务人员个个累得腰酸背疼，精疲力竭，身体像散了架似的。

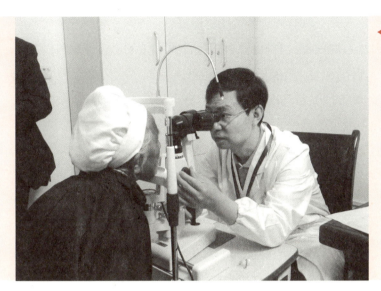

◀ 2014 年 5 月 17 日，专家给白内障患者检查眼睛

　　5 月 18 日上午，贾万程和郑岩两位专家到病房，查看病人术后的恢复情况。第一位病人是 65 岁的张国桃，专家贾万程轻轻揭开她的眼贴，并伸出手指给她辨认。"我看见了！我看见了！"老人激动地叫道，还没等专家郑岩确认情况，已经热泪夺眶了。这样的情形在病房里一再发生，患者和家属哭着笑着，笑着哭着，让忙碌的医务工作者们倍感欣慰。一些激动得不能言语的老人，紧紧握着医生的手，不愿松开；还有老人热情地说要请医生到家里吃饭，让所有的亲戚认识"大恩人"。最特殊的一位是双盲的赵洪祥老人，刚被揭开眼贴，就激动地紧紧搂住了外孙和女儿，那是他失明多年来第一次看清自己的小外孙，才知道小外孙跟自己长得有多像。

　　"光明行"义诊活动受到当地老百姓极大的欢迎，对他们来说，只要一两天的时间，视力改善了，眼睛复明了，可以说是"立竿见影"。但"光明行"也不是说它"行"就能马上行的。我们在研究项目的时候，充分考量了当地的需求、奉贤的优势，还有上海市级层面的情况，三者结合，全面统筹，才能使这个扶贫项目扶得起、扶得准、扶得稳。

　　也是在走访调研中了解到，由于医疗卫生条件落后，再加上交通闭塞，农村白内障患者比较多。许多老人，特别是山区的贫困老人，因白内障导致双盲和单盲的不在少数。务川县和其周边的凤冈、道真、正安等几个县的医疗水平也都十分有限，几个县医院都没有眼科专业门诊、眼科专科医生和眼科医疗设备。如果县里的人想看眼疾，只能长途跋涉到市或者省级医院就诊。虽然省、市医院每年下乡开展包括眼科在内的医疗义诊活动，医生现场诊断白内障疾病，但碍于县里没有相应的条件，病人的手术还是要到省、市医院才能做。

医疗可以扶贫，健康可以扶贫。我联系了奉贤医疗系统，商量能否派遣一些名医或专家，定期到贵州开展个把月的义诊。得知上海本来就有一个名为"光明行"的公益医疗活动，每年组织十多个来自各大名医院的专家奔赴全国各地开展眼科义诊，2013 年曾援助过遵义市习水县。我便提出，"光明行"是否可以整合市级、区级的力量和资源，为务川县百姓开展一次眼科义诊？少数民族贫困地区医疗条件所限，卫生习惯不一定理想，万一白内障患者出现术后感染，做好事变成坏事，这是风险所在。区卫计委领导再三权衡后，最终拍板："我们的优势是什么？是技术，复明一个人，帮助的就是一个家庭，这样的帮扶才是实实在在的，老百姓才欢迎。"为确保活动顺利进行，2014 年春节后，区卫计委特地派遣贾万程、吕晓健两位在义诊方面经验丰富的专家到务川，实地评估了务川县医院的医疗条件，也和县里相关部门对接了一些需要提前筹备的工作，全县各乡镇卫生院做好初步筛查和宣传、组织工作，我对"光明行"的成行更加心里有底了。

2014 年 5 月 16 日傍晚，"光明使者务川行"专家团队 21 人，在领队张品莲、团长贾万程的带领下，不辞辛劳辗转 2000 多公里，抵达务川县城。还没放好行囊，稍做休息，专家们就直奔县医院查看门诊、手术室、仪器设备等准备情况：最好的手术室腾出来了，手术仪器安装好了，"最高等级"的消毒做好了，60 张增加在楼道的病床躺椅安置好了，最有经验的护士长和数十名志愿者严阵以待……专家们连声夸赞，感觉和上海大医院相差无几了。其实，这些充分到位的幕后准备工作，全是务川县医院和前一天抵达的"光明行先头小分队"相互配合，加班加点做好的，为的就是要打响义诊成功的第一炮。

5 月 21 日，为期 6 天的"光明行"圆满超额完成预定计划，119 位贫困的少数民族白内障患者不花一分钱重获光明，1227 人获得义诊，而更多务川百姓因为"光明行"善举义行，心中重新燃起了对于复明的希望，对于生活的期待，还有什么比这更重要呢！

同路人，并肩行

三年援黔，固然甜酸苦辣，五味杂陈，却真真收获了无数的温暖和感动，还有一份极其珍贵的友谊，便是我的朋友、兄弟兼同事——瞿建新。熟悉他的人都知道，他工作认真、做事顶真，"牛脾气"上来时，可以一口气跑十多个工地，一个数字一个数字地校对，一份材料一份材料地分析，一个负责人一个负责人地交流；对着修建的产业路，他拿着工具测量是否存在长度缩水等情况，一旦发现问题，及时指出，坚决整改。

瞿建新是个刚毅坚强的汉子，更是个柔情似水的男人。那些贫困山区的孩子们，不是他的孩子，胜似他的孩子，始终是他心底深处放不下、忘不了的牵挂。2013年冬天，瞿建新到石朝乡中心完小调研，看到孩子们课后对着冰凉的水龙头颤颤巍巍地洗手，一双双小手冻得像胡萝卜似的，正纳闷着，校长告诉他，学校常年没有热水，学生没有热水洗脸、洗手，只能用冷水。走进教室，只见三三两两坐着的孩子们，破旧的衣服、稚嫩的笑脸，还有那渴望知识的眼神，给他留下了深刻的印象。班主任无奈地说，这些孩子大多家境贫困，留守儿童占半数以上，学校也没有办法照顾，这样的孩子太多了。

见者难过，闻者心疼。经过多次与务川团县委、教育局团工委、学校联系后，瞿建新统计和梳理了全县品学兼优贫困学生的名单，并通过多种渠道向奉贤的同事、同学、朋友传递。"资助一个学生，就是帮扶一个贫困家庭"的倡议得到了爱心人士的热烈回应，一个个爱心人士、一批批爱心团队相继出现，想方设法为孩子们做点事情。当年，就有16位学生得到了爱心人士的捐助，并承诺资助他们考上大学直至大学毕业。上海浦发银行奉贤支行的代表赶到石朝乡，全体员工个人捐资为两所学校提供了供暖锅炉设备及床上用品，让孩子们在寒冷的冬天告别冷水洗脸洗脚，告别冰凉寒夜。南桥镇、四团镇、区民政局、区文广局等单位先后到务川考察，赠予务川民族中学、特殊教育学校、龙潭小学等相关学校学习用品、衣被等物资。

◀ 2015 年 4 月 6 日，去调研的路上

　　有一个孩子，瞿建新印象特别深，至今他还常常提起。当瞿建新把爱心款送到小女孩手里的时候，"谢谢，我会努力的！"腼腆的小女孩轻声说出了她发自内心的感激之言。父亲病故、母亲不知去向，对于这个小学三年级的学生而言，无疑是晴天霹雳，跟随着近七十岁的爷爷奶奶生活，白天翻山越岭求学，傍晚放学回家还要下地干活，一家人就凭着"一亩三分地"过着"靠天吃饭"的日子。生活的坎坷剥夺了本应该属于这个年龄的活泼和天真，只留下怯懦和安静，甚至沉默。也许，正是瞿建新的爱心，给她灰暗的生活投入了一缕阳光，温暖了幼小的心灵，让她燃起生活的希望。

　　瞿新建在生活上对我也很是帮助、支持。他能烧得一手好菜，是援黔干部中有名的"大厨"。务川的饭菜，无论是大小食堂，还是外面的饭馆，基本上以麻辣为主。虽然我能吃点辣的，但说实在话，天天吃辣，每个菜都辣，这种滋味，时间长了还是有些受不了。于是，每逢周末，"瞿大厨"都邀请我去蹭饭，改善伙食。

　　三年说长不长，说短不短，却是此生弥足珍贵的财富。回首那些过去的日子，我们总会说起爬过陡峭泥泞的山路，趟过人迹罕至的小溪，去百里之外的人家访贫问苦，体验生活，磨炼了我们"绝知此事要躬行"的耐心；说起车子在半路抛锚，路边的老人家搬来凳子、端来茶水，还要留我们吃午饭，淳朴的民风沉淀了我们"一枝一叶总关情"的真心；说起遭遇天旱地涝、天寒地冻的恶劣天气，仍逐个做好项目跟踪，逐个解决实际问题，如期完成各项工作任务，考验了我们"咬定青山不放松"的恒心。如果说修建的道路是一条条有人走、有车压、有马跑的有形路，那么医疗、教育上的项目，就是一条条带来光明、送来希望、引向未来的无形路。这些路有的平直，有的起伏，有的蜿蜒，有的漫长，却都连接起上海和遵义，连接起山里和山外，连接起期盼和回应，并一路直达人们最柔软的心间，遇见最美好的幸福。

2015 年 11 月 29 日，中共中央、国务院发布《关于打赢脱贫攻坚战的决定》，明确提出到 2020 年将实现现有标准下 7000 多万贫困人口全部脱贫。脱贫工作是一项长期复杂、艰巨庞大的系统工程，离不开当地干部群众的自力更生，奋发图强，也离不开扶贫干部的前赴后继，接续奋斗。"条条道路通罗马"，罗马也终将会抵达。2019 年 4 月 25 日，我们听到了一个振奋人心的消息：贵州省人民政府批准务川等 18 个贫困县（市、区）正式退出贫困县序列。

扶贫要敢啃最难啃的骨头

钟争光，1977年2月生。现任上海杭州湾经济技术开发有限公司党委副书记、总经理。2016年7月至2019年7月，为上海市第二批援黔干部，任中共贵州省遵义市务川仡佬族苗族自治县县委副书记。

口述：钟争光

采访：张　匀　闫庆明　汤凌琦

整理：张　匀　闫庆明　汤凌琦

时间：2019 年 12 月 9 日

我叫钟争光。2016 年 7 月至 2019 年 7 月，根据组织安排，我任上海市第二批援黔干部联络组务川小组组长，挂职务川县委副书记，与陈凯、张匀、李晓彦等其他三名奉贤区援黔干部一起，在贵州省遵义市务川、凤冈、余庆三县开展对口扶贫协作工作。凤冈县、务川县先后于 2018 年 7 月、2019 年 4 月以优异成绩成功退出贫困县序列，余庆县（非贫困县）于 2017 年顺利通过贵州省同步小康创建达标验收，奉贤区对口帮扶的遵义三县脱贫攻坚战取得决定性胜利。

我所常驻的务川县属典型的喀斯特地貌，工程性缺水现象严重，个别高山村寨世代饱受缺水之困。在上海市和当地党委政府统一领导下，我们援黔干部紧盯脱贫攻坚最薄弱的环节、最难啃的骨头，取上海科技创新之"长"，补当地工程性缺水之"短"，让群众喝上了低成本的"安全水"，走上了可持续发展的"致富路"，帮助当地解决了长期想解决而解决不了的困难，为东西部扶贫协作留下了一段佳话。返沪后，我们特对此进行了一次回顾和梳理，并以此致敬我们亲历的、伟大的、当前还在进行的脱贫攻坚战。

扶贫路上遇难题

2016 年 7 月，还来不及洗下初来的征尘，我和上海援黔干部、县扶贫办副主任张匀便来到了遵义市级贫困村——务川县分水镇天山村调研。在与镇村扶贫干部以及贫困群众座谈中，我注意到大家提出最多的是缺水困难。

这让我很惊讶。贵州生态良好、植被丰富，务川县的年均降雨量达到1284.4 毫米。从任何一个角度看，这似乎都跟缺水扯不上关系。当地同志告诉我，务川县系典型的喀斯特地貌，多发工程性缺水现象。所谓工程性缺水，是指特殊的地理和地质环境存不住水，缺乏水利设施，留不住水。就拿天山村来说，天山村处于高山的斜坡上，土壤储水蓄水能力较差，缺水问题更为突出。群众看着山脚下清澈不已的河流，只能"望水兴叹"，"看得见水、喝不到水"。

务川县小康办副主任杨小强是土生土长的天山人。他告诉我，小时候父母出去找水、背水的情形仍历历在目。父母天不见亮就要出门，去 15 里外的深溪沟找水、背水，在崎岖的山道上，冒着毒辣的太阳跋涉，晌午时分，才能到家。重重的背水木桶把父母的腰都压弯了。这成了他童年记忆深处难以忘怀的情形。在调研现场，一位天山村的大爷撸起上衣，让我们看他后背上被背水木桶勒出的两道青紫瘀痕。天山村村支书田峰说："因为缺水，全村 756户中，到 2015 年底还有 370 户群众人畜饮水得不到保障；因为缺水，村里只能选择烤烟这种耐旱的作物；因为缺水，全村现在还有部分群众生活在贫困之中。"

我还是心存疑惑，现在科技条件下，只要有水，提水并不是难事。从天山村调研回来，我马上找来了务川县水务局局长黄声绪了解情况。黄局长向我作了详细的介绍和解释：省、市、县各级党委政府一直高度重视农村饮水安全。仅 2014 年以来，务川县就累计投入各类水利设施建设资金 29.27 亿元，建成了岩溪水库、茅天水库，开工建设冉渡滩、双岔河水库等一批中型骨干水库，从面上基本实现了城镇、农村集镇和大部分自然村安全饮水全覆盖。但是像天山村这样的地方，由于位于高山之上，海拔较高，大水库覆盖不到，只能通过其他办法解决。县里曾投资几百万为天山村修建电泵提水工程，而电提水一

▲ 2017 年 5 月，天山村背水的老阿婆

次只能提约 200 米，天山村 700 米扬程需要多次分级提水，且提水成本比较高（比如 700 米的提水扬程，每提上来 1 吨水，电费就需要 10 多元），特别是贫困群众用不起水，导致电泵提水时鲜有人用，年久失修，处于废弃状态。柴油提水成本同样很高，而且污染环境。光伏发电提水虽然成本较低，但当地年平均光照时间不够，论证下来并不可行。天山村只能采取修小水窖、蓄水池等办法解决安全饮水问题，然而小水窖只能解决短时间的缺水问题。只要天晴上半个月，小水窖也满足不了村里人畜用水，而且由于太过分散不便集中消毒，水的卫生得不到保障，肾结石、尿结石等病成了村民的常见病。黄局长进一步介绍说，天山村这样的情况在全县不是个案，截至 2016 年，全县尚有近 2 万高山群众的饮水主要依靠自然降雨的望天水和小水窖的蓄水。因此，工程性缺水问题已然成为全县部分地区产业发展、乡村振兴的制约性瓶颈，也成为脱贫攻坚路上的"拦路虎"，最难啃的硬骨头。

没有饮水安全，何来脱贫？我不禁想起了习近平总书记关于解决农村安全饮水、切实补齐脱贫攻坚中"两不愁三保障"短板的要求。有没有办法能够彻底解决类似天山村这样的缺水问题？帮助大山里的贫困群众早日脱贫，这成为当地政府面临的难中之难，也是我们援黔干部到遵后面临的第一个困难。

多方探寻觅新途

这个问题既然摆在了面前,我们作为援黔干部就不能视而不见。我和张匀决定要想尽一切办法帮助当地群众解决这个难题。我们首先想到的就是上海这个大后方,上海的优势之一就是技术优势。我们广泛发动上海的同事、朋友找水利专家请教,同时也在网上搜索相关资料。但是几个月过去了,无论是专家还是水务部门给我们的反馈,还没有一种技术能够满足高扬程、低成本的提水要求。

就在一筹莫展之际,2017 年 6 月,我偶然在徐汇区援滇干部的朋友圈上看到了一条动态,题目是《不用油不用电解决山区用水难题》,介绍了一种叫作自然能提水的专利技术,能够利用相对大的来水流量、低水头转换为相对小的提水流量、高扬程,实现在水流的动能、势能间转换,全过程不用油、不用电便可将低海拔的水提灌到高海拔。我激动不已,这不就是我苦苦寻觅的办法吗?

事不宜迟,我立即联系这位援滇干部,通过他联系到该专利技术的持有人,并多次电话邀请他到务川县考察洽谈。2017 年 8 月,专利持有人带着两

◀2017 年 8 月,县扶贫办和技术人员在天山村河谷现场测量

名技术人员到务川县天山村现场勘探，县扶贫办、县水务局和镇村的同志参加。经过近 6 个小时的实地考察并初步论证，在离天山村委会 720 米扬程的地方，饮用水源和动力水源均符合自然能提水的技术要求，该负责人出具了初步考察报告和初步方案。

百折不挠筑"天渠"

虽然考察报告得出了技术可行的结论，但作为一个新生的技术，在落实过程中充满了各种各样的挑战。我和同事们就像那千里走单骑的关公，为了推进自然能提水项目可谓是"过五关斩六将"。

首先是技术关。淼汇科技公司虽然在云南成功实施了 40 米扬程的实验性项目，理论上可行，但仅是一个孤例。分水镇天山村项目点有 720 米扬程，是现有上水项目扬程的 18 倍，自然能提水专利技术到底能不能达到这严苛的要求？大家心里没有底。为进一步考察该技术的科学性，我安排县水务局和镇村分管同志到云南省剑川县（全国首个自然能提水试验性项目）进行现场考察，考察组带回来的结论是技术可行。我又组织召开多次专家研讨会，详细论证该技术在务川实施的可行性和可操作性，同时请专业的水利设计公司对全县可以运用该技术解决缺水问题的地方进行了勘察规划。根据初步勘察结果，全县有涪洋镇小坪村、红丝乡上坝村、分水镇天山村等 9 个缺水村可以应用该技术（涉及 18211 人，其中贫困人口 5506 人）。

其次碰到的是思想关。虽说自然能提水是个好项目，干好了可以解决老百姓安全饮水的大问题，可一旦涉及具体的工作，就得另当别论了。自然能提水项目毕竟是一个新生事物，一方面拼一拼兴许就成了，老百姓就能饮上山涧的清泉；另一方面，如果失败，不仅浪费资金，还可能打击群众脱贫攻坚的信心……我内心非常清楚，想要完成这项工作，必须先统一思想，意见一致，才能做好事情。为了解决这些问题，我和同事们在三个月的时间里，多次召开协调会议，反复与财政、扶贫、水务、环保、乡镇讨论研究，统一各方的立场和观点，不断解决大小新旧问题。此时，我感受到了空前的压力，也有同志好意提醒："不如缓一缓，等一等吧。"但每当我想起缺水地区老百姓那渴望的目光，我知道必须坚持下去。

接下来是流程关。政府投资项目有一套规范的程序，设备采购一般要按照相关法规进行招投标。自然能提水设备由于没有国家技术标准，尚未纳入供应商库。我和财政部门经过反复研究和征求各方面意见，形成了一个规范的、"三位一体"的自然能提水项目实施程序：自然能提水专利设备采购所采用的单一来源采购方式必须进行公示，公示无异议后再签约；钢管等其他设备通过政府采购平台统一采购；土建部分由项目法人按照规范程序确定中标人。为了确保项目实施的科学性和可操作性，所有项目必须事前进行实地勘探论，项目设计方案必须邀请专家进行评审，必须进行项目立项前置审查流程。

然后又碰到资金关。自然能提水项目虽然后续投入少、使用成本小，但是由于自然能提水设备仍然是专利产品，没有通行的国家标准，也没有量产，只能定制，所以初始资金投入大。而这类资金未列入县水务局预算范畴，筹集数百万的建设资金是个大难题，怎么办？为筹措资金，推动项目落地，我和张匀充分发挥上海援黔干部"桥梁纽带"的作用，积极争取上海社会各界支持和帮助，主动对接协调上海市合作交流办和爱心企业来务川调研。2018年，上海市合作交流办陈晓云、刘军两位处长先后赴务调研，实地考察了当地的缺水情况，同意从上海财政帮扶资金中支持解决缺水难题；上海华侨事业发展基金会陈小平理事长也率团队冒着大雨，踩着泥泞的乡村小路深入天山村农户家，实地调研当地的缺水情况。天山村沈家组邹启禄家屋顶的"望天水"、村民邹书强家涌动小虫子的小水窖和接"屋檐水"的盆子、70多岁仍在远处小水凼里背水的老阿婆和那被岁月磨亮的背桶，无不让代表团看到了缺水给当地群众生活带来的负担与折磨。代表团当场决定通过基金会立项，争取社会爱心捐赠，帮助务川实施自然能提水工程。爱心迅速传递，短短半年时间，基金会就筹措捐赠资金135万元用于天山村项目建设，极大地缓解了天山村自然能提水项目的资金缺口。除了上海财政帮扶资金拨款和上海华侨事业发展基金会捐赠资金外，上海市奉贤区合作交流办通过广泛开展的"百企帮百村"携手奔小康行动，联系上海凯宝药业股份有限公司为结对的红丝乡上坝村捐赠了20万元善

◀ 2018 年 4 月，务
川自治县涪洋
镇小坪村自然能
提水项目（设备
房）现场

款，解了该村自然能提水项目的燃眉之急；我们又通过"腾讯公益"，向社会
各界爱心组织和人士募集项目资金……

　　技术和资金都解决了，后来又碰到施工关。由于工程所在地都是人迹罕
至的深山河谷，施工环境复杂，没有现成的道路可供使用。而工程所需的钢
管、设备有的重达数千斤，光靠人抬马拉根本无法下到施工地点，必须由机械
运输到河流底部才行，加上动力水管施工还要考虑汛期防洪的因素，更加增添
了施工难度。在最关键的时刻，上级领导和当地党委给了我们最坚实的支撑。
奉贤区委书记庄木弟要求我们援黔干部牢记初心，践行"不搞一阵子，携手一
辈子"理念，用实际行动帮助当地补短板、固底板。上海市第二批援黔干部联
络组组长、遵义市委常委、副市长李忠兴获悉后，要求我们主动作为、科学实
施，积极帮助贫困群众解决"两不愁三保障"中的突出问题。务川县委书记杨
游明同志在听取我们的报告后，先后多次召集县水务局及有关乡镇研究自然能
提水工程，并作出指示："为了让贫困群众早日用上安全饮水、早日脱贫致富，
我们要敢于担当，敢于应用新技术、探索新模式。路径上要先易后难，可以先
实施一个相对容易的试验性项目，积累经验，探索模式，再复制推广。"经多
方比对，县水务局最终决定将涪洋镇小坪村 300 米扬程的自然能提水项目作为

首个项目先行实施，为红丝乡上坝村、分水镇天山村等施工条件较难的自然能提水项目积累经验。

引得幸福水绵长

获得批复后，涪洋镇小坪村项目于 2018 年 1 月 10 日顺利启动实施。为加快项目进度，确保示范性，我几乎每天都要调度项目进展，对出现的问题，第一时间召集相关部门研判解决，并要求企业对施工组织进行全面优化，倒排工期，全力以赴推进。不到两个月时间，项目主体工程完工。"上水了！上水了！" 2018 年 3 月 25 日凌晨 2 点，村民的欢呼声打破了夜的宁静，犹如脱贫攻坚的冲锋号，划过夜空，拧碎了黎明的沉寂。涪洋镇小坪村自然能提水工程，有效解决了 1033 名群众的生产生活用水。用水保障后，村寨 20 多户村民办起了养殖场，建起了 2000 多亩精品水果基地，实现产业增收脱贫。2018 年，该村 3000 亩种植产业免受严重旱情的影响，实现稳产增收。不用油，不用电，水真能向上流！涪洋镇小坪村自然能提水试验性项目的成功实施，彻底打消了大家的顾虑，为后续项目树起了样板。

2018 年 12 月，红丝乡上坝村自然能提水工程完工，有效解决该村 1857 名群众的生产生活用水。该村 4000 亩油茶、2000 亩绿茶、500 亩药材基地、600 群蜜蜂基地得到了用水保障。在通水后的走访中，村民赵明军告诉我："自然能提水工程把白马山（引水水源地）的水引过来以后，我们这里的油茶苗没有一株干死，长势特别喜人。"在 738 米扬程高位水池，俯瞰整个上坝村，映入眼帘的是绿油油的油茶、茶叶、门冬等经济作物和中药材，当地的老乡们在基地里忙碌着，栽苗、修剪、养护。当地老百姓知道我们是来自上海奉贤的援黔干部时，都纷纷表示感谢党中央，感谢上海，感谢奉贤，帮助他们解决了用水的问题，还发展了产业，增加了收入。

2019 年 1 月，分水镇天山村自然能提水工程顺利完工。该项目彻底解决了全村 3206 名群众（其中贫困群众 496 人）的生产生活用水，让村民从每天背水找水的繁重体力活中解脱出来，腾出精力脱贫致富。有了水源保障，天山村建起了 800 亩土鸡生态养殖基地，解决了 297 名贫困劳动力就业，让全村

▲ 2019 年 3 月，红丝乡上坝村自然能提水项目高位水池现场

540 户贫困群众实现年均 1000 元以上的利益连接分红。村里发展的 10 万羽的林下养鸡场也能够迅速投入使用，2019 年计划建药材基地 500 亩、青脆李基地 2000 亩，生产土鸡 5 万羽，真正让天山成为群众稳定脱贫致富的金山银山。项目完工后，我又一次来到天山村。一户农户带我去了他家卫生间，激动地告诉我："钟书记，你知道吗？上水了，我家的洗衣机从买来到现在第一次有水可以洗衣服了！"那天，我们从天山村下来，我和张匀不约而同地感慨："我们从来没有想过，让村民拧开家里水龙头，流出白花花的水竟是如此有成就感的事情。"

截至目前，务川县都濡街道鹿坪村、黄都镇云丰村、蕉坝镇麻青村等自然提水项目也相继完工或接近完工。所有项目建成后将有效解决近 2.3 万人的饮水安全问题，保障 5000 亩以上产业基地用水，彻底解决当地群众饮水安全和生产用水的后顾之忧。

如今，自然能提水工程正将安全卫生的山涧清泉，不断输送到务川自治县贫困村寨的小水池中。那一个个"方塘"如散落在仡乡苗寨里裹着岩石的青螺，纵横交错的输水管网正将青螺里的甘露匀到千家万户，为山里贫困群众脱贫致富解渴加油。

◀ 2019 年 3 月，上坝村群众用上了水

　　我们返沪后，贵州省委书记孙志刚安排省水利厅对务川自然能提水项目进行了专题调研，并决定在全省推广，让全省饱受工程性缺水之苦的群众也能早日受益。

　　为了贯彻落实党中央坚决打赢脱贫攻坚战的要求，上海援黔干部和当地干部群众一起，建成了一批自然能提水工程，解决了当地世代缺水难题，为老百姓引来源源不断的幸福清泉！

跨越千里 山海情深 全力以赴 践行使命担当

陈凯，1974年8月出生。现任中共奉贤区四团镇党委委员、副镇长。2018年8月至今，为上海市第三批援黔干部，任中共贵州省遵义市凤冈县县委常委、副县长。

口述人：陈　凯
采　访：李晓彦　陈　奕
整　理：李晓彦　陈　奕
时　间：2020 年 3 月 10 日

2018 年 8 月，经组织选派，我到贵州省遵义市凤冈县挂职，担任县委常委、县人民政府副县长，按照县政府领导的工作分工，分管东西部扶贫协作工作。说心里话，接到通知后，心里十分忐忑，对于能亲临一线参与脱贫攻坚，感到光荣而责任重大，是人生的一次重要历练，一次成长。凤冈是农业大县，工业经济薄弱，经济总量小，大多数农民都选择外出务工，部分偏远山村基础设施薄弱，生活条件依然比较艰苦。但是，凤冈有着良好的生态优势，旅游资源丰富。近年来，凤冈始终聚焦"双有机"战略，即坚持"全产业有机、全产业链有机"，有力保障了农产品质量安全，凤冈有丰富的茶叶、大米、蜂蜜等优质农产品。美的风景需要人欣赏，好的产品需要人消费，而如何实现它对于我们挂职干部来说，既是肩上的任务，也是历史的使命。

我的挂职时间是三年，这是组织给予我锻炼的机会，也是对我的考验和信任，从内心深处我想通过自己的努力，干出一份成绩，给组织交一份满意的答卷，这才对得起胸前的党徽，对得起自己的良心。

初到凤冈，由于思想不够解放，受"工作到位而不越位"的定势思维影响，心有余悸，不敢大胆地、创造性地开展工作，但是这样的念头很快就打消了，这得感谢凤冈县委政府领导对我工作上的关心、支持和信任，同时也在生活上也给予了照顾和安排。一年多来，在凤冈广大干部群众的支持下，各项工作有序推进，社会帮扶、产业合作、消费扶贫等领域更是完成了很多突破性的工作。

着力解决群众就业难题

凤翔社区是凤冈县规模最大、最集中的易地扶贫搬迁安置点，共安置搬迁户 1505 户 6432 人，其中有搬迁劳动力 3114 人。搬迁家庭大多是因病因残致贫，无经济收入来源，生活负担重，如何"搬得出，稳得住，能致富"是异地扶贫搬迁的关键难题。为有效解决搬迁群众就业难题，凤冈县利用上海奉贤区帮扶机遇，在启动凤翔社区搬迁安置时，同步在该社区规划打造就业创业园，拟将企业引入搬迁安置点内，将"扶贫车间"建在搬迁户楼栋下，让贫困劳动力实现"家门口"上班，既有就业收入，还能照顾家庭。

到凤冈工作后，"扶贫车间"基础工程已基本完成，接下来就是引进企业。为了尽快完成企业入驻，我迅速组织县扶贫办、县人社局、县投促局等单位有关负责人召开座谈会，明确以奖补政策的方式引进企业，对符合奖补要求的入驻企业，一次性创业奖励补贴 3500 元，正常经营情况下可以享受三年每月最高 300 元的场租补贴等扶持政策，对符合规定条件的入驻企业办理最高 10 万元创业贴息贷款，对企业吸纳贫困劳动力稳定就业三个月以上的，对企业和贫困劳动力分别予以 300 元就业奖励性补助和一次性就业补贴。通过宣传动员，有 4 家手工密集型企业与创业园签订了协议，同时，为了节约企业资金，利用一部分帮扶资金对扶贫车间进行了装修。

为了发动群众到"扶贫车间"上班，我和援黔干部（县扶贫办副主任）李晓彦组织社区干部到凤翔社区挨家挨户宣传就业政策，了解到大多搬迁群众没有文化，没有技术。为了提高搬迁群众的就业技能，我同县扶贫办有关负责同志开会研究，决定用一部分帮扶资金在凤翔社区办一个就业培训基地，为企业招工、群众就业搭建平台。为了使该项目尽快落地，迅速组织县扶贫办、县人社局、凤翔社区等单位有关负责人召开座谈会，对此项工作进行安排部署。经

◀ 2018 年 10 月 10 日，下乡走访贫困户

过两个月施工建设，凤翔社区就业培训中心顺利建设完成，总投入 250 余万元，修建了培训教室，可用于厨师、家政服务员、电工、缝纫等工种实际操作培训。

为了提高群众就业率，培训中心与企业达成协议，对贫困劳动力特别是易地扶贫搬迁劳动力开展缝纫、车工等"订单式"培训。利用上海奉贤区人社局帮扶的 50 万元资金，对刚进入或有意向进入园区"扶贫车间"就业的搬迁户，开展"订单式"车工培训，培训合格后到"扶贫车间"上班，实现培训与就业的无缝链接，促进其稳定就业。同时，培训中心可以为有意愿创业的培训学员提供创业场所。2019 年，共开展了 24 期职业技能培训，培训 1148 人，包括烹调师、电工、缝纫工、家政服务员等培训项目，其中为扶贫车间"订单式"培训 4 期 143 人，为乡镇敬老院"订单式"培训 14 人等。

2019 年 3 月，在对前往上海的务工人员进行了解的时候，发现大多数群众由于技术及待遇的原因，就业不稳定，时间不长就辞职了，这个问题引起了我的重视。通过调研，了解到大多农民工不符合用工需求，为了让企业找到合适的人才，让员工找到满意的企业。我和李晓彦同志积极和上海企业对接，争取上海奉贤区的扶贫资金支持，在就业培训中心建立了沪遵劳务协作直通车，建立了远程面试服务平台，为企业和群众带来双向选择和实时面试，切实改变了这种单向招聘模式，提高了就业率和劳务效率。

在培训中心的基础上，县人社局整合各类资源，建设了凤冈县人力资源市场，可容纳24家企业同时招聘，每月定期召开现场招聘会，每天发布最新招聘岗位，社区群众可以通过招聘信息寻求合适的就业岗位。

下一步，培训中心将继续做好技能培训服务，提升群众的就业技能，为凤冈积极培养职业技能型人才、新型职业农民贡献力量。

探索打造扶贫茶园新模式

消费扶贫就是社会各界通过购买来自贫困地区和贫困群众的产品与服务，帮助他们增收致富。作为挂职干部，我们就是要充分发挥桥梁纽带作用，将贫困地区的优质农产品卖到城市，也把好山好水好生态卖给城市人。

说起对凤冈的喜欢，是这里的茶。以前自己不怎么喝茶，现在我已经深深爱上了凤冈茶叶。刚到凤冈的第一天，我被"凤冈锌硒茶"这个名称吸引住了，这独特的标签随处可见，而当想起第一次喝凤冈茶的感想，那股清香依然记忆犹新。

凤冈县产茶历史悠久，茶文化源远流长。我们知道锌、硒是人体不可或缺的元素，当地土地富含人体所需的微量元素，这造就了凤冈茶与众不同的优良特质。长期以来，凤冈始终把茶产业作为富民强县的支柱产业和城市名片，先后荣获"中国富锌富硒有机茶之乡""中国十大最美茶乡""全国十大生态产茶县"等荣誉称号。"凤冈锌硒茶"公共品牌成功申报为中国驰名商标，先后荣获"中国地理标志保护产品""贵州三大名茶"等荣誉称号。

为了宣传凤冈茶叶，必须要懂茶道，一开始还真有点紧张，这促使我大量阅读关于茶叶的书籍，学习茶叶知识，虚心请教专业人才。深入各产茶重点村实地走访茶农，深入茶叶企业了解经营状况。通过调研，发现凤冈茶叶销售市场主要在省内，省外市场主要集中在华北地区，品牌价值、知名度和市场占有率并不高。

为了当好凤冈茶叶的宣传员，我开始向身边的亲戚朋友和同事推荐凤冈

◀2019 年 5 月 26 日，帮扶推广茶叶

茶，当他们喝了凤冈茶后，收到的都是一致好评。为了让更多的人分享这大自然的馈赠，让更多的上海市民饮一杯凤冈的干净茶、健康茶，我和李晓彦决定组织举办一次茶叶推介会来提高凤冈锌硒茶的知名度。我把这个想法和书记、县长进行了汇报，他们大力支持，并安排县茶叶发展中心等有关部门着手准备。接下来，我主动与奉贤区各部门和企业对接，了解上海市场的茶叶需求，发现上海的茶叶市场潜力巨大。

2019 年 1 月，我组织县委宣传部、县投促局、县茶叶发展中心、县农投公司等单位召开座谈会，研究推介会筹备事宜，准备 4 月初在奉贤召开推介会。会上，有人反映，部分企业自主参与推介活动的意愿不高。这样的反映出乎意料，给我当头一棒。为了解真实情况，我组织县内的各大茶叶企业召开座谈会，企业反映的情况是"县级层面的推介活动范围小，市场效益低，推介缺乏长期性和固定的消费群体"，又由于经费问题，所以参加的积极性并不高。为了解决销售问题，我开始学起了营销知识，每天都在寻思怎么做好推介，想方设法为茶叶企业的发展出谋划策。一天，在新闻报道中了解到某国有企业通过茶园订购的帮扶模式定点帮扶某县，实现了良好的扶贫效益，这给了我很大的启发。我想，是否也可以借鉴这种模式，立足奉贤区的帮扶优势，发动更多

◀ 2019 年 3 月 17 日，在奉贤区召开扶贫茶园推介会

的上海企业家和干部职工参与茶园订购，将凤冈贫困群众的茶园卖到奉贤，这样既有利于推广凤冈茶叶，又有利于群众增收，最终实现互利共赢。在我的牵线搭桥下，上海亿熙专业合作社、凤冈县农投公司和贵州美丽茶园公司合伙成立了山亩田公司，推出沪遵扶贫订制茶园项目，即通过山亩田公司集约化流转当地茶农的茶园，在这样的流转模式中，茶农获得流转费、生态农资和就近就业，实现增收致富，上海的茶园主则获得所认购茶园产出的茶青、生态茶旅体验、茶园管理服务等权益，这既可以同事、朋友为主线，逐渐拓宽销路，提高凤冈茶叶的知名度和影响力，还能通过茶园旅游体验带动凤冈收入增加。

在奉贤区相关部门和企业的鼎力支持下，2019 年 3 月 16 日"凤冈锌硒茶推介会"在奉贤区成功举办，吸引 200 余家企业参加，现场认购茶园 50 余亩。经过推介，扶贫茶园订制项目迅速在奉贤"热"了起来，有百余名企业家和多家单位积极投入该消费扶贫项目。茶园主签订了协议，相当于其在协议年限内对这块茶园具有使用权，但是如何让茶园主真正拥有这片茶园，山亩田公司承诺给茶园主办理林权证。在办理林权证的过程中，遇到很多困难，但是在凤冈职能部门的努力下，在省扶贫基金会的大力支持下，最终为每一位茶园主办理了林权证，这在整个贵州省是第一次。

2019 年 7 月 18 日，我在接受上海交通广播台采访时，对这个扶贫茶园订制项目也进行了推介，反响很大，好多听众主动咨询，希望参与这个扶贫项目，为脱贫攻坚尽一份力。陈奕同志是奉贤区选派的第三批援黔干部，7 月份到凤冈，接替李晓彦同志的工作。他原本就是茶叶半"专业"人士，到了凤冈后，为了更多地推广做好这个扶贫茶园项目，他邀请自己的亲戚朋友到凤冈实地察看茶园基地，还通过微信群在同事和朋友之间宣传，动员大家共同参与。目前，他已经发动了很多上海朋友参与扶贫茶园项目。

2019 年 11 月 14 日，奉贤区委书记庄木弟率党政代表团考察凤冈，亲临沪遵订制茶园基地参观，详细了解这一扶贫协作新模式，并对其给予了高度的评价，要求大力推广。现在，每一次回上海，我给大家讲得最多的就是凤冈的茶叶，也是在进一步大力宣传推介这个扶贫项目，希望更多人参与其中，共同助力消费扶贫，为贫困地区决胜全面小康献出自己的一分力。

举办体育赛事助力旅游

凤冈是名城遵义的东大门，冬无严寒，夏无酷暑，生态优美，气候宜人，有九龙、长碛古寨、万佛峡谷等著名景点。茶海之心景区是凤冈最大的景点，国家 AAAA 级旅游景区，茶海之心景区也是凤冈锌硒茶的核心产区，有着"茶中有林、林中有茶、林茶相间"的茶海美景。

我是一名跑步爱好者，跑步这个习惯已经坚持了好多年。到凤冈工作后，仍坚持跑步。清晨的凤冈，空气清新，对于跑步爱好者来说完全是一种美的享受，这样的环境是大城市无法比拟的。2018 年 12 月，我到永安镇调研茶叶发展情况，看着窗外的万亩茶园，宽阔的跑道，心里暗想，要是每天能约凤冈跑团的跑友到这里跑步，那该多好。回来的路上，心里沉思，这么美好的地方怎么能独自分享，便把想法在跑团群里和大家分享了。为了充分发挥这里的生态优势，决定邀请专业赛事方来凤冈举办一次马拉松，这既能提高我们凤冈的知名度，又能让更多的人知道凤冈茶叶，让凤冈拥有一次属于自己的马拉松，让大家在家门口也能跑马拉松。随即我将此事向县委政府的主要领导汇报，他们安排我全权负责做好此事。

◀ 2009 年 5 月 26 日，援黔干部联络组参加马拉松

　　接下来的日子，我主动对接上海的马拉松专业赛事承办方，邀请他们对茶海之心进行实地考察，赛事承办方一致认为在永安茶海之心举办马拉松赛事是跑步爱好者的一次完美体验。但是，举办这样大型的体育赛事需要大量资金保障，因为县级财力困难，赛事经费成为一大难题。我多方筹措，积极争取奉贤区爱心企业家的爱心支持，最后在他们的帮助下解决了 80 万的体育赛事经费。同时，为了将此次马拉松办成一次公益马拉松，让更多的社会爱心人士参与脱贫攻坚，在赛事中加入公益圆梦活动，让更多的贫困户获得来自社会各界的关爱。由县民政部门牵头，各镇乡具体负责，搜集基层贫困家庭的"梦想"，有"一个微波炉、一个电视机、一个电冰箱"，等等。2019 年 5 月 26 日，以"公益助跑·圆梦凤冈"为主题的"2019 贵州凤冈·锌硒茶乡国际半程马拉松赛"在永安茶海之心景区成功举办，吸引了 2000 多名国内外选手参赛，参赛选手积极参加公益圆梦行动，帮助了 150 余户困难群众，其中，邀请的奉贤区爱心跑团为 50 户贫困户圆了梦。通过举办马拉松，并且依托抖音、朋友圈、微信公众号的宣传，外地跑友知道了凤冈不仅有美丽的茶海之心茶园景区，还有优质清香的凤冈的锌硒茶，这为凤冈的名片起到很大的推广作用。

　　此次公益圆梦马拉松赛事被中央电视台进行了跟踪报道。接下来，凤冈将继续以市场化运作为抓手办好马拉松比赛，利用凤冈的生态优势，一年接着一年办，将其打造成独特的体育名片，不断提升凤冈茶叶和景色的知名度。

"携手一辈子，不搞一阵子"，跨越千里、山海情深，奉贤、凤冈的情谊必将在两地的互相交流中不断加深，凤冈的发展必将在奉贤的支持下实现更大的跨越，我们援黔干部也将在凤冈的土地上不断地成长锻炼。

帮扶不是一阵子　携手共进一辈子

翁晔，1982年6月生。现任奉贤区团委副书记。2019年7月，为上海市第三批援黔干部，任中共贵州省遵义市务川仡佬族苗族自治县县委常委、副县长。

口述：翁　晔
采访：林　源　金　豪
整理：林　源　金　豪
时间：2020 年 3 月 5 日

2019 年 7 月，根据组织安排，我作为上海市第三批援黔干部，挂职任务川县委常委、副县长，与林源一起，在务川县开展对口扶贫协作工作。在我到来前，务川县已于 2019 年 4 月以优异成绩退出贫困县序列，成功脱贫摘帽，这是奉贤区对口帮扶工作取得的决定性胜利。但这场胜利不是对口帮扶工作的终点，而是新的挑战。

党的十九届四中全会提出要"坚决打赢脱贫攻坚战，巩固脱贫攻坚成果，建立解决相对贫困的长效机制"。我意识到，虽然务川脱贫摘帽成绩可喜，但并不意味着贫困就此消除，并不意味着我们援黔干部可以放松，贫困治理的重心也必将从消除显性的绝对贫困转向解决隐性的相对贫困。所谓摘帽不摘责任，如何在巩固现有成果的基础上，建立长效增收机制，有效防止返贫是摆在我们面前的一个难题。

深化"研学 +"文旅扶贫让务川长效脱贫致富

我和林源到务川开展工作后不久，正逢务川青少年研学旅行基地建设进入尾期。我也意识到，基地的建成运营，以及发挥这个上海援建最大单体项目对务川决战决胜脱贫攻坚和长效增收"造血"功能，是上海市委、市政府、奉贤区委、区政府交给我们第三批援黔干部的重任。

当时我们来到务川后，就发现务川旅游资源非常丰富，素有"黔北多佳景，风物在思州"的美誉，地理位置位于黔渝边沿地区，位置也非常好。同时，作为全国仅有的两个仡佬族自治县之一，民族的融合形成了务川独特的自然人文景观，历史悠久的仡佬族民族村落、"丹砂文化"的历史演变、仡佬族独有的非物质文化遗产等异彩纷呈。但是，由于务川旅游开发起步晚、知名度低，再加上交通等因素制约，很难在与附近同质化景点的竞争中脱颖而出。而基地的建成可以面向重庆、贵阳、遵义三地，以上海为核心的长三角至务川地区的客源，可以成为务川和奉贤中小学生了解中国国情、学习中华民族优秀文化及红色历史文化的窗口，打造辐射全国青少年的红色教育、特色民俗文化旅游和研学旅行示范基地。

对于上海等东部地区来参加研学的学生来说，他们通过短短三五天的研学之旅，大大提高了对于我国非遗文化的认识。天气晴朗时，在户外参加具有浓郁民族特色的打"蔑鸡蛋"（竹编球）活动，从中了解仡佬族对竹的自然崇拜，以及从最初的竹器抢宝、吃新节打斗到"打蔑鸡蛋"的演变过程。遵义的红色文化也让上海学生印象深刻，最有代表性的研学考察点就是遵义会址。这些都是他们无法从教科书上体验到的。2019 年 9 月 20 日，上海第一批研学团队来务川参加研学，其中一名学生在发表感言时说到的，短短几天，就能直观地感受到红色文化、历史文化、民族文化在这里交相辉映，革命精神在这里代代相传。对于务川的学生来说，研学基地的建成填补了当地没有综合性青少年活动基地的空白，为他们提供学校之外的"第二课堂"。和上海学生不同，务川本地学生大多选择"半日营"或者"一日营"的课程，在这些课程中加深对本地民族文化的认识，同时增强动手能力。比如，我之前调研基地时，看到学生们正在开展"拓印大贰纸牌"课程，老师带领学生亲手拓印制作大贰纸牌，观察纸牌上由行书书法演变而来的特殊字符。

研学基地从 2019 年 9 月 20 日试运营，我们引进了上海驴妈妈集团公司，这是一家喻户晓的综合性旅游平台。目前，务川县人民政府与上海驴妈妈集

▶ 2019 年 9 月 20
日，参加务川青
少年研学旅行基
地开业仪式

团、务川县教育局与奉贤区教育局、研学基地公司与重庆市和遵义市的相关机构签订了战略合作协议。务川的 41 所中小学已全部和奉贤的学校结对，每年都会互派师生进行交流。研学基地落成让学生们有了固定的交流空间，可以一起听课、一起动手、一起阅读、一起运动、一起游玩。试运营以来，到 2020年 4 月基地竣工，已有 2000 余人至基地开展研学活动。

但是归根结底，研学基地是一个扶贫协作的项目，需要为务川脱贫攻坚和长效增收作出贡献。根据我们对项目"3+7"的发展规划，即三年的起步期 +七年的发展期，从基地提供的研学课程、餐饮、住宿，向亲子拓展、公司团建、企业疗休养、场地租赁、会务会展、旅游购物、地接服务延伸，基地预计三年内实现盈利，并确保在十年内让务川成为以研学为核心的产业融合发展的典型示范。据我们测算，如果研学基地可以在三年内实现每年能吸引 10 万人次的目标，每位学生平均消费 80—90 元的话，每年将带来 1000 万元以上的收入，如果再加上在附近吃饭、住宿方面的消费，创造的收益将更为可观。

另外，研学基地对于务川的贡献并不局限于基地自身的收入，未来将以研学基地为核心，深化"研学 +"产业，带动附近旅游、住宿、商业、餐饮等产业联动发展，实现经济增长，解决长效增收问题。未来，以研学旅行基地为依托的务川"研学+"产业必将带动周边餐饮娱乐、宾馆住宿、传统零售、文化体育、文化创意、现代农业、景区管理等产业发展，促进当地贫困人口就业创业和长效增收，成为真正具有可持续造血能力的特色产业。

挖掘优势　让务川的特产出山入沪

到了务川以后，有一件事情让我们不理解，贵州低纬度、高海拔、多样化的水土和适中的条件，铸就了贵州农特产品优良的品质。务川物产资源很丰富，白山羊、银杏、百合粉、草石蚕、猕猴桃、茶叶、冰糖大蒜等特色产品口碑都很好，按道理说，如此高品质的农特产品应该得到畅销和追捧才对，但是"黔货出山"难度却相当大。而消费扶贫正是中央和地方在脱贫攻坚工作中高度重视的工作，为此我们多次前往县经贸局、农投公司、各乡镇、相关企业和养殖种植户开展调查研究，发现缺乏品牌效应、物流成本高、信息不对称是最大的问题。上海市民不知道务川的特色产品，也买不到；务川企业和农户没有对外销售的渠道，大山阻隔了"黔货出山"的道路，正所谓"好货也怕巷子深"。

就拿务川白山羊来说，务川有丰富的传统养殖山羊经验，而务川白山羊久负盛名。2015年4月务川获得了"务川白山羊地理标志"保护认证和"中国贵州白山羊之乡"美誉，"骑在羊背上的务川"由此得名。但是，务川白山羊在上海销路没有打开。除了务川农产品出山的普遍问题外，没有畜类产品屠宰证是制约务川白山羊进入上海商超的最大难题，这么好的农产品只能在本地消化，无法走出大山进入上海市民的餐桌是非常可惜的。

我们和当地贵农建丰公司进行对接，这家公司主要经营传统的肉羊养殖及其他衍生产品，是遵义市唯一羊奶奶源基地，也是上海帮扶的肉羊屠宰厂经营方，他们实行统一"建圈、上羊、防疫、供料、技术服务、回购成羊、销售"，带领当地群众一起致富。我们积极协调县相关部门，帮助和指导建丰公司申请屠宰证，在2020年初，建丰公司拿到了全市第一张肉羊屠宰许可证。

但是，光拿到屠宰证还不行，还要打开销路，"骑上马还要送一程"，帮助扶贫企业打开上海销路。为开拓市场，确保当地贫困群众持续稳定增收，我们积极牵线搭桥，引进了上海壹佰米科技网络科技有限公司（叮咚买菜）。叮咚

◀ 2020 年 3 月 16 日，考察天山村生态林下养鸡产业

买菜在上海知名度极高，是一家自营的生鲜配送服务平台，这家公司也看中了务川白山羊的品质和市场价值，在调研了务川农产品基本情况并实地察看了建丰公司肉羊养殖和屠宰基地后，决定让务川生鲜羊肉登入叮咚买菜平台，签订了沪遵电商合作框架协议，并授予务川县柏村镇建丰肉制品加工厂"叮咚买菜合作养殖直供基地"的牌子。

消费扶贫的重要意义在于让当地贫困人口在产业发展的过程中得到实惠和受益。肉羊产业让当地贫困养殖户增收致富。就像柏村镇村民张秀娥说的，他们家养羊有好多年了，现在有 78 只肉羊，卖给公司 62 只肉羊，除去成本共收入 3 万多元，张秀娥家总共 5 口人，丈夫外出打工，两个儿子都在学校就读，还有 80 多岁的婆婆，上有老下有小让全家生计举步维艰。自从与公司合伙养殖以来，家庭收入有了保障。现在已经不担心儿子上不起学了。

与此同时，我们也看到了羊奶加工制品作为羊产业细分市场潜在的价值，当地的羊奶手工皂通过与贵州农业大学、西南民族大学等院校合作，从奶羊培育到鲜羊奶提取、分析、过滤、净化、杀菌、储藏、调配、冷冻、压膜、优化工艺、包装等，建立起了一整套加工工艺线，羊奶含量达到 40% 以上。羊奶手工皂质量足够让人叫好，但也要让人叫座，为此，我们积极争取与上海蔬菜

▶ 2019 年 10 月 17 日，在上海对口帮扶地区展销会上推介百县百品务川羊奶手工皂

集团合作，把羊奶手工皂卖到上海去。经过努力，务川羊奶手工皂作为唯一的日化用品上榜上海对口帮扶"百县百品"品牌，建丰公司也与上海蔬菜集团签订了战略合作协议。

除此之外，务川中草药产量很丰富，金银花、白芍、虎杖等药用价值高，我们先后邀请了和黄药业、德华制药、凯宝药业等国内知名药企来务对接黔药出山。经过前期的考察、分析、检测、评估，务川中草药得到了认可，目前已经有第三批务川虎杖中药材运抵上海德华制药，上海德华药业专门选派 1 名药剂师常驻务川开展中药研究。

另外，我们争取帮扶资金对务川分水天山村林下鸡产业基地进行标准化改造，并引进了来自上海奉贤的圣华食品销售有限公司，与务川县分水镇人民政府签订战略合作协议，共同发展分水镇天山村生态林下养鸡产业。圣华公司每年将养殖和销售 30 万羽肉鸡，带动天山这个深度贫困村贫困人口依靠林下鸡产业脱贫致富。

医者仁心　助力医疗帮扶"大民生"

上海的医疗水平在全国都是处于领先位置，我们来到贵州以后看到当地医疗基础设施薄弱、专业技术人才缺乏的问题，高山上的居民要想看个普通的疾病，来回一趟就要一天的时间，碰到一些疑难杂症县里面看不了，市里面有的也看不了，去东部地区知名医院就诊路途遥远、费用又很高，很多当地年纪大的病人往往都是抱着熬一熬挺过去的心态。为此，我们在积极筹措帮扶资金支持安置点卫生配套设施建设以及村级卫生室建设的基础上，积极争取送医到务川。

2019 年 9 月 20 日，上海奉贤区卫健委副主任蔡钦生带领医疗队专家组一行 15 人又一次来务川县开展免费白内障复明手术等系列义诊活动。活动前后历时一周，共义诊眼病患者 730 人次，实施白内障复明手术 101 例，外眼手术 12 例。近年来，已经有 4 批次 99 名医疗专家团队来务川县开展了"上海奉贤·光明使者贵州务川行"活动，成功地实施白内障复明手术 343 例，眼外手术 12 例，义诊为 3149 人。

就像送给医疗组的一面锦旗上写到的"久旱逢甘露，黑夜见彩虹"，诉说着复明者和他们家人的真实心声，发自肺腑的话语也是对"上海奉贤光明使者贵州务川行"的意义和价值的最美好的评价。之前我们在与一名患者交谈的过程中，他说："在动这个白内障手术之前是和瞎子没啥区别的，看啥东西都是一片花的，一个人在屋里头是啥都干不了，还要拉一个人照看。不过在动过手术后我完全可以自理了，又不耽搁儿女挣钱，我还可以帮忙照看孙子孙女，帮他们解决问题，非常感谢上海专家们，让我重现光明的希望终于实现了。"还有一名患者告诉我们，半年前来医院看过一次，当时医生说她血压高，所以没做手术。这一拖就是半年，这半年里她什么事都做不了，就连吃饭还要靠女儿喂。拆线第一天，她就从双目失明恢复视力到 0.4，这简直是质的飞跃，这名患者一度拉着医生的手不肯放，嘴里不停说着"感谢党和政府，谢谢你们，真的太感谢了"。

上海的支医专家是务川县的一"宝"。2019 年 8 月，奉贤区中医院麻醉科的万来文主任来到务川县中医院挂任麻醉科主任，他的到来意味着奉贤区卫健委加大了东西部扶贫协作医疗卫生帮扶力度，这样的蹲点式人才支援尚属首次，万主任的到来还带来了奉贤中医院整个科室资源的倾斜和聚焦。在院挂职期间，他热情满满地投入到工作中，同时还带教了科室中的好几个年轻的医生，面对着条件非常艰苦的院部环境，他用自己的辛勤和努力赢得医院和科室同仁的认可，也得到了群众的高度好评。他个人在挂职期间也放弃了晋升职称所必需的回上海培训，坚守在务川中医院，坚守在自己的岗位上。

2019 年 11 月，上海中医院的骨伤科主治医师饶武和耳鼻咽喉科主治医师胡蓉也来到了务川中医院，作为 80 后的年轻骨干医生，主动报名来到贫困县的一家二级医院，是他们勇挑重担、敢为人先的一种勇气和拼劲，他们都是毕业于名牌医科大学，离开上海中医院优越的工作环境和优厚的待遇半年时间，这对他们来说，不仅是"舍小家、为大家"，还要牺牲个人晋升所需要的工作绩效。对胡蓉医生来说，作为一名女医生，一个人千里迢迢来到务川，更是难能可贵；她经常放弃休息时间下乡问诊，在寝室休息随时接到患者电话都能耐心释疑。生活的不便、环境的艰苦都没有磨灭她的意志，面对年幼的孩子，也没有让她放弃支医。在她的牵线之下，全国中医耳鼻喉专家将在务川开展学术论坛，为务川老百姓开展义诊活动，以及对当地医生进行专业培训。

2019 年 4 月，务川退出贫困县序列；到 2019 年底，务川现行标准下的贫困人口全面清零；2020 年 3 月，随着遵义正安县脱贫摘帽，革命老区遵义实现整体脱贫，彻底撕掉绝对贫困标签，交出了迈向小康的答卷。

红河激荡支教心

洪玉龙，1964年3月生，现任奉贤区庄行学校校长。2004年8月至2008年7月赴云南支教（第四、第五、第六、第七批），任云南省红河哈尼族彝族自治州红河县第一中学校长、党支部书记。

口述：洪玉龙
采访：瞿　波
整理：瞿　波
时间：2019 年 11 月 29 日

　　2019 年 3 月，全国青少年足球联赛女子组挑战赛在江苏常州举行，代表云南省参加的是红河一中的女子足球队，该队最终获得了第九名，为云南省增了光。

　　红河州在红河（元江）以南，与越南、老挝接壤，共 6 个县，全部是国家级贫困县，号称"江外六县"。其中紧傍红河南岸的红河县更是贫困，县城迤萨镇坐落在山顶上，当时人口虽然有一万，却有近半是新近从更偏僻更贫困的深山里迁移过来的，整个县城没有一家像样的企业，山下一家蔗糖厂还是扶贫帮困者捐助创办的。整个红河县有 23 万人口，分布在两千多平方公里的大山里，交通困难、信息闭塞。

　　这样一个贫困县，近几年却崛起了一所云南省地级市、州重点学校，红河县第一中学。这是一所建筑现代、设施完备，学风敦厚、成绩卓异的高级中学，是全县唯一的高中学校，学生人数三千多。学校不仅是一所高考成绩突出的名校，还是一所艺术和体育教育品牌学校。校内钢琴就有五架，课间操以跳民族舞蹈"乐作舞"为特色。女子足球队在 2018 年获得红河州冠军、云南省亚军。

◀ 2019 年 3 月，红河一中女子足球队参加全国联赛

这所名校近几年的快速崛起，与我们的结对帮扶支教工作密不可分。

初到红河　调查募捐

奉贤区对口支援红河州教育是从 2000 年开始的，最初支教的学校是石屏县三中；从第四批支教开始，奉贤支教的地点改在了更为贫困的红河县。

说起这个改变，还与 2002 年来奉贤挂职锻炼的红河县干部沈俊伟有关。沈俊伟挂职上海市奉贤区青村镇副镇长，经历了奉贤与青村重视教育投入，经济得以大发展的变化历程，认识到了要想改变贫穷落后的面貌，就要有"教育第一"的治理理念。沈俊伟回去后，任红河县常务副县长，他重视教育投入，积极争取支教队伍到红河县援助。

2004 年秋，我在齐贤中学校长任上，加入上海市第四批赴滇支教队伍中，来到了红河县第一中学（当时还是一所完全中学），考虑到我之前也是一所完全中学的校长，所以被任命为副校长。

初到红河，为学生的贫困震惊：住宿的学生，几乎没有生活费；硬邦邦的床板上，一年四季就铺一张草席；很多孩子中途辍学……对于这种现状，我们很忧虑。

▲ 2004 年，初到红河一中

　　一次偶然的机会，我跟随红河州州长助理到下面去考察，几乎所有的地方都极度贫困，一部分贫困家庭的孩子不能读完义务教育。从那以后，我只要一有闲暇，就往乡镇跑，将近半年，跑遍了全县十一个乡。红河地处哀牢山区，乡镇与乡镇之间并不通公路，需要再折回到县城后才能跑下一个乡，最远的乡镇距离县城要五六个小时，所以很多时间都花费在道路上了。但我觉得很值。2005 年初，一份万余字的调查报告写就，反映了红河县的贫困状况以及红河一中的现状，"红河县最贫困的家庭年收入才 623 元，垤玛、三村两个乡，适龄儿童入学率仅 70％，中小学辍学率高达 28％。"依稀记得这份报告有这样触目惊心的句子。我把这份报告寄回了上海，争取有关部门支持。不久后，50多台电脑、2000 多套校服和 19 余万捐款，就寄到了红河一中。

公选校长　勇挑重担

　　半年后，有一件事让我犯了难。2005 年，红河州成为云南省教育综合改革的试点区，要求在全州推行"全员聘任、校长公选和绩效工资"的"三制改革"。恰好，这时红河县第一中学的校长和书记即将退休。于是，红河县委、县政府在和奉贤区教育局主要领导沟通协商下，让我参与红河县教育改革，并

◀ 2005年，参加校长公选

鼓励我积极参加校长竞聘。

参不参加校长公选，我当时的心情是矛盾的。我既想用我的教育理念和管理能力改变边疆的教育现状，又顾虑重重。因为选上校长，一届三年，就要签三年的合同，意味着要过四年的支教生活，家里人是否同意？当时，我孩子已经读高中，两年后要参加高考，需要我督促和辅导……但是，当我想到红河县领导对我的信任和支持，当我看到红河一中师生对我期盼和留恋的眼神，当我意识到受党培育多年我应该勇挑重担，我就不忍心拒绝，不能拒绝……当晚就和家里母亲、妻子通电话，得到了他们的理解和支持，毅然报名参加校长竞聘。

校长公选分三步走。首先要写出《治校方略》，供上级领导审批，我写的《方略》顺利通过了审批。其次是答辩和就职演讲，最后是政审。当时红河县四套班子、省内教育专家（名校校长）担任评委，参加竞聘的有县教育局干部、红河县和红河一中的教师以及从山东等地闻讯赶来的有志于边疆教育的人，共九名。公选现场是在县委党校，是公开、透明的，允许百姓群众观看，声势浩大；场地上彩旗飘扬，气氛庄严而隆重。最终我的答辩获得专家一致首肯。政审通过后，我被正式聘任为红河县第一中学——这座具有五十多年历史学校的首任公选校长，聘期从 2005 年 1 月到 2008 年 1 月，共三年。

大刀阔斧　力推改革

上任第一件事，便是建设教师队伍。红河一中的师资，质量姑且不论，就人员配置来说，存在着资历不达标和人员缺编等问题；教师队伍断层，老教师比例过高。由于县城地理位置偏僻，更因为县里财政困难、教师待遇不高，刚毕业的大学生不愿意来，来了也留不住，所以十年来，学校没有招聘到一个新教师。于是，我们讨论后决定给县政府打报告，希望主动出击，赶赴省城等地师范类大学，招聘大学毕业生，并且请求财政支持。

这要感谢县委、县政府和县教育局，他们不但大力支持，提出了新学年高中扩招的要求，还提出招聘新教师所在的城市扩展到成都。这样，除了我亲自赴昆明面试招了云南师范大学、云南民族学院的主科，尤其是紧缺的数学、外语科的新教师共 19 人之外，教育局领导还去成都的西南民族学院、四川师范大学招聘了应届毕业生 20 余人。到新学年开始，虽然高中部高一新生由原来的 4 个班级扩招到了 8 个班级，但师资却不见紧缺、反而富余了，师资教学水平、年龄结构，都得到了不同程度的改善。

其次是改变观念。在其他上海支教老师的协助之下，我大刀阔斧地实施了改变观念的"系统工程"。我甚至移植了上海的作息制度，增加了课时，强行干预了当地的"午休文化"。红河县的教师有干劲，但是教育方法和教育观念都比较落后，依然采用传统的灌输式教学法，不思改变。我要求随后每年一批的支教老师，上学期开示范公开课，下学期听课指导别人；要求所有老师都去听支教老师课，也欢迎支教老师来听他们的课，互相切磋，提高课堂教学效率。我联络州内的县城学校互相交流，多听课，多研讨；邀请省内教育专家讲座，甚至邀请我们奉贤区教育学院的专家来传经送宝。

除了"请进来"，我还"送出去"。担任校长的三年中，我每年派出 8 名高中教师到上海市奉贤区的奉贤中学、曙光中学、致远高级中学跟岗学习一个学期。他们跟随奉贤的名师，一起备课、上课、批阅作业、出试卷，转变了观念，学到了方法。有教师回来汇报说，"没想到课堂上还能举行分组讨论、

PPT 展示，课堂氛围轻松又浓厚，我的教学观念、教学思路都被更新了。"现在这些教师大都成了学校的骨干，有的还走上了校级领导的岗位，他们戏称上海奉贤的三所高中学校，是他们的"黄埔军校"。

最难开展的工作是绩效工资改革。绩效工资在当时还是一个新事物，上海都还没搞，没有参照的经验。由于县里财政支给红河一中教师工资的这一块并不增加，只能螺蛳壳里做道场，本着"多劳多得，干好奖励"的原则进行工资改革，势必要对教职员工的基本工资"先做减法"，方案推出后，即遭到部分教师的抵触，他们喊出了"县里不要我们红河一中了吗"的质问。我在州、县政府的绝对支持下，耐心劝说、反复解释，指出改革触动的是"懒、差、虚"职工的利益，改革的最终结果是拉开差距，目的是调动人员的积极性，所以老实人不吃亏。我的诚心感动了以质朴、勤劳著称的少数民族教职员工，纾缓了矛盾，平息了风波。寒假前发年终奖，按劳取酬、按绩领赏，大多数职工得到了实惠，就更加积极工作了。我们的方案后来被推广到全省，获得了州、省领导的表彰。省报、省广播电台、省电视台争相电视采访。

办好高中　不遗余力

担任校长后的第一年高中暑期扩招（2005 级），结果招进来大量的乡镇初中毕业的学生，这些学生都有一个通病，即外语基础很差。

李文芬，一位来自宝华乡、年龄比一般同学大了两岁的彝族女孩，断断续续完成了九年义务制学业，恰好碰上高中扩招，来到了县城读高中。但她秀丽的脸庞上始终带着忧虑的神情。一忧家庭经济随时会让她辍学，二忧自己英语、数学学习都很吃力。然而她又感到很幸运：校长来自上海，自己班级的语文又是上海支教老师教。语文课第一天，上海的语文老师居然指定她担任课代表。她珍惜这个机会，尽心尽职地做好了课代表的工作。有一次，支教老师了解到她为什么这么忧虑的原因后，情况反映到我这里来。我联系了上海热心资助贫困孩子的人，替她解决了学费的忧虑。但以她当时的学习成绩，按以往情况看，是绝对考不上高等学府的。

我明白：努力抓好教学质量，提高中考、高考升学率，这是一切工作的中

◀ 与学生在一起

心。学校一切工作向毕业班倾斜。除了配备最强班主任和任课教师担任毕业班工作之外，我还强化期中、期末研讨，拨出经费购买题库和试卷，鼓励教师辅优补差。用高考试卷考高中教师，逼迫高中教师钻研业务。举办各种讲座，引导毕业班学生树立远大理想、憧憬美好未来，选择正确的人生道路、勾画现实的职业蓝图，鼓励学生考出去开拓未来，激发学生学习的内驱力。

虽然招聘了许多新教师，但是数学、英语短时间内要提高成绩，还是举步维艰。由于县里财政困难，先前对新招教师的承诺有些一时半会无法兑现，导致了部分新教师陆陆续续辞职或调离，尤其是英语学科，原高级教师退休、新教师调离，有日益薄弱的趋势。我果断地开通了全国教育资源网，在课程教案、课件上保证了课堂教学，使教学质量不至于滑坡，同时继续招聘新教师。

2006年秋，我的爱人——上海财经大学附属中学的英语教师付永华，为了离得我更近一些，报名参加了杨浦区第七批支教工作。杨浦区支教点在思茅（今普洱）市西盟县，我心想把她分配到红河一中来，充实学校的高中英语教学，但不想给组织添麻烦。省教育厅的领导不知从哪儿得知了付永华是我爱人，竟然"现场办公"，将我爱人分配到红河一中来。我大喜过望，喜的不仅仅是为了夫妻团聚，更是为了红河一中获得了一位强有力的英语教师。我安排她执教高三毕业班，还安排她培训其他教师，指导高考复习。可以说，我为提高红河一中的高考升学率，"动用"到了家人，可谓不遗余力。

经过我和广大教职员工上下一心，共同努力，四年来红河一中高考升学率每年都有提高，尤其是08届在05年翻倍扩招的形势下，升学率则提高到了56%，比五年前翻了一番。李文芬同学最终也考取了云南师范大学，还继续得到热心人的资助。从这位同学的个人经历来看，这简直就是奇迹。

早在2005年初，红河县委、县政府就实施了一个大手笔，另辟新址建造一所占地面积较大的现代化新高中，将红河一中的初、高中分离，组建新的红河县高级中学。在红河县财政吃紧的情况下，新校得以如期建成，可见县领导"教育第一"思想的坚定。2007年，我化解各种矛盾、克服各种困难，提出了"分灶不分家"的口号，顺利完成了初、高中分离的工作，成为红河高级中学、红河一中（初中）两校的校长和党支部书记。

从2007年开始，我提出了创办艺术、体育以及民族特色学校的设想，获得了上级领导的响应、广大教师的支持。红河县占人口94%的哈尼族、彝族、傣族等，都是能歌善舞的民族。红河一中本就有注重艺术的传统，早在我们来支教的前一年，高一学生李敏就在故事片《诺玛的十七岁》中出演过女主角，成了当时影视界闪耀一时的一颗新星。我充分挖掘红河县内的民族艺术人才，并从全省招聘艺术教师，调动校内的体育、艺术教师积极性，利用课间休息、双休日、节假日、选修课堂，大规模地展开艺术教育和体育训练，丰富了学生的课余生活，陶冶了学生的艺术情操，并且在艺、体类高考中，成为全州录取最多的明星学校，也提高了学校的办学品位。

支教四年　成绩突出

我当年签署的红河一中校长的合同是从2005年1月1日到2007年12月31日，但我实际是干到了2008年7月该学年结束。我在卸任前，向县委、县政府做了题为《更新观念，理顺机制；夯实基础，开拓创新》的超万余字的述职报告。

在接近离职的日子里，我遵照县里的部署，着意考察干部、安排好两所学校的党、政、工、团的领导班子。其实三年来，我已经有意培养了一支以廖灿宾为代表的青年干部队伍，他们从崭露头角到日益成熟，其间不知花费了我多少精力。我在校内，举行了中层干部公选，大胆竞聘了一批业务骨干。卸任前，我向县里推荐了两校校长、校级副职和书记人选。事后得知，县里完全按照我的推荐任命了两校校长、若干校级副职以及书记，事实也证明他们确实干得很好。2014年，红河高级中学开始申报云南省二级一等学校，最终在2015年获得成功。

我总共支教四年，还担任支教团红河州大组的组长和红河县小组的组长，不时会去其他县的支教点督促和指导支教工作。在我的努力下，红河州各点的支教工作做得有声有色，奉贤、静安等支教小组多次获得领导表扬。我率领的奉坚区四批支教人员中涌现出了像彭辉、钟辉、张辉等杰出代表。2005年4月28日的《红河（州）日报》上，登载了《把握生命里的每一次感动》一文，我们的事迹，第一次走上了报刊；2005年11月，《云南教育》报道了我事迹的《心系边疆教育　真情奉献红河》一文；随后云南教育网也发表了采访我的文章《支教不悔——记红河一中校长共产党员洪玉龙》，反响扩向网络；后来中央电视台先后两次来采访、拍专题片做专题报道。

2006年，我撰写了《完善机制，促进教师专业化发展——边疆少数民族贫困地区校本培训的实践与思考》一文，获得泛珠三角区域校长论坛二等奖。

红河州教育局在2008年支教工作的总结中评价我说：四年来"为红河县教育励精图治，奉献青春。他对学校各方面的发展进行深入调查、研究，深入办公室，走进课堂，了解教师、学生的思想、生活、学习等情况，有针对性地对发现的问题进行研发和解决，对教师的工作现状注意扬长避短，力图为教师营造一个较为满意的工作环境，努力加强校本培训，创建平安校园，营造校园文化，把上海的先进教育理念及时融入边疆的教学中"。这是对我支教工作的肯定。2010年，我荣获"全国扶贫开发先进个人"。2012年2月19日，《文汇报》在"教科卫·综合新闻"发表通讯《援滇支教，上海教师做起云南校长》，我们的这些事迹还在传播着。

类似李文芬同学那样改变人生的学生，四年来还有许多。然而创造出这些奇迹，我们奉贤的支教，无疑起到巨大的推动作用。我担任一校之长、法人代表，帮助学校从根上改变原来管理的落后局面，带动一校，也影响了全县的教育实现改变。据我了解，直到现在，上海的支教工作，能去所在地担任校长的，还没有第二例。单从这一点来说，我们奉贤的支教工作，创造了上海支教的历史。

完成使命离职返沪的那一天，红河一中的师生们依依不舍，学生家长也闻讯赶来，她们挎着竹篮、带上土特产，翻山越岭，走几个小时的山路，为的是来给我送行。学生们给我塞了厚厚的一沓信，"洪校长，你还会来吗?""你就像天使""别忘了我们"……

每次听到《常回家看看》这首歌，我总会想起红河一中，想起领导、同事，毕业出去的学生们。当年获得全国先进奖的 5000 元奖金我全部捐献出来资助了 5 位贫困孩子完成了学业，我现在每年还要资助 5 个红河的孩子。我还一直不断地联系企业界的朋友，不断地为红河县的教育献出爱心……

我一直关注着红河县的发展，关注着红河一中的进步。今年春天常州的全国中学生足球赛，我也抽双休日自驾车去看了，为红河女子足球队加油打气。不容易啊，一个边陲小县的中学生能够打出州（州冠军）、打到省里，一举夺下全省亚军；又代表省里，一举夺得全国第九名……看到绿茵场上她们飒爽的英姿，想到当年我倡导特色办校，这些年在继任者们的努力下结出了硕果，禁不住热泪盈眶……

目前，红河县经济已经得到长足的发展，即将甩掉国家级贫困县的帽子。红河一中也将迎来它七十周年校庆。当年由我一手培养起来的廖校长，最近打电话来说，他们今年的高考上线率，已经达到了 92%，远远高出于江外的其他五县；学校已经申报了云南省一级（省重点）三等学校。

滔滔红河水激荡过我们的支教初心，高高阿穆山见证了我们的扶贫奇迹。我衷心祝愿：红河县、红河一中的明天，会更加辉煌灿烂。

在澜沧，有一种精神叫"奉贤精神"

单远洲，1964年3月生。现任奉贤区中心医院普外科执行主任。2016年5月至8月，赴云南省普洱市澜沧拉祜族自治县第一人民医院医疗帮扶，任上海市奉贤区中心医院首批援滇医疗队队长。

蒋群花，1968年3月生。现任奉贤区中心医院骨麻党支部书记、医院护理部副主任。2016年5月至11月，赴云南省普洱市澜沧拉祜族自治县第一人民医院医疗帮扶，任上海市奉贤区中心医院首批援滇医疗队队长。

口述：单远洲　蒋群花

采访：冯　伟

整理：冯　伟

时间：2020 年 2 月 20 日

　　2016 年 5 月，为贯彻落实党中央、国务院关于全面实施精准扶贫、精准脱贫方略和健康扶贫要求，根据国家卫生计生委、国务院扶贫办等部委联合制定下发的《关于印发加强三级医院对口帮扶贫困县县级医院工作方案的通知》要求，奉贤区中心医院与云南省普洱市澜沧拉祜族自治县第一人民医院正式结成对口帮扶关系。计划在五年之内，帮助当地医院有效提升医疗科研水平。这次的援滇任务是荣誉，也是考验。医疗对口帮扶是国家卫计委和国务院扶贫办对所有三级医院的要求，也是奉贤区中心医院升格为三级医院以来接到的首项援建任务。能否圆满完成这项光荣的任务，也是对中心医院作为三级医院的综合管理能力的一种考量。

　　在获悉本次援滇帮扶计划后，医院广大职工反响热烈。短短一周时间内，共有 92 人报名要求赴滇。最后，根据澜沧当地医疗实际需求和医院的综合考评，我们俩和检验科魏取好主任、麻醉科副主任医师徐志勇、放射科主治医师旷小春，有幸成了我院首批援滇医疗队的队员。5 月 19 日下午，承载着满满的责任和使命，我们踏上了援滇之路……

◀ 2016 年 5 月 19
日，奉贤区中
心医院首批援滇医
疗队出发

◀ 2016 年 5 月 20
日，沪滇三级医
院对口帮扶签约
仪式

家人，是我坚实的后盾

单远洲：当时我是普外科的常务副主任兼外科党支部书记，看到医院的援滇医疗队招募公告后，我第一时间报了名。作为一名党员干部，我觉得应该身先士卒，做好表率。当时唯一让我放心不下的，是我的老岳父，那时老爷子告病危，经过全力抢救好不容易挺了过来，正在重症监护室治疗。我从小父母就去世了，所以岳父岳母就如同我的亲爹亲妈，不管我们工作到哪里，搬家到哪里，都带着老两口。如果我援助走了，妻子就要独自照顾两位老人，说实在的，我真有些于心不忍。"你放心去吧，家里有我。"妻子一直以来都是我的强大后盾，她是奉贤区中心医院急诊室的护士，工作也非常忙。记得当年因为工作调动，我们一家刚从浙江来到奉贤，一切尚未安顿好，就听闻四川汶川发生了大地震，我便义无反顾地加入奉贤区赴川医疗队奔赴抗震救灾第一线。记得当时，她也是跟我说的这句话。

医疗队出发的前一天，我含泪将岳父送到了护理院。谁料想，在我出征一周后，老岳父再次病重入院，妻子默默地承担起了家里的一切，让我在云南放心工作、放心救人……三个月后，我完成援滇任务回到上海后的第五天，岳父去世了，妻子说："爸爸天天盼着你回家，你回来了，他就安心了。"

我们一定要打响第一仗

蒋群花：澜沧县位于云南省西南部，是革命老区及边境县，与缅甸接壤，全县面积达 8807 平方公里，但山区、半山区就占了 98.8％，是国家级贫困县。这里医疗设施、医疗技术水平相对落后。我们所援助的澜沧县第一人民医院是一所二级甲等医院，由于人才、技术、设备缺乏，很多在我院很普通的技术在当地都未开展。尽管如此，它却是附近三个县的医疗中心，服务人口 70 余万。

刚到澜沧的时候，我们心中多少还是有些忐忑的，虽然每个人都有丰富的临床经验，但这毕竟是千里之外的云贵高原，是少数民族人口占 79％的自治县，语言、习惯等都是我们将面临的问题。当时又恰好是雨季，每天十多场的雨水让我们猝不及防。天气加上生活、饮食的诸多不习惯，我的胃痛毛病又犯了，一下子瘦了好几斤。虽然困难重重，身上的使命感却时刻警醒着我们：作为奉贤区中心医院的首支援滇医疗队，我们一定要打响第一仗。时间紧迫，在单远洲队长的带领下，我们互相鼓劲、互相加油，在最短的时间内适应了当地的生活，在最短的时间内展开了各项工作。澜沧人民的朴实、善良、好客，也让我们倍感温暖。说真的，我们几乎是全身心地投入澜沧医院的建设工作中，

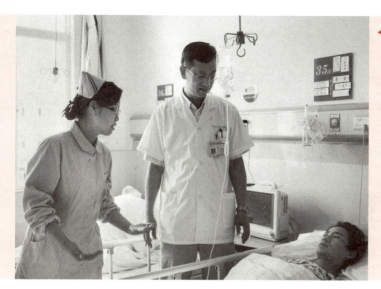

◀ 2016 年 8 月 12
日，在沧澜县第
一人民医院查房

也把澜沧当成了自己的第二个家。正是因为这种全身心的投入，我们创造了一个又一个的生命奇迹，造就了一支响当当的"援滇梦之队"。

"我想和您拍张照"

单远洲：由于澜沧当地的经济条件比较落后，加上百姓对疾病的认知度不够，所以看病普遍较晚，很多肿瘤病人就诊时已经是晚期了，这加大了手术难度。

2016 年 6 月下旬，我在澜沧接诊了一个巨大甲状腺肿瘤患者。这位 60 岁的阿婆住在距离国境线不远处的东回乡班利村，19 岁时脖子里就长了个瘤子，由于家境贫寒加上交通不便，这一拖就是四十年，脖子里的肿瘤长到如同成年男性拳头般大小，严重影响了她的呼吸和睡眠。那段时间，她感到呼吸困难了，才不得不到医院来就诊。我检查下来发现，那个瘤子其实是个大小约为 $10 \times 7cm$ 的甲状腺肿块，由于原本长在左侧颈部的肿块不断向右侧延伸生长，导致气管严重受压变窄并被推向了右侧，才出现了周阿婆所述的呼吸困难。

面对这样一个特殊而又棘手的病例，澜沧医院也相当重视。组织了外科、放射科、五官科、麻醉科、护理部等科室进行多学科会诊。我们医疗队的队

◀2016 年 8 月 13 日，回访甲状腺病术后患者

员自然成了这场大会诊的主力。旷小春医师读片，徐志勇主任谈麻醉中的注意事项，蒋群花主任介绍围手术期的护理，我作为主刀更是担负重任，反复和大家推敲手术方案。群策群力之下，一个周密的麻醉、手术及术后护理方案出炉了。手术定于 7 月 1 日上午进行，这是一个特殊的日子，是中国共产党建党 95 周年的日子。队员们暗暗下决心，要以一台完美的手术献礼党的生日。

7 月 1 日上午，手术开始了。这台手术，麻醉插管绝对是一项棘手的工作。因为气管被严重推离正常解剖位置，澜沧医院又没有纤支镜等设备，麻醉科徐志勇主任凭着丰富的插管经验，仅用常规器械就顺利完成了麻醉插管。手术的过程十分艰难，肿瘤上达下颌骨，下至锁骨，肿瘤血管丰富。当地血源非常紧张，前一天已经备好的术中用血，晚上因为抢救急诊患者已被用掉，手术室也没有超声刀等切割止血的设备，这样一来，手术的挑战也就更大了。这名患者的颈部手术创面巨大，术中操作必须要更仔细轻柔。我先把粗大的肿瘤供应血管分离结扎离断，慢慢将肿瘤从周边逐渐游离……由于肿瘤巨大，它与周边的大血管、神经、食道等"关系密切"，因此在切除肿瘤的同时还要注意保护周边组织避免损伤……历经三个小时，这个"40 岁"的巨大肿瘤终于被切除了。术中失血约 100 毫升，患者生命体征稳定，术后顺利拔管送入病房。术后经过严密的观察护理，患者平稳度过了危险期，而且无任何并发症发生，呼吸平稳、伤口干燥，一周后就康复出院了。

两个月后，在当地医生的陪同下，我和徐志勇主任一路颠簸驱车两小时上门回访。周阿婆一看见我就拉着我的手不放："瘤子没啦，我到县城……拍了照。"话还没说完，眼泪早已流了下来，她还拉着我们看墙上的照片。原来因为脖子上难看的大瘤子，周阿婆从来不敢拍照，这是她人生中的第一张照片。得知我马上就要回上海了，周阿婆忙拉着孙女，说要跟我拍一张照片……周阿婆不知道，每次看到照片中她灿烂的笑容，我的心中充满了幸福和自豪，这是作为一名医生和一名党员的自觉与荣耀。

奉贤医生给了她第三次生命

蒋群花：都说因病致贫、因病返贫是脱贫攻坚"最难啃的硬骨头"，在澜沧的半年里，我深刻地体会到了这一点。那是 2016 年 8 月的一个周日，拉巴乡有一位产后才一个月的女村民李八妹在劳作时不慎从 3 米高的山坡上跌落，导致肝脏严重挫裂伤、右尺桡骨骨折、盆骨骨折、右胸壁挫裂伤、腹腔大量积血，被紧急送入澜沧县第一人民医院外一科。那天我们都休息，接到消息后迅速赶回医院。当时，患者已经处于休克状态。要命的是，澜沧县当地没有血库，血源非常紧张，这给抢救工作带来了巨大的挑战。

单主任一边组织抗休克治疗，一边组织急诊手术抢救。手术修补破裂肝脏，止住了出血，将患者从鬼门关拉了回来。但是因为输血不及时，术后第二天，情况又直转急下，出现了凝血功能障碍，裂口再次出血。我们医疗队和当地医师一起立即进行抢救。

在这生死攸关的时刻，单主任大胆提出了再次开腹用纱布填塞出血处进行止血的方案，得到了医师和家属的支持。随后，患者还出现了肾功能衰竭等危急情况，在血液透析等一系列救治措施之后，终于再次挽回了她的生命。

看着患者病情逐步稳定，大家都松了一口气。然而几天后，让人意料不到的事情发生了，患者家属决定放弃治疗。好不容易两次死里逃生，现在居然要主动放弃一条这么年轻的生命？得知情况的我们赶紧找到家属，进行了一次详

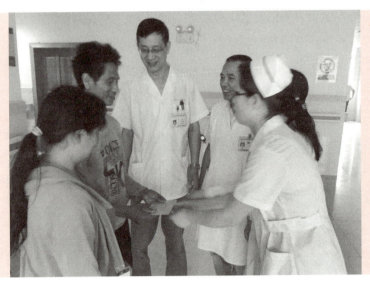

◀ 2016 年 8 月 31
日，为患者捐款

谈。这才了解到，患者的家境本就贫困，要不然也不会产后才一个月就外出劳作，这次意外受伤产生的巨额医疗费让这个贫困家庭更是雪上加霜。家属做出这样的决定实属无奈。

眼看着一个年轻的生命因为经济原因即将逝去，我们心里都非常难过。患者病情已稳定，继续治疗才能救命，否则的话将前功尽弃。为了让患者能够继续治疗，在单主任的带领下，我们医疗队捐出了 2000 元的爱心款。并且鼓励她的家属一定要坚持下去，一定要配合医生好好治疗。在我们的影响下，澜沧医院的医护人员们也纷纷慷慨解囊。

为人医者，有仁术更要有仁心，因为我们的努力，给了这位患者第三次的生命，一个完整的家庭得以延续。

留下一支"带不走"的医疗队

单远洲：澜沧县第一人民医院因为距离缅甸较近，经常有缅甸的居民前来就医，边民们都非常信赖这家医院。我在澜沧完成的第一台手术的患者就是一位缅甸人，那是我到澜沧医院上班的第二天。

患者 45 岁，两年前曾经做过脾脏手术，这次腹痛已经十天了。因为缅甸

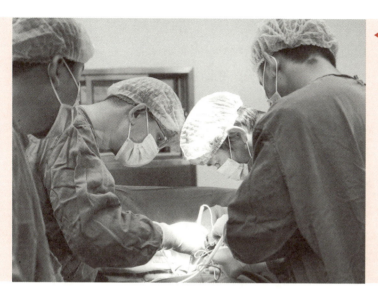

◀ 2016 年 5 月 24
日，做手术

当地医疗条件有限，家属最终决定跨过边境线把他送到医疗条件相对较好的澜沧县第一人民医院。入院时，患者肚子胀得很厉害，伴有阵发性的疼痛，肛门排气排便停止，是非常典型的肠梗阻症状。关键是左肺有胸膜炎，肺部感染症状明显，还有高血压，病情严重。当地值班医生赶紧打电话让我去诊治，我对患者进行详细检查后，结合发病时间和症状体征，决定立即进行急诊手术。术中发现患者左半结肠脾区右侧有一肿块，与脾门接近的地方有粘连，存在肿瘤侵犯的情况，手术难度可见一斑。担任这台手术的麻醉师，是我们医疗队的麻醉科副主任医师徐志勇。由于患者手术前就有肺部疾病，进手术室时呼吸非常急迫，徐主任马上为其进行了气管插管。虽然手术难度非常大，但在徐主任极好的麻醉配合下，经过近五个小时，我们为患者成功进行了左半结肠切除术，"首"术告捷。临出院时，这位缅甸患者操着并不是很熟练的普通话对我们说，自己很幸运遇到了来自中国上海的专家，回缅甸后他要跟他的家人朋友介绍，中国上海的专家真的很棒！

从 5 月 23 日第一天正式上班至 5 月底，仅仅七个工作日，我们医疗队就成功开展新技术新业务 16 项，完成手术 23 例，参与会诊及疑难病例讨论 35 次，举办学术讲座 8 次，教学查房 9 次，手术示教 4 次，业务培训 126 人，接诊患者达 118 人次……

蒋群花：澜沧医院大多数科室没有独立分科，五十张左右床位只有五、六名医生坚守，由于医生的严重紧缺，无法开设专家门诊，急诊室只处理内科系统疾患，外科的急危重病人要去病房处理；放射科核磁共振检查未开设，检验科未使用信息系统，护理部质控管理未建立，护士分层培训未落实，护理风险评估、药品管理存在很大护理隐患。

我们医疗队进驻后，很多老乡听说上海来的医生能做好多澜沧当地不能做的手术，便都相伴赶来找专家看病。为满足患者需求，单主任在院方的支持下开设了"上海专家门诊"，每周二和周四下午坐诊，每次限号 30 名，受到了群众的欢迎。下一周的号，在前一周就已经全部预约满，上海专家的门诊成了一号难求的"香馍馍"。

随着胆道镜、乳腺癌改良根治术和甲状腺癌根治术等新技术的开展，术后的护理亟待跟上。这个重任就压到了我这个护士长的身上。因为之前澜沧县医院从未使用过胆道镜，所以对于胆道镜的消毒等知识基本处于空白。到院后我立即指导供应室护士长胆道镜的低温等离子消毒的步骤及生物监测，同时组织外科护士学习胆道镜术后的注意事项、深静脉护理和管路的妥善固定及专科护理要点。专业的手术加上专业的护理，为患者的康复又增加了一道坚实的屏障。

而我们麻醉科的徐志勇博士成了医院各台手术麻醉的抢手人物。他带领麻醉团队开展了颈内静脉穿刺置管等 6 项新技术新项目，参与了 400 多台麻醉手术。麻醉科一天的手术工作量首次突破 22 台，月手术量达 300 多台。

博学的放射科主治医师旷小春一到澜沧就发挥了重要的作用。当地医院闲置多年的核磁共振仪在他指导下正式启用。曾为此事一筹莫展的杨俊院长说："我们缺技术，缺人才，这好东西有人用就是宝，不会用就是草。"旷小春的到来，让这些宝贝枯木逢春了，此外他还积极到临床科室开展读片诊断培训，有效提高临床医师的读片能力。

检验科魏取好主任以及后来接替的杜颖副主任指导当地检验科开展肺炎支原体检测和解脲支原体检测等新技术，进一步规范了检验科实验室室内质控流程。协助完善实验室信息化系统，规范使用条形码技术，实现标本的唯一性标识。

作为全国贫困县，当地虽然收到了一些捐赠的先进医疗仪器，但是少有人会使用，我们要做的并非简单的治疗或者捐赠，更要担负起完善医疗制度、培训专业技能等长远性的工作。短短半年里，能亲手医治的患者，毕竟是有限的，唯有将我们的技术、服务意识和六院南院的管理制度、经验传授给当地医务人员，让这些知识在边疆扎根、繁茂，才是有效提升澜沧县医院综合实力的根本，也是我们此番支边的最大职责所在。"授人以渔"，打造一支永远"带不走"的医疗队，我院援滇医疗队的到来才更具现实意义。为此，挂职学习、异地进修、远程教育等多样化的帮扶模式在沪滇两地相继开展起来，三年间我院接收澜沧医院进修培训 76 人次，设备捐赠折合人民币 100 余万元。

在澜沧，有一种精神叫"奉贤精神"

蒋群花：除了在澜沧医院工作外，我们医疗队还利用自己的休息时间参与各种公益活动：去澜沧县特教学校献爱心、去澜沧县福利院义诊并教授急救知识，去远离县城的乡镇为老百姓义诊等，把这次的帮扶工作作了延伸。我们克服语言等障碍，各司其职，到大山深处巡诊，到乡民家里探病，澜沧县的大小村寨都留下了我们的足迹。看到我们，这里的山民脸上立刻会绽放笑容；听说我们要来，成群结队的山民早早就等在村口路边。援滇医疗队，成了这大山里各族百姓心中的守护天使，而"奉贤奉献"也在当地口口相传……

三年来，我们医院针对当地疾病情况和医疗薄弱环节，先后在普外、骨科、妇产科、泌尿外科等 16 个专业领域选拔精兵强将，全方位驻点开展帮扶工作，确保各项新技术高效、安全开展。目前累计派遣 8 批医疗队，42 名队员，其中高级职称 22 人，中级职称 20 人，硕士学历以上 15 人。开展的 319 项新技术新项目填补了当地的医疗空白。这些技术的开展让澜沧县医院的手术量翻了几倍，更是显著提高了他们的诊疗技术水平。针对澜沧县医院科研薄弱环节，医疗队帮助他们首次独立举办继续医学教育学术会，启动院级课题立项工作和实用新型专利申请工作。三年时间里，澜沧县医院发生了翻天覆地的变

◀ 2016 年 8 月 14 日，进村寨义诊

化，如今他们也已经启动了三级乙等医院的创建工作，我们医院也已经针对这方面给予帮助和经验分享。

单远洲：作为医院派出的首批援滇医疗队，我可以自豪地说，我们的工作是圆满的，也是出色的，为此《解放日报》、云南当地电视台和奉贤电视台、《奉贤报》都先后报道了我们的援滇事迹。我们不辱使命，为医院的援滇帮扶工作开了个好头。澜沧县卫计局局长鲍荣清感言，奉贤帮扶工作领导重视到位、专家指导到位、先进宣传到位，是一种可贵的"奉贤精神"。他表示，要号召澜沧卫生系统全体医务人员学习"奉贤精神"。

五年的援滇工作虽然已经过了大半，但我们与澜沧建立下的兄弟情义永远没有终点，我们的"奉贤精神"也将在澜沧江畔永远闪耀……

尽锐出战，迎难而上　全力以赴助力对口地区打赢脱贫攻坚战

屠国文，1969年11月生。现任奉贤区政府办公室副主任、区合作交流办副主任。2005年5月至2008年5月，曾在上海市政府驻黑龙江省哈尔滨市办事处挂职，任业务处处长。

口述：屠国文
采访：曹　丹　黄仲夏
整理：曹　丹　黄仲夏
时间：2020 年 2 月 5 日

　　我叫屠国文。2015 年 1 月，我担任上海市奉贤区人民政府办公室副主任（合作交流办副主任），分管合作交流与对口支援工作。主要工作就是统筹协调东西部扶贫协作与对口支援工作，具体就是推进实施对贵州省遵义市务川、凤冈、余庆三县扶贫协作及对青海省果洛州达日县对口支援工作。经过几轮持续结对帮扶，截至目前，遵义务川、凤冈二县均已退出贫困县序列，余庆县（非贫困县）顺利通过贵州省同步小康创建达标验收，奉贤区对口帮扶遵义三县脱贫攻坚战取得决定性胜利。2020 年上半年，根据国家统一安排，青海达日县也将进行第三方国家验收评估工作。

　　2013 年，经奉贤区委、区政府研究决定，调整奉贤区对口支援与合作交流工作领导小组成员，办公室设在区政府合作交流办，政府办公室主任兼任合作办主任。主要工作有六大块：项目资金、产业帮扶、人才支持、劳务协作、携手奔小康和交流交往交融，根据市委市政府任务要求，按照对口支援帮扶规划计划，结合奉贤实际，统筹推进各项工作，确保每年任务目标顺利完成。下面我就从这六块工作入手，全面回顾这些年来奉贤区对口支援和扶贫协作工作的整体情况：

第一个要讲讲项目资金。项目资金是我们援助对口地区的主要帮扶手段，上海在产业项目、社会事业、农村建设、智力支持、人才培训、劳务协作、交流交往等方面出资，帮助对口地区。项目的制定及实施以对口地区为主，但"交支票不交责任"，我们前方干部负责推进管理监督。资金的来源分为两块，一块是市级统筹的资金，另外一块是我们区镇两级财政给予的资金。2017 年至今的三年间，我们奉贤区共向对口帮扶的贵州遵义市务川县、凤冈县、余庆县和青海果洛州达日县提供市统筹项目资金 2.953 亿元，援建项目 148 个，其中遵义三县 1.772 亿元，援建项目 105 个；果洛达日 1.181 亿元，援建项目 43 个；区镇两级财政帮扶资金 4443.5 万元，其中遵义三县 3016.5 万元，果洛达日 1427 万元。这些项目投入建设惠及对口地区 69563 名建档立卡贫困户脱贫致富。

其中一个项目还被列为 2018 年度上海市十大典型帮扶案例——"务川分水镇自然能提水项目"，务川自治县地处贵州省东北部，是首批国家级贫困县之一。县域水资源总量虽然较丰沛，但由于当地属于典型的喀斯特地貌，水资源时空分布不均，全县多发结构性、季节性饮水困难，工程性缺水矛盾突出。我们的援外干部注意到这个问题，通过邀请上海水利专家、科技企业多次到务川调研，通过利用自然落差势能将海拔低处的水提升到海拔高处技术，在涪洋镇小坪村实施自然能提水科学试点工程。2018 年 1 月，小坪村自然能提水项目正式开工建设（扬程 460 米）。项目投资预算 200 万元，其中，上海市财政援助资金 100 万元，务川自治县配套资金 100 万元。2018 年 4 月，项目上水成功，试点工程达到了预期效果，有效地解决了坪山、联丰 7 个村寨 1033 人（其中建档立卡贫困人口 500 人）和牲畜的安全用水问题，为当地村民进一步高效节约利用耕地发展烤烟、水果、蔬菜等产业奠定了基础。

这些项目是奉贤区聚焦"两不愁三保障"工作主线，为对口帮扶县深度贫困村解决高山群众饮水难题、扫清产业发展缺水障碍提供了可借鉴、可复制、可推广的经验。

第二块是产业帮扶。产业帮扶一直是我们对口支援工作的重点，也是最具挑战的难点。一方面是帮助对口地区加大在上海等地的招商引资力度，另一方

◀ 2019 年 7 月 16 日，奉贤区对口帮扶地区特色商品展销中心开业

面要积极引导我们这边的企业到对口地区去投资兴业，转变"输血"帮扶为"造血"帮扶模式。单一依靠合作交流办一个部门的力量和资源十分有限，好在我们得到了区工商联、区农业农村委等单位的鼎力支持，借用各类平台、场所、活动，我们也积极主动上门对接有关企业，通过组织推介会、考察团等形式，引导企业赴对口地区考察、投资。三年来，引导上海企业向对口帮扶地区投资共计 5.9086 亿元，涉及青少年研学基地援建、旅游项目合作、农旅综合开发、农副产品生产加工等项目 14 个，建立扶贫车间 12 个。

其中，务川的青少年研学旅行基地是我区为对口帮扶地区建设的最大帮扶项目之一。务川县多系喀斯特地貌，集山峻、谷险、洞奇、石美、园阔、泉特、水秀于一体，同时务川也是全国仅有的两个仡佬族自治县之一，旅游资源非常丰富，但受制于资金、运营，没有成规模的旅游产品，双方经过多次考察、研究决定，由上海奉贤交通能源（集团）有限公司出资为务川县援建一座现代化的青少年研学旅行基地。基地于 2018 年 3 月正式开工建设，2019 年 9 月完工开业，基地位于务川自治县大坪街道九天大道与纵三路南北夹角处，总占地面积 50 亩，总建筑面积 15750 平方米，总投资 1.5 亿元。项目建筑主体为五层建筑，布局呈南北双弧形，意为"奉贤务川大手牵小手，携手共建一辈

◀ 2018 年 3 月 29 日，遵义市务川县青少年研学旅行基地项目开工

子"。为了使基地更快地发挥功能，基地与驴妈妈旅游集团公司合作，计划在基地实现盈利后上海方逐步退出，按照"3+7"的发展规划，即三年的起步期＋七年的发展期，从基地提供的研学课程、餐饮、住宿，向亲子拓展、公司团建、企业疗休养、场地租赁、会务会展、旅游购物、地接服务拓展，基地预计三年内实现盈利，并确保在十年内让务川成为以研学为核心的产业融合发展的典型示范。

另外，我们引进的凤冈申洁牧业项目也是挖掘贫困县优势资源带动经济发展的优质农业项目。申洁牧业的投资人老吴原先是我区内一个养牛大户，有几十年的养牛经验，因为退养要迁址经营，在获得这一信息后，我们及时与老吴取得联系，组织其赴养牛大县凤冈实地考察，考察后老吴当即决定投资凤冈县肉牛养殖项目。在前后方的共同努力下，当地政府也为该项目从立项规划、土地审批、基础建设等全过程提供绿色通道和便利。2018 年，老吴的申洁牧业落地凤冈县，所产的牛肉直销江浙沪地区；2019 年，实现销售额 1490 余万元，仅一年就实现盈利。该项目通过采购当地黄牛、青饲料、雇佣工人、利益分红等利益联结机制，带动周边一大批建档立卡贫困户脱贫。

还有一些产业帮扶项目也很有代表性。如奉浦街道充分发挥辖区内中草药

2018 年 3 月 31 日，遵义市余庆县兴民茶叶公司贤善茶庄在奉贤南桥开业

企业德华制药的产业优势，培育深度贫困地区石朝乡的中草药产业，首次采购"虎杖"（一味中草药），销售额达 45 万元。又如凤冈山亩田公司创新茶叶销售模式，提高茶产业附加值，通过茶园竞拍、茶田旅游、茶产品深加工等多种方式，让原本只能靠卖茶青的茶园变成了旅游、体验、生产多重经营方式于一体，促进两地全方位的互动交流。

产业帮扶还有一个方面，就是为对口地区的产品找市场，对口地区有好东西的，遵义三个县的茶叶、白山羊、黄牛肉、中华蜂蜂蜜、灰豆腐果、糖蒜、面条，果洛达日的冬虫夏草、蕨麻、藜麦等，但是苦于没有市场。我们早在2017 年就开始为帮扶地区的产品谋求销路，余庆县在奉贤设立贤善茶庄，自此扶贫茶就作为了奉贤区机关事业的接待用茶。2018 年，东方卫视的"我们在行动"项目主会场放在务川，分会场放在奉贤，我们积极发动奉贤的企业家慷慨解囊，采购了大量的中华蜂蜂蜜和灰豆腐果，缓解了当地产品滞销的问题。2018 年底，国务院办公厅下发《国务院办公厅关于深入开展消费扶贫助力打赢脱贫攻坚战的指导意见》，后来市政府下发了《上海市人民政府办公厅关于本市深入开展消费扶贫助力打赢脱贫攻坚战的实施方案》，深入推动消费扶贫是一项重要工作内容。我们在做好"招商员"的同时又要当好"销售员"，

▶ 2018 年 10 月，上海申洁牧业在遵义市凤冈县新建镇投资的黄牛养殖场投入运营

依托上海市场优势，积极推介对口地区农特商品来沪销售，前后在奉贤区育秀路 1234 号设立了全市首家对口帮扶地区特色商品展销中心，加大推广和体验力度，在奉贤区南桥解放路菜场为申洁牧业开辟专柜销售贵州黄牛肉，同时在区民政局的大力支持下，在全区 16 个爱心超市开设对口地区产品专柜，建立起了覆盖全区范围的销售网络。积极开展各类展销活动，联合区总工会、区工商联等单位，开展"公益＋消费"活动，大力推动对口地区农特产品"四进"活动，探索出了一条具有奉贤特色的消费扶贫之路。三年间，共实现销售对口地区农特产品 3694 万元，带动 1591 名建档立卡贫困户脱贫。

第三块是人才支援。人才支持分两个方面，一个方面是干部人才赴当地帮扶。为了完成市委组织部下达的工作任务，我们陆续向遵义地区派出了 5 批次援外干部，第一批 2 人（2013—2016，顾卫兴、瞿建新），第二批 2 人（2016—2019，钟争光、张匀），第三批 1 人（2017—2019，李晓彦），第四批 1 人（2018—2021，陈凯），第五批 4 人（2019—2022，徐露隽、翁晔、林源、陈奕）；向果洛州及达日县派出援外干部三批次援外干部，第一批 2 人（2013—2016，刘卫东、潘敏），第二批 4 人（2016—2019，许秀明、朱文忠、李亿、陈伟旻），第三批 3 人（2019—2022，金季平、张立、朱毅杰）。2019

年，我们为了弥补余庆没有援外干部的短板，在区委组织部的大力支持下，增派了4位科级干部赴遵义三县挂职（跟岗学习）。另外，派出98名专业技术人才在当地工作，有医生、教师、工程技术人员、中草药技师、农业种养殖专家等。其中，医生派出两批次，2018年派出6人开展医疗援助为期一个月，2019年派出4人开展医疗援助为期三个月；教师两批次，2018年派出6人开展教育援助为期6个月，2019年派出6人开展教育援助为期一年。另外，援建务川青少年研学旅行基地的6名工程专业人才从项目立项开始就一直驻扎在当地。其他人才主要通过聘任的方式在相关领域进行帮扶工作。

另外一个方面是教育培训。教育培训面广量大，对于这项工作要感谢区委党校、区教育局、区卫健委、区农业农村委、区财政局、区民政局等单位的大力支持，我们采取区级统筹、条线承办的模式，每年根据上级下达的培训任务和对口帮扶地区的实际需求，安排相关的培训班。据不完全统计，这几年共举办了44期培训班，参训人数2295人，总的培训数量为22473人（次）。此外，每年还有对口地区的干部来奉挂职锻炼，相关的对接安排主要由区委组织部负责，合作办配合落实完成区内相关跟班学习任务，加强与来奉挂职干部的沟通互动，增进了解。这几年共接受了50名来自奉贤对口帮扶地区的干部人才来奉跟岗学习。要特别感谢教育系统，他们承接了大量的培训任务特别是职业培训，比如奉贤中等职业技术学校，每年接收几十位来自遵义地区的中职院校教师培训跟岗，为对口地区的职业教育作出了巨大的贡献。

第四块是劳务协作。主要涉及的工作是对口地区贫困人口外出务工就近就地就业和来沪转移就业两大内容。在这项工作上，我区走在了全市前列，区人社局作为牵头责任单位作出了积极贡献，自2017年起，区财政还每年安排200万元，作为劳务协作专项资金支援对口帮扶四县。每年初，我们都要组织人员赴对口四县开展"春风行动"招聘会，三年间举办各类招聘会20次，推出就业岗位23236个，签订意向协议2153人。

其中不得不提一下，在2018年果洛州达日县招聘会上，有12名藏族青年成功签约，来奉贤工业开发区一家汽车配件企业工作，这是奉贤对口支援劳务协作历史上零的突破，两地人社部门也是竭尽所能提供"保姆式"服务，奉贤区人社局为他们落实住处、采购日用品、定期走访慰问，达日县在前期更是专门派一名工作人员常驻奉贤，帮他们度过适应期。虽然半年后陆续离职，但是通过这次尝试，让两地人社局对劳务双方的需求更加了解，为今后的工作积累了经验。

贵州省遵义市方面因为地理位置的原因，很多省外务工的首选地是珠三角地区，来沪就业的意愿不高。针对这个情况，我们在岗位推送上，在对方能胜任的情况下保证较高薪资，同时加强走访，确保务工人员权益。贵州方面则通过稳定就业资金补贴，并开通劳务直通车，直接把人送到企业，实行"一条龙"服务，几年来，吸引了 290 人来沪就业，其中大部分能在上海稳定下来，摆脱了贫困。另外，就近就地就业，这项工作是上海的创举，由上海出资在帮扶县开发扶贫公益岗位，让建档立卡贫困人员就近就地就业，收到了很好的效果，仅我们区这几年就解决了 8550 名建档立卡贫困人员就业问题。

还有一个方面是携手奔小康。这项工作起始于 2017 年 10 月，针对结对县深度贫困村，由我们区里一些实力雄厚的企业主动结对，比如，上美化妆品、凯宝药业、晨冠乳业、英科实业、联豪实业分别与深度贫困村务川县涪洋镇双河村、分水镇天山村、红丝乡上坝村，凤冈县天桥镇漆坪村和达日县窝赛乡依隆村签约结对帮扶。2017 年 10 月，奉浦街道与对口帮扶四县中唯一深度贫困乡——务川县石朝乡签约结对，在结对以后，奉浦街道帮助石朝乡建立并发展中草药产业，现在已经初具雏形。

到目前为止，全区 12 个街镇（开发区）、22 个村、80 个企业和社会组织与对口四县 35 个乡镇、153 个贫困村签订"携手奔小康"结对帮扶协议。其中，乡镇结对帮扶 35 个，遵义三县 27 个、果洛州达日县 8 个；村村结对帮扶 51 个，遵义三县 44 个、果洛州达日县 7 个；村企结对帮扶 102 个，遵义三县 94 个、果洛州达日县 8 个。所有深度贫困乡、贫困村实现结对帮扶全覆盖。

在携手奔小康工作中，我们有很多创新的工作，影响力最大的是文明办牵头的"千人联千户，百企联百村，结对十行业，携手奔小康"精准扶贫圆梦活动，就是我们常说的"千百十"活动，这个活动其实是我们签约结对的再发动，奉贤区内实力雄厚的企业少，大多都是中小企业，很多老板虽有社会责任

◀ 2018 年 7 月 1 日，奉贤区委书记庄木弟接见参加圆梦行动在贤城的果洛州达日县贫困户"包虫病"患者松成一家

心，但一看协议三年，有点畏难。针对这个情况，我们调整方式，充分发挥各级商会这个中间层，发动商会来签，爱心大家来献，这样一做，收到了很好的效果，社会发动面广，帮扶效果好，皆大欢喜。开展至今，社会面帮扶资金达到了 4448.914 万元。

最后讲一下考核工作。2017 年上海市领导小组会议确定，要助推东西部扶贫协作的云南省和贵州省遵义市在 2020 年前实现现行标准下贫困人口脱贫、贫困县摘帽，解决区域性整体贫困的目标，同时确定了要严肃考核，对标中央考核要求，扎实工作，务求实效，通过较真碰硬的考核，树导向、严规矩，层层分解目标、传导压力、压实责任，确保高质量高效率完成东西部扶贫协作和对口支援工作的要求。同年，由市合作交流办对各区县进行工作考核。那个时候，各区县的合作交流办很多都是独立单位，人员配置齐全，但我们区一直是属于区府办的一个内设机构，最少的时候只配了 1 个专职工作人员。考核工作面广量大，而且从无到有，考核量化指标的口径和标准变化很快。2017 年，上海师范大学在我们这边跟岗学习的王俊同志参与了这项工作并主要负责考核台账，他克服了很多困难；最紧张的时候，临近下班接到抽考通知，要求几个小时后直接飞到遵义参加考核工作，办公室立马当夜准备材料，工作强度可想而知。最后，在我们结构性矛盾突出的情况下（一是奉贤区对口帮扶县较少，援派干部较少，考核指标难以做大，二是无论产业、消费还是携手奔小康，对口帮扶可利用资源主要集中在中心区），取得了第二档的成绩，整体处于全市中等水平。

2018年，随着考核标准的不断细化完善，考核要求更严更高。比如，致富带头人培训后成功创业数这一指标，不只是要先参与培训，且培训后要当年度创业并带动建档立卡贫困户，这需要全过程收集材料，诸如此类的指标有27项。我们通过细致分工，经过前后近一个月的加班工作，顺利完成了迎考任务，也取得了第二档的考核成绩。

2019年，考核工作又发生了翻天覆地的变化，要求所有的数据进市级、国办系统，这就额外增加了一倍的工作量。因为不仅要将原先的纸质佐证材料全部电子化，同时要求帮扶措施辐射到的建档立卡贫困户的数据要一一对应。要完成这项工作，仅劳务协作一块，就有近一万多条的数据输入量。面对新的变化，我们从年中就启动相关的材料整理工作，等系统一上线，立即让专人负责系统，同时运用计算机语言开发脚本小工具，让自动录入代替了大量的重复性劳动，节省了大量精力用于挖掘指标增量，这一办法得到了上海市合作办的高度肯定，并在全市推广。经过了近两个月的奋战，圆满完成了考核迎检任务，考核成绩取得明显进步，全市综合排名第四，一跃进入第一梯队的前列，这个成绩的取得鼓舞人心，也是对我们这几年工作的印证和肯定。

山海相逢 未来可期

——口述务川研学基地援建历程

臧雪龙，1964年2月生。现任上海奉贤交通能源（集团）有限公司党委副书记、总经理。2017年12月至2019年9月，作为奉贤区援黔项目——贵州省遵义市务川仡佬族苗族自治县青少年旅游研学基地建设方，牵头推进基地建设。

口述：臧雪龙
采访：张　淳
整理：张　淳
时间：2020 年 1 月 13 日

从 2013 年首批上海援黔干部踏上务川的土地，奉贤、务川两地的携手发展已经步入第六个年头。2019 年 4 月 24 日，贵州省人民政府正式批准务川仡佬族苗族自治县退出贫困县序列，欢声雷动下，县委县政府宣布：务川脱贫攻坚战即将进入 2.0 版本。贵州省务川县青少年旅游研学基地就是在这样的时间节点应运而生的，它承载着更厚重的历史使命，也面临着全新的发展机遇。

俗话说"授人以鱼，不如授人以渔"，奉贤交能集团受奉贤区委区政府的嘱托，援建务川青少年研学基地，恰恰和当地"仡佬之源、乐活务川"的旅游理念完全契合，不仅能够转变当地旅游业传统的观念和做法，同时将是务川未来经济发展的新引擎，促使当地走上可持续发展的"致富路"。在这次援建工程中，我亲身参与并深切感受到"务奉"两地心连心、共患难的真情，历历在目，难以忘怀，故以口述的形式将这段经历记录下来，以此颂扬我们奉贤援建干部、交能集团项目团队的每个人，纪念他们在这片曾经满是贫瘠、如今焕发崭新活力的土地上挥洒过的汗水和泪水。

山海相逢心相印　务奉携手总关情

　　研学基地的雏形，始于 2016 年 12 月 1 日的一次扶贫协作座谈会。奉贤区委书记庄木弟提出，借助务川自治县特有的仡佬族文化，可以设立一个青少年假期游学基地，务川县提供土地，奉贤区负责建设，建好后发达地区的学生就能以研学的形式来到务川，感受这里的民俗文化、学习贵州的革命精神，这个点能引来更多学生，就能更好带动当地的经济发展。务川县委书记杨游明也表示，县委县政府对这个项目抱有极大的期望，基地能够在务川落地，不仅是务奉合作友谊的见证，更是务川今后发展的一个新引擎，也是未来务奉合作的一个典范。两地一拍即合，而建设基地这个艰巨的使命，就落在了奉贤交能集团身上。

　　交能集团承担着奉贤当地公共事业管理、城市基础设施建设、城市开发这三项重要使命，下属有燃气公司、巴士公司、自来水公司、地产开发公司、工程管理公司、资产管理公司等十余家子公司，总资产 300 多亿元。自 2015 年起，集团先后推进了金海公路、浦卫公路、大叶公路等市级重大工程，同时也建设了西渡街道卫生服务中心、公交枢纽站等基础设施项目，并顺利完成了轨交 5 号线南延伸工程，这是个奉贤百姓牵挂十余年的民生工程。

　　经过近些年的项目历练，我们组建了一支能打硬仗的工程建设团队。此次区委区政府再次将这个光荣的使命交给我们，我知道这又是一个新的挑战，因为这是集团首次走出奉贤开发项目，还是远在贵州省的务川（贫困）县，出征的同志面临着水土不服、生活饮食习惯差异、民族文化差异、物质匮乏等困难，而这一去就是两年以上，人选成了第一个棘手问题。班子讨论再三，决定以自主报名再选拔的方式进行，实在不行再指派人选，没想到发布动员消息后，报名人数大大超过预期，其中有的同志家中小孩未满 2 岁，有的是正在处对象的年轻小伙。最终我们精心选拔了人员，他们来自集团下属各个条线，分别是置业公司的路雷、陈夏曦，燃气公司的朱湘国，工程公司的唐辰，平均年龄不到 35 岁，他们组成的项目管理团队有朝气、有干劲，最重要的是吃得起苦，耐得住寂寞。时间紧任务重，2017 年 12 月，他们踏上征程。

历史人文共交织 重檐丹砂绘蓝图

负责基地设计的，是曾获得最美公共文化空间大奖的上海本土设计师陈嘉炜，从 2017 年接到任务，他的脑海里就装满了两种跨时空的地域和文化。浦东陆家嘴的融书房，为他获得了公共建筑设计领域的肯定。而这次是远在两千里之外的贵州省务川县，一个跨地区、跨民族的建筑工程，是前所未有的挑战。所有人心里都没底，对于设计团队来说，很重要的第一步，就是要带着好奇和求知的眼光，从历史到现代，对务川的人文和自然环境的理解，这是对建筑更高程度的期许。我们一致希望这次的建筑体是切向社会的纵剖面，一定能折射出当地的历史、文化、市民生活，同时它还应该充分保有公共建筑的功能性。经过无数轮的推演调整，最终呈现在我们眼前的图纸令人眼前一亮，并且过目不忘。

基地占地总面积 50 多亩，划分为三大功能区，分别为研学旅行区、生活配套区和室外拓展区。项目建筑主体为五层建筑，布局呈弧形。南侧弧形区域为研学区，北侧弧形区域为生活区，空间相对独立。建筑首层设有阶梯教室、非遗文化传承馆、报告厅以及学生餐厅、医务室等；二层研学区为开放教育区域，包括阅览室、图书馆、小活动室等；三层研学区为教学区，包括 4 间中教室，4 间小教室及 4 间活动室。北侧生活区设有学生宿舍及起居室；四层、五层为生活区，设有教师宿舍、学生宿舍及配套起居室。每天可同时容纳 200—300 名学生在基地内学习、拓展与生活。门口有一些供学生阅读时休息的梯田状的台阶，顺着这个方向望出去，两个建筑沿口的线像两个手臂一样环抱，就像把远山的山脉联系在一起，仡佬族民居的重檐形式，作为建筑特征一目了然。聚落、起承转合，形成西南山林与江南园林相复合的独特室内空间。看到图纸后，我们觉得这个项目已经成功了一半，因为她完全体现出了我们给务川带来的"上海"水准，不仅能成为当地独树一帜的地标建筑，放眼国内乃至国际的建筑领域，她都称得上是一个值得借鉴的案例，这让我们对后续的建设充满了信心。

坚石重峦磨意志　雨雪纷飞锤品质

进入施工阶段后，对工程进度和质量的把控，不仅仅是对现场设计与施工人员的考验，更牵动着奉贤大后方的神经。2018 年 10 月 16 日至 17 日，奉贤区委书记庄木弟率党政代表团到务川县考察，并举行"贵州务川·上海奉贤"对口扶贫协作联席会议。他要求"用开发上海的速度，打造务川的项目"。两年建设期间，这里是遵义地区最引人瞩目的一块工地，吊车林立，施工车辆穿梭往来，建设高峰时期，项目工地一个昼夜就要用掉 1 万吨的建筑材料。然而老天似乎也要考验我们这些建设者，整个历程充满着曲折。

首先要克服的是地质条件。研学基地拥有极佳的区位优势，但是恶劣的地质条件却并不适合大型建筑体的建设。贵州多山，在山间平地必须进行碎石回填，而下部土质层为喀斯特地形，如何在避免塌方风险的同时，打牢建筑的基础地桩，成为考验施工的首要难题。我们整个工程的桩基有 142 根，平均桩的深度在地下 15 米，最深的一个桩达到地下 25 米，孔桩施工周期在上海一般只需 20 天，而在这里却整整花了三个月。为了保证工程质量和进度，我们与设计单位、施工单位研究了很多方法，最后决定因地制宜，大胆采用当地特有的

◀2018 年 10 月 16 日，奉贤区委书记庄木弟来到务川自治县青少年研学旅行基地施工现场

2019 年 1 月 22 日，基地项目屋顶结构混凝土全部浇筑完毕，实现主体结构封顶

人工挖孔桩施工方式，这是贵州当地施工的一个特点，大多数情况下都是夫妻档在操作，看似十分危险，但在当地人看来这是最行之有效的方法。通过这种方式，很好地解决了前期桩基的难点，为后续工程抢出了宝贵的时间。

第二个要克服的是天气条件。来到这里没多久，我就对当地天无三日晴的气候有了深刻的体会，夏季紫外线非常强，光照也非常厉害，在一天之内又是气候变化多端，特别是夏、冬两季，时不时暴雨来袭、大雪纷飞。有一次，基地项目经理杨波和我说，他统计过现场施工人员每天的运动量至少在三万步以上，我们的工程队伍秉着大雨稍停，小雨不停的工作状态，冒着严寒酷暑夜以继日地施工，就是为了不错过难得的好天气。

第三个要克服的是施工工艺。基地采用薄壳混凝土屋盖工艺，是整个项目外立面设计最大的亮点，也是建筑施工环节最大的难点。整个屋盖沿环纵向按不同标高分三块布置，最长环向 275 米，跨度最大为 20 米，环向两端位置轴线外悬挑分别约为 9 米和 18 米。从整体支撑体系的方案、钢筋的绑扎，到最后的混凝土浇筑，具有视觉冲击力的结构设计，挑战了工程施工的极限。我们项目部使用了近几年开始推广的新技术，比如 BIM（建筑信息模型），准确完成了脚手架标高的控制，然后利用弧线钢管作为控制截面弧度的措施，完成了屋面整体的浇筑，顺利达成了整体结构封顶的时间节点。

千磨万击终梦圆　捷报频传喜逐颜

2019 年 8 月 31 日，随着最后一盏灯安装完毕，工地上的灯光点亮了周边沉寂的群山，也成为仡佬人民最喜爱观赏的山村夜景。我们连续奋战了 500 多个日日夜夜，就是为了奉献一个功在当代、利在千秋的建筑精品，最终我们实现了这个目标。

务川县委书记杨游明表示，这个项目不仅能够带动务川脱贫，还能够成为务川经济腾飞奔向小康的助推器，它见证了务川和奉贤人民深厚的情谊。务川县城里的一条小街，名叫纵三路，来来往往的仡佬族百姓，不久之后，将以一个全新的名字记住它。务川县委全委会上一致同意把这条路命名为"奉贤路"，同时，把一个新建的大型社区取名为"敬贤社区"。务川人民以这种朴素的方式，向上海奉贤人民给予的无私帮助，表达了他们深深的感激。

不仅务川当地对项目赞赏有加，我们基地的项目管理团队从建设之初就开始着手准备申报各类奖项，在顺利获得 2018 年度贵州省"建筑安全文明施工样板工地"和"优异质量结构杯竞赛奖"两个奖项后，2019 年 12 月 30 日通

◀2019 年 8 月 31 日，务川青少年研学旅行基地建设项目主体结构和内部装修完成

过了贵州省建筑业协会组织的"黄果树杯"的评选、公示，并得到了全省通报表扬，获评 2019 年度贵州省"黄果树杯"优质工程。务川研学基地项目也成为务川县历史上首个获得"黄果树杯"优质工程的项目，该奖是贵州省建设工程施工质量的最高荣誉奖，获得此奖的工程标志着其施工质量达到贵州省或国内一流水平。作为上海奉贤区对口援建的单体最大的项目，也是目前贵州省内建设的建筑面积最大的研学旅行基地，能够获奖，首先得益于研学基地的高标准管理、集约化设计。工程在开工之日起就受到社会各界的广泛关注，为力求体现一流设计、一流施工、一流项目管理的水平，建设经得起历史检验的工程，项目建设团队在克服了桩基工程复杂、水电供给不稳、雨雪凝冻天气等不利因素的情况下，充分依据科学化管理、集约化管理、精细化管理模式，既满足了人们的审美要求，又打造了许多亮点。

四十载光阴如梭　仡家花未来可期

带着奖项和欢呼，我们本可以载誉而归，但事实上研学基地的工作才刚刚开始，要实践我们帮助务川脱贫致富的"初心"，基地的建成只是第一步，下一步的运营才是关键所在。在距基地不远的仡佬之源景区，随处不缺美丽的风光，但来这里的游客寥寥无几。我一直在想，如何发挥研学基地的优势，与一个有实力的旅游开发团队合作，把这里的青山绿水转换成金山银山。要想在充满竞争的国内旅游市场迅速打开局面，我们要引进专业化的团队，不仅需要有一个让研学者们耳目一新的营销卖点，更需要由一支具有丰富研学经验的运营团队来掌控。能够把奉贤乃至全国的青少年吸引到这边，从今后长远的角度来讲，我们还想面向世界。

我们找到了国内旅游产业链龙头企业——驴妈妈集团。驴妈妈旗下的上海景翼旅游发展有限公司与我们达成了经营委托，总经理张伟告诉我，今后的目标是依托研学基地，把务川打造成中国研学第一城，我们要用一个研学的产业，来带动务川整个的经济起飞。这个设想很美好，也充满了挑战，就像2017 年以前，很多人不相信在这嶙峋的山林中能建起一座研学基地，在务川我们相谈至欢，对基地的谋划时常谈着谈着就到了凌晨。

▶2019 年 9 月 20
日，务川青少年
研学旅行基地开
营

　　为了实现这个设想，早在基地建设期间，驴妈妈旅游研发团队就对务川进行了市场调研和数据分析。从务川到重庆，到贵阳，到遵义，都仅需三个多小时的车程，沿途就拥有洪崖洞、武隆天坑、海龙囤等人气网红景点，这些成功案例，为驴妈妈接下来策划运营务川青少年研学旅行基地积累下宝贵的经验。一个全域旅游格局呼之欲出。

　　2019 年 9 月 20 日，务川青少年研学旅行基地正式开业。贵州、上海、奉贤电视台以及网络媒体齐聚，在万众瞩目下举行了充满民族色彩的开业仪式。这栋群山里的宏伟现代建筑终于向世人揭开了它的神秘面纱。来自上海市奉贤区 6 所中学的师生团队与务川当地的学生一起，成了研学基地的第一批体验者。"蔑鸡蛋"和"大贰纸牌"，不仅是仡佬族人民欢庆丰收的娱乐活动，还是当地的非遗项目，孩子们在娱乐中充分体会到少数民族别具风情的民俗文化。在研学基地一公里范围内，各有特色的研学点产生了独特的化学反应，正在这群来自大上海的学生心中渐渐发酵。龙潭古寨是仡佬族现存最大的山寨，来自大都市的孩子们在这里触摸聆听悠久的历史脉搏。而遵义的红色文化之旅，更是将研学旅行推向了一个新的高度，也在这群远道而来的学生心中留下浓墨重彩的一笔，蓝天碧水的自然本色，仡佬风情的神奇魅力，红色文化生生不息。

2019 年 11 月 14 日，上海市奉贤区委书记庄木弟率领的奉贤区党政代表团一行在遵义市委常委、副市长尼冰，务川自治县委书记杨游明等领导的陪同下来到务川青少年研学旅行基地进行视察。与此同时，务川县第四小学二百余名同学正在基地开展研学课程活动。据基地统计，自 9 月 20 日开业试运营，短短一个多月共计接待学员 1000 多名。为庆贺并纪念基地"开门红"，共青团上海市委副书记丁波为第 1000 名学员、务川第四小学二年级的陈道锜同学颁发纪念证书。最后，庄书记向务川县委杨书记授务川青少年研学旅行基地旗帜，并祝愿基地有个更加美好的未来。

曾经的务川，基础薄弱，发展落后。如今的务川，日新月异，人民幸福。就像这首曾入选贵州省红歌的《仡家幸福花》中所唱，"庄稼要感谢太阳照耀，仡佬人赶上了好时光"，脱贫摘帽的务川人民，正期待着与全国人民共奔小康。曾经相隔万水千山的上海与遵义，奉贤与务川，在实现中华民族伟大复兴的序曲中，心手相连，整装待发，共同谱写一曲悠扬绵长、携手未来的新乐章。

太行山纪行

　　金国强，1956年8月生。曾任中共奉贤区政协党组成员、秘书长。1994年至1995年，任中共山西省晋中市左权县委副书记。

口述：金国强
采访：方素琴
整理：方素琴
时间：2020 年 2 月 8 日

特殊的使命

1994 年 1 月 18 日，我接到了上海市委组织部、市农村工作委员会派我去山西省挂职的特殊使命。我虽然参过军，出过远门，但去外地挂职工作却是平生第一次，不用说没有思想准备，就连做梦都未做过。此时此刻的我，心里很不踏实。好在临近春节，作为一名乡镇党委书记，要干的事情很多，日子打发得也快，一转眼，已是开春的季节了。

2 月 24 日，一个合家团聚的日子。上海市委组织部、市农村工作委员会在上海金都宾馆，正式召集我们 9 位赴晋工作的同志开会，下达任务。为了便于我们赴晋开展工作，会议还特地安排了山西省驻沪办事处主任作情况介绍。张主任热情洋溢的一席话，真切地道出了老区人民发展经济的强烈愿望，话语中处处流露出老区人民对我们 9 位同志真诚的欢迎和期待。时任市委常委、组织部部长罗世谦，时任市委组织部副部长陈士杰代表市委、市政府给我们赴晋工作的同志提出了三大任务：一是虚心向老区人民学习，学习他们艰苦奋斗的光荣传统，学习他们顾全大局、甘愿奉献的精神；二是通过自己的言行加深沪

◀ 1994 年 3 月 1
日，在山西省委
机关接待中心和
山西省组织部领
导、上海市委组
织部领导合影

晋两地传统的友谊；三是尽自己最大的努力促进沪晋两地的经济交往，尽可能
地帮助老区发展经济，并嘱咐一定要处理好学习、工作、生活之间的关系，好
让家乡人民放心。这充分表达了市委、组织部领导对首批赴晋挂职工作同志的
关切和爱护。经过整整一天的会议，9 位同志终于对山西的情况有了一个大致
的了解，对赴晋完成特殊的使命更加坚定了信心。我作为赴晋 9 人组的领队，
心里也踏实了许多。也许是巧合，也许是特意的安排，因 2 月 24 日正好是正
月十五，罗世谦部长提议设晚餐，吃汤圆给我们饯行，并动情地说："你们作
为上海外派的使者，一定要团团圆圆地去，团团圆圆地回来。"其热烈的场面
和真挚的感情，让人久久不能忘怀。

2 月 28 日，我们一行 9 人，带着上海市委、市政府、市农村党委领导的
重托，带着太行山老区人民的期待，告别了自己的亲人，告别了繁华的上海，
开始踏上新的征程——太行山革命老区挂职。

初到左权县

2 月 28 日，我们赴晋挂职的 9 位同志，在市委组织部、市农村党委领导
以及山西省驻沪办事处主任的陪送下，于当天傍晚顺利到达山西省城太原。

早春的三晋大地，夜晚依然寒风习习，不无凉意。我们刚下飞机，就被眼前的场面所感动，心里直感到暖融融的。原来，我们的座机刚从上海起飞，山西省委组织部部长等一行领导就已等候在机场。当我们刚踏上三晋大地，早已被问候和握手所包围。其热烈的气氛和真挚的感情，就像久别重逢的战友让人感到兴奋。我们这些上海人已初步感受到山西人民的一片真情。夜幕下的太原市，只见星光点点，色彩各异的灯光交相辉映，朦胧中勾画出一幅迷人的城市夜景，令人难以相信，我们已到了华北西部的黄土高原。

3月3日，我们一行9人分3组分别赴太行山区的昔阳县、左权县、武乡三县。或许因为我是领队的缘故吧，我被分配在位于昔阳县与武乡县中间海拔最高、地形最为复杂的左权县。

左权县，古称辽州，近代也称辽县。1942年9月，为永远纪念在此壮烈牺牲的八路军副总参谋长——左权将军，经晋冀鲁豫边区人民政府批准才易名为左权县。左权县地处晋冀豫三省的交界处，太行山脉的腹地。全县16万人口。总面积2028平方公里，其中土石山面积就占了80%，耕田面积仅占8%。境内有大小山脉420余座，最高海拔为2141米。年降雨量约500毫米。境内有名的清漳河几乎常年干涸。左权县因此被称为"八山一水一分田"。

3日早上，风和日丽，我们草草用了早餐，在省、地、县组织部门同志的陪同下，坐车向目的地进发。接应我们的面包车在崎岖的山道上奔驰，翘首眺望，映入眼帘的尽是连绵的山脉和雄奇险峻的群峰。正如当年陈毅元帅在《过太行山书怀》中所描写的："太行山似海，波澜壮天地；山峡十九转，奇峰当面立"。告别了太行烽火后的今天，望着那光秃秃的土石山，干涸的河床，以及干旱的黄土地，不难想象，五十年前的今天，在这方贫瘠的土地上，太行山儿女为孕育中国革命的胜利，付出了多大的艰辛和牺牲呵！今天的左权县人民，除了充满着历史的自豪感外，正在以巨大的毅力与大自然抗争，与贫困开战。在客观条件十分不利的情况下，为改变贫困落后的面貌，坚韧不拔，艰苦奋斗。这种不畏艰辛的奋斗精神，同样是可歌可泣的。想到这里，我深深地被太行山人民的奉献和奋斗精神所感动。

车辆在弯弯曲曲的山路上艰难地行驶，想到自己即将与太行山人民一起生活、工作，我浮想联翩，感到正在接受一场新的考验。

太行"小江南"

麻田是左权人的骄傲；麻田是值得赞美的。记得我们刚到左权县的第二天，县委书记王俊忠早就安排妥当，亲自陪同我们去麻田参观。书记亲自出马，我们真有点受宠若惊。一路上与秘书闲聊，我们才晓得书记特意安排此行主要有两层意思：一是让我们实实在在地接受一次革命传统教育。据说凡第一次来左权县的客人，都会得到这样的礼遇；二是让我们开开眼界，懂得什么才是太行山的奇观和壮丽。因为是到任后的第一次下乡，此行的印象也就特别深刻。

麻田是左权县的一个乡级集镇，距县城约有 45 公里，地处晋冀豫三省的交界。因为是连接三省的交通要冲，是历代兵家必争之地。麻田离县城不算太远，但路途之崎岖，山势之险要却是十分罕见。坐车远眺，映入眼帘的尽是奇峰兀立，悬崖峭壁。我们乘坐的吉普车犹如一叶小舟，时而跌入深谷，坐井观天；忽而又穿云过雾，居高临下。好几处隘关确有一夫当关万夫莫开之势。可奇怪的是，穿过这峰峦叠嶂、沟壑纵横的土石山，展现在眼前的却是另一番天地。这里地势平坦，群山环抱，气候宜人，山清水秀，很有一种江南山水的韵味。真是山重水复疑无路，柳暗花明又一村。经秘书指点，才知道这就是赫赫有名的麻田镇。登高俯视，极目远眺，麻田镇犹如一只镶嵌在太行山上的大彩盆，既古老，又精美。此时此刻，你完全可以相信麻田不仅是太行山巅一块难得的天然盆地，且更是一处极好的藏龙卧虎之地。

事实正是如此，麻田镇确实有着辉煌的历史。想当年，麻田镇曾为多少抗日将士所敬仰，又曾与多少民族英雄同生死、共患难。在麻田镇，不仅有抗日将士洒下的热血，更有中华民族不屈不挠、自强不息的气概和精神。此时此刻，我们一行已在王俊忠书记的带领下，怀着崇敬的心情，绕过狭窄的街巷，穿过熙熙攘攘的人群，来到当年八路军总部的旧址。这是一幢毗邻小镇的北方民宅。一眼望去极为普通。也许当年因"总部"的神秘和威望，连这庄院也显得高大。而如今看来，不仅显得简陋，甚至有些矮小。庆幸的是，外院门匾上杨尚昆同志所题的《麻田八路军总部纪念馆》几个大字赫然醒目。走过空空的

▲ 2003 年 10 月 3 日，在麻田八路军总部纪念馆观看欢迎仪式的演出

庭院，里面是一套厢房式的小院，这是当年彭老总等八路军总部首长办公和居住处。入室观之，如今已是人去房空，只留下一些当年的照片和文物介绍，实在给人一种时过境迁的感觉。即使如此，你也不难想象，半个世纪前的今天，这里是怎样的一种生活情景呵！战争的残酷与必胜的信念并存，生与死的考验和对理想信念的憧憬交织在一起。这是一幅多么悲壮的人生画卷呵！这些难道不值得麻田人民纪念和骄傲吗？！

这以后，我因有幸陪同客人去麻田参观，所以对麻田镇有了更多的了解。

麻田现有约 1.7 万人口，是全县人口最多的乡镇之一。麻田并没有丰富的自然资源，但农业种植条件堪称上乘。麻田因海拔没过千米，清漳河蜿蜒而过，水资源相对充沛，气候温和，自然风光美丽，自古以来素有"太行小江南"之称。

按理说，麻田凭借相对优越的自然条件，加上革命老区的知名度，可以先走一步，发展经济，富裕百姓的。但遗憾的是，革命胜利后，因主客观条件的制约，经济长期得不到发展。截至 1993 年，全镇社会总产值仅 3000 多万元，其中农业生产值占了近 90%；工业加运输业产值不足 500 万元。人均年收入徘徊在 400 元左右，刚刚解决温饱而已。时代在变，麻田也在变。近年来，麻田人根据党的改革开放政策，结合麻田特有的自然条件，一改过去单一的种植粮食种植的旧格局，积极探索多种经营的新路子，大胆种植核桃、柿子、花椒、蔬菜等。利用公路及修筑铁路的有利时机，大力发展交通运输业。今日的麻田，果树成林，牛羊成群；街市热闹，商贸活跃。一到金秋时节，漫山遍野的山核桃、山柿子、花椒，不仅将山村装扮得更加迷人，更给麻田带来了生机，带来了希望。可以相信，不远的将来，太行小江南终究不会辜负英烈的夙愿，脱贫致富，重现昔日的光彩。

山药蛋与和子饭

常听人说，北方人吃得简单，南方人吃得凶残。从我这次太行山生活的体会来看，这话还真有些道理。

诚然，左权人与所有的山西人一样，喜欢吃醋，烹饪喜欢用花椒。据说吃醋可以防止人体因缺碘而导致甲状腺肿；醋酸还可以帮助人体的食物消化。而花椒不仅可以增加人体的热量，还可以改善胃口。但就左权人的饮食特点来说，吃得最多，时间最长，也最为普遍的要算是山药蛋与和子饭了。

在左权县流传着这样一句话：可以不吃鸡鱼鸭，不可没有山药蛋。可见山药蛋在左权人生活中的重要性。所谓山药蛋，按南方人的说法，就是洋山芋，普通话称作土豆。

左权人爱吃山药蛋，也爱种山药蛋。在当地，农田里除了玉米、粟和高粱以外，几乎就是种山药蛋了。山药蛋不仅耐干旱，易储存，且产量较高，正常情况下，一亩田可以收获山药蛋三四千斤。一到10月份，家家户户都要在地窖里储藏数百斤甚至上千斤的山药蛋，作为冬春季节的主要食物。左权县的山药蛋因个头大、表皮光洁，且价廉物美，还常常被销往毗邻的邯郸市等地。

在左权县，一年四季均可吃到山药蛋。山药蛋常常被切成丝、块、片、条等不同的形状，然后被做成油炒、油炸、盐煮、清蒸、凉拌等味道各异的菜肴。山药蛋不仅可以做菜，而且还可以做成和子饭，当主食吃。

至于和子饭，按南方人的说法，大概就是咸酸粥了。和子饭的做法一般是：先把小米或面条、面片、面块煮熟，然后把山药蛋、南瓜、豆角、萝卜、大白菜之类的蔬菜一同放入煮，等煮后最后放少许盐、醋以及大葱等，这样和子饭就算

◀ 1994 年 3 月 12 日，和昔阳县委书记李小平、大寨村党支部书记郭凤莲合影

做成了。据当地的同志介绍，吃和子饭在左权县已有很长的历史了。介绍中他们不无得意地说，做和子饭有很多的优点，如可以省锅灶、省油、省水、省燃料，还可以省时间；吃和子饭的好处就更多，和子饭因杂粮、杂菜混煮，酸甜苦辣俱全，营养成分丰富，吃了对人体很有好处。说实话，我们刚刚到左权县时，对吃和子饭很不适应，但久而久之也就习惯了，还觉得半酸半咸的挺有味道。

左权人特别钟爱山药蛋与和子饭，据说与所处的地理位置和气候有关。左权县地处华北黄土高原，又在海拔 2200 米的太行山巅。左权县的最大气候特征，一是十年九旱，常年缺水，只能种植耐旱的农作物；二是常年气温较低，尤其是昼夜温差大，除夏季外，很难种植地表外生长的蔬菜。可以说，左权县的这两大气候特征，决定了当地的农作物结构，进而逐渐形成了其独特的饮食方式。

当然，任何事物都是在发展和变化的。同样，人的生活方式总会随着经济、社会的发展而发生变化。说左权人钟爱山药蛋、和子饭是一种传统、一种习惯这不假，但如果从市场经济的角度去分析，她又无疑与经济的发展水准有关。最好的例证是，左权人过去不吃鸡，不吃鱼，不吃猪下水，但随着农村经济的逐步发展，左权人的这一传统习惯也在发生某些变化。在逢年过节或招待客人时，我们发现农家的菜桌上，除了传统的山药蛋、和子饭之外，还会有水饺、香酥鸡、猪肚片以及红烧鲤鱼了。

对口援助探索者

应该说，我们一行9人赴山西革命老区挂职帮扶，可以说是对口援助的探索者。因为在当时还没有具体的对口援助政策，没有必要的工作经费保障，也没有科学的考核体系等等。

可是上海9名挂职工作干部没有辜负组织的期望，根据当时的实际情况，开展了不少力所能及的对口帮扶工作。

如果要总结一下我本人在左权县的帮扶工作，归纳起来，大致做了四个方面的工作：协助创办了左权县氧化镁厂，协助改造升级了左权县服装厂，组织开展了"希望工程"助学结对活动和组织开展了左权县干部赴上海的学习考察活动。

我在调研走访时了解到，左权县出产品质好、产量高的石英石（石英石是生产氧气镁的原材料），前些年，左权县工业局也曾想办氧化镁加工厂，苦于没有销售渠道，项目迟迟不能落地。我在奉贤时就知道，奉贤县工业局下属企业——振泰化工厂就是生产精细氧化镁的。为此，我立即与奉贤工业局党委书记徐慕舫同志联系，提出能否帮助左权县解决氧化镁初加工产品的销售问题。徐书记听完我的情况介绍后十分重视，当即与振泰化工厂取得联系，并亲自带队赴左权县考察，参加考察的有徐书记、振泰化工厂厂长王贵仁，以及有关技术人员。考察洽谈的结果，不仅同意解决氧化镁初加工产品的销售问题，而且同意办厂后的技术指导。记得当时因资金问题，项目迟迟不能开工。后由左权县工业局打报告，左权县委、县政府盖章同意，由我出面找分管工业的山西省副省长王学军同志。王副省长听了我们的专题汇报后当即批示同意，并责成山西省农业银行贷款300万元，以解决办厂所需资金。经过半年左右时间的紧张筹备，左权县氧化镁厂终于办了起来。期间振泰化工厂王贵仁厂长曾几次来左权县指导工作。左权县氧化镁厂生产的产品主要销售给振泰化工厂。

左权县服装厂创办于20世纪50年代，属县办企业。我去调研时，工厂主要生产男士中山装、普通女装、童装等。我介绍了上海服装厂的生产情况，流行的大致品牌等，提出是否可以想办法生产西装及夹克衫，以适应社会发展的

▶ 1994 年 3 月，和"希望工程"助学结对小朋友合影

需求及提高经济效益。左权县工业局领导和服装厂负责人十分赞同，就是担心技术有困难。为此，由我牵头，带队赴奉贤四团服装厂、洪庙人立服装厂学习考察。争取到四团服装厂厂长王永官的支持，派副厂长王永康（是王永官厂长的胞弟）及技术人员赴左权县作技术指导。经过约一个月左右时间的打样、试验等工序调试后，左权县服装厂正式开始生产西装及夹克衫，并一举成功，年终被评为晋中市优质品牌服装，企业经济效益也明显提高。

希望工程是 20 世纪 80 年代由团中央发起、邓小平同志亲自题字的助学活动。所谓"希望工程"，就是通过社会的力量（募捐或赞助等形式），帮助因各种原因而辍学的适龄儿童圆求学梦，帮助完成九年制义务教育。当时，我请左权县团委书记王向东调查全县辍学儿童的情况，约有数百名失学儿童。根据当时的实际情况，选定了 36 名 8—10 岁的儿童，作为"希望工程"助学结对的对象。名单确定后，我回奉贤走访了奉贤县团委、县建设局主要领导等。36 名失学儿童除了我本人结对了 2 人（男孩张军，后由奉贤水利局局长金星结对；女孩郭丽霞），其余的失学儿童主要由建设局团组织和团员青年结对助学。

回沪工作后，我继续关心和关注左权县的扶贫帮困工作，如 1998 年夏季，左权县发生了百年一遇的洪涝灾害，当时我正任奉贤县民政局局长、党组书记，向县委县政府领导汇报后，还亲自组织了物资的捐赠活动，走访慰问左权县。2007 年，当时我在奉贤总工会工作，争取到社会力量的支持，募集了 25 万元资金，对口援助左权县希望小学。受到晋中市领导及左权县委、县政府的高度重视，并被广泛地宣传报道。

一个地区要脱贫致富，除了争取必要的外来援助外，自身的努力也必不可少。这就是所谓的外因是变化的条件，内因是事物变化根据和决定性因素。内因的关键当然是人，是人的思想观念的转变和人的主观能动性。为此，由我牵头，在奉贤县委、县政府的大力支持下，1994 年下半年，左权县组织了由县长杨继才带队，乡镇党委书记、委局书记或局长等一行 20 多人赴上海学习考察团，主要安排在上海的宝山县、奉贤县，其中在奉贤安排了 3 天的学习考察。应当说，一周的学习考察活动，拓宽了左权县党政干部的视野，特别是增强了发展经济的紧迫感和责任感，收到了预期的效果。

1995 年，中央召开了全国性的对口援助工作会议，会议明确了上海市的对口援助任务，主要是西藏、新疆等地。考虑到我们一行 9 人赴山西革命老区挂职帮扶未纳入中央下达的省市对口援助计划，所以在 1995 年新春前夕，上海市委组织部与山西省委组织部联系后，提前结束了我们 9 人在山西革命老区的挂职对口帮扶。

那些年，将军故里虔行

褚建平，1963 年 10 月生。现任上海奉贤投资（集团）有限公司党委书记、董事长。2002年至 2004 年，任中共江西省赣州市兴国县委副书记。

口述：褚建平

采访：宋诗芬

整理：宋诗芬

时间：2020 年 3 月 16 日

2002 年 3 月，受组织委派，我有幸被派往兴国挂职锻炼，任县委副书记，满载虔诚，怀揣欣喜，带着殷切期盼和一丝莫名的缘分，南下千里赴兴国学习、工作……

初识兴国

兴国县位于江西省中南部、赣州市北部，面积 3215 平方公里，总人口 86 万，是全国著名的将军县、烈士县、苏区模范县，"江西十佳魅力新城"之一。兴国是个千年古县，是久负盛名的历史文明故地。四五千年前，人类就在兴国大地捕鱼狩猎，繁衍生息。朝有兴废，代有变迁。直到北宋太平兴国七年（公元 982 年），才以"兴国"年号为县名，一直沿袭至今，算来已有千年历史。

苏区时期，全县 23 万人口，参军参战的就达 8 万多人，为国捐躯的达 5 万多人，全县姓名可考的烈士达 23179 名，烈士之多，为全国各县之首，可歌可泣。同时，兴国又有"共和国将军县"的美誉，孕育了肖华、陈奇涵等 56 位共和国开国将军，列全国第二，毛泽东、朱德、周恩来、陈毅等老一辈无产阶级革命家都曾在兴国工作和战斗过。毛泽东曾经赞扬"兴国的同志创造了第一等的工作"，并亲笔题写"模范兴国"。

如今的兴国还有四十处革命胜迹，仿佛山花烂漫，开遍城乡，感染着兴国的人民。气魄雄伟的长冈乡调查纪念馆、具有民族建筑风格的兴国革命纪念馆、庄严肃穆的兴国烈士陵园、雕梁画栋飞檐翘角的潋江书院、气势恢宏的将军公园，风风雨雨几十年，花开花落数春秋。这些充满时代特征的"教科书""活化石""见证物"，以它丰富的底蕴永远激励着人们去思考、去探索、去追求、去奋斗。

兴国山河壮丽、气象万千。岩、洞、塔、寺、坊，兼备诸种神秀，传神入画。自然风光人文景观之奇特，乃鬼斧神工，巧夺天工。

兴国还是赣南客家人的发祥地。客家语言和客家山歌千百年来，经世相传，永不衰竭，成为兴国客家人两大鲜明的标志。在历史的旅程中，兴国客家人培育了具有鲜明个性的客家精神。其一，秉性刚强，英勇不屈。宋代郭知章称，兴国"民习刚悍，挟气尚斗"，第二次国内革命战争是最好的见证。其二，朴实厚道，勤勇进取。《兴国旧志总论》云，兴国"闾阎朴实，非达官贵人，不衣罗绮""兴俗勤于稼穑，产谷颇饶"。现在的兴国客家人继承了这朴实无华、勤劳奋进的生活作风。其三，知礼重义，热情好客。我还清楚地记得那一声兴国山歌"哎呀嘞"，那一碗飘香的擂茶，那一杯甘醇的米酒，以及那道国宴中的"四星望月"。我相信每一位去过兴国的朋友都会为兴国客家人的热情好客而感动。

虔行兴国

在我刚到兴国的第一天，还记得时任中共兴国县委书记的赖联明同志对我说："你只能当一天的客人。"这句话不仅体现了县委主要领导的严格要求，也体现了对我的信任，让我感动不已，永远难忘。我按照当时县委关于县级领导干部挂职联系乡村和企业制度的要求，克服语言、生活习惯等方面的困难，保证每月7天以上时间深入到乡村一线与群众同吃、同住、同劳动，倾听群众呼声，掌握第一手资料，解决实际问题，在情感上融入兴国，和兴国的干部群众打成一片，讲兴国话、做兴国人，努力成为兴国人民中的一分子。

印象最深的是我刚到兴国不久的那年 6 月，兴国县遭遇了三十年来罕见的洪涝灾害，我一边向奉贤区委、区政府领导汇报兴国灾情，争取援助，一边奔赴灾情较重的良村、崇贤两个乡镇指导抗洪、慰问灾民。由于道路被冲毁，我和乡干部们骑摩托车，颠簸一个多小时，赶到灾情严重的两个山区村，到最前线指挥抗洪。也是那次抗洪抢险让我结交了三位农民朋友，当时，他们三户是受灾最严重的农户，房屋全部倒塌，连做饭的锅都没了，我悄悄地给了他们每户三百元以解燃眉之急。在我的两年挂职工作中，我还分别资助了杰村乡的贫困户黄惠珍、潋江初中的贫困生陈露飞和 2003 年考上北京语言大学无钱缴学费的付观梅。在和我的这些兴国农民朋友以及帮扶对象的交往和书信往来中，我时常感到内心非常充实和满足，毫不夸张地说，这些农民朋友不仅是我的好朋友还是我的好老师……

根据县委的安排，由我分管对外经济协作、农业产业化，协助分管招商引资、民营经济等工作。根据分工要求，结合自身的工作实践和对兴国县情的调研，我为自己制订了三条工作主线：一是以"特色鲜明、重点突出、合力招商"为要求，全面改善和加强驻外办事处的整体工作；二是以浙江发展民营经济的先进经验为参照，着力推动兴国中小企业的发展；三是以规划农业科技园区为重点，全面提升全县农业产业化的运行水平。两年中，在县委的正确领导和大力支持下，我紧扣这三条工作主线，取得了较好的工作成效。

在推进兴国招商引资工作实际中，我建议对县 9 个驻外办事处的工作职能进行界定和整合，充分发挥驻外机构的招商引资功能和对外经济协作功能；积极推进中介招商、定点招商、代理招商、产业招商等新的招商形式，得到县委、县政府领导的支持和采纳。并且先后把兴国温州办、兴国东莞办和上海奉贤温州办、奉贤东莞办结为友好联络办事处，实行资源共享，取得了可喜成绩。全县招商引资工作，连续被评为"横向经济合作先进单位""利用外资先进单位"。主持策划并成功实施了 2002 年北京农产品展销会、2002 年上海农产品展销会、2002 年第二届中国赣州脐橙节等多个招商推介活动。此外，我还先后代表兴国县县委县政府带队参加了 2002 年（厦门）中国投资贸易洽谈会和 2003 年 6 月赣州（厦门）横向经济洽谈会，分别完成了台资久翔生物公司

▶ 参加江西兴国资
助学仪式

和浩森制药公司等内外资项目的签约。

根据兴国县非公经济发展的现状，我组织各有关部门就中小企业发展问题多次召开专题研讨会，提出了结合兴国实际，引进沿海发达地区发展民营经济先进经验的建议。如，针对兴国县中小企业发展资金筹措难的问题，我提出适时成立中小企信用担保中心，并组织中小企业局的有关人员多次研讨，学习沿海特别是上海奉贤区的工作经验，拟定了筹建方案，得到了县委、县政府主要领导的充分肯定。2002 年，全县非公有制经济得到了快速发展，共有个体工商户 16037 户、私营企业 283 家，其中注册资金 100 万元以上的大户有 103 户，实现个私经济税收 4147 万元，被评为全省"个体私营经济先进县"。

针对兴国县农业产业化发展现状，在充分调研的基础上，我提出了"工业农业""招商农业""入世农业"的思路，坚持以市场为导向，以效益为目标，突出优势、突出特色，制订农业产业化发展政策，着力培植龙头企业。2002 年 5 月，根据兴国产业化发展需要，我组织了高兴、永丰、长冈等乡镇到广西考察盛达兔业公司。通过多次洽谈，盛达兔业于 2002 年 6 月落户兴国，形成了高兴、崇贤两个良种养殖场和服务中心，辐射整个乡镇 25 个行政村，发展专业养兔户 1000 多户，达到年供 30 万只肉用兔的养殖规模。通过全县上下的共同努力，初步培育了具有良好前景、市场化的企业运作方式和政府高效服务的养兔产业。2003 年，兴国类似盛达兔业发展有限公司的农业龙头企业共有 38 家。基本做到每一项主导产业都有几个龙头企业牵引，形成了"企业 + 农户"的产业化经营模式，提高了农业产业化经营的效益。全县已形成烟叶、灰鹅、脐橙、生猪、蔬菜等八大支柱产业。

两年中，根据江西（兴国）和上海（奉贤）两地不同的区（县）情，不同的历史文化背景，不同的经济基础和不同的产业发展重点，在双方充分酝酿、讨论的基础上，在奉贤区和兴国县主要领导的亲自过问关心下，签订了《上海市奉贤区人民政府和江西省兴国县人民政府全面经济合作协议书》，双方建立友好区县，进行全面经济合作。如两地领导不定期会晤，交流各自的工作经验；发挥两地的优势，在工业、农业、商业等领域开展广泛的以"优势互补、实现双赢"为宗旨的经济合作；发挥兴国县红色资源优势，使之成为奉贤区干部培养和进行爱国主义传统教育的基地；双方积极参与两地举办的经贸洽谈活动，联合招商引资等。同时，还规定了两地经济协作部门为执行机构，负责实施和操作两地的经贸合作。奉贤区人民政府考察团、上海奉贤农业考察团、奉贤人大考察团、上海奉贤卫生防疫考察团、上海新华医院义诊团、上海奉贤区住宅发展考察团、上海小西生化有限公司、上海德圣米高电梯有限公司、上海绿萍服饰有限公司、上海三野贸易有限公司、天津大通投资有限公司等一大批考察团都陆续前来兴国考察访问。同时，兴国党政考察团、兴国人大考察团、农业考察团、工商考察团也相继前往上海奉贤参观学习。如何最大限度地动员方方面面的社会资源，多方位扶持兴国县的经济发展是我这两年中为之全力付出的重要工作。两年挂职期间，我通过各种场合和途径，多角度、全方位地宣传、推介兴国。两年中，奉贤区人民政府、上海市农林局、奉贤区农委、奉贤区卫生局、奉贤区水务局、奉贤区建交委、上海市工业综合开发区、上海柘林水电设备有限公司、上海德圣米高电梯有限公司、上海保集集团等 20 多家上海（奉贤）党政机关、企事业单位和民营企业伸出援助之手，支持兴国的经济建设和社会发展事业，无偿援助金额达 580 万元。特别让我感动和难忘的是，上海柘林水电设备有限公司董事长王菊官、上海德圣米高电梯有限公司董事长沈国平和上海保集集团总裁裘东方三位优秀民营企业家，分别以个人名义捐资建设了兴国县崇贤乡菊官希望小学、兴国县长冈希望小学和兴国县崇贤中学东方楼，完美践行和诠释了"奉德成、贤天下"的贤商精神。在此，我要向为兴国县伸出援手的各位领导和各界朋友致以深深的谢意。

感悟兴国

在江西发展的一个重要历史时期——"实现江西在中部地区崛起"之时来到江西、来到兴国挂职，我感到非常幸运。我不仅系统地学习了这一历史时期的许多发展理论，并结合工作实际多层面进行了理性思考，还亲自参与这一伟大战略构想的工作实践，也顺利圆满地完成了"当好联络员、协调员"的使命。可以毫不夸张地说，在这一学习和工作平台上获得了我一生中极为宝贵的财富和营养。

来到兴国挂职让我加深了对兴国悲壮可泣的革命历史的了解。兴国的革命历史是无比光荣而又无比沉重，当我在兴国的第一个工作日，满怀着崇敬瞻仰革命烈士陵园并敬献花圈时，我被烈士们英勇、壮烈的革命事迹所震撼，心灵仿佛经历过了一次过滤，就在这一瞬间，"为奉贤人民争气，让兴国人民满意"这一挂职宗旨已然成为我两年挂职期间为之奋斗的目标。

来到兴国任职使我加深了对兴国苏区干部好作风的认识。苏区精神和苏区干部好作风在今天的兴国得到了持续的发扬和光大，以县委书记赖联明为代表的兴国各级干部，不论是在城市建设，还是在工业园的建设中，不论是在工业强县战略提出，还是在招商引资中，也不论是在实施农业产业化，还是在"三个文明"的建设中，都始终忠实地实践着"三个代表"、创造着新时期的第一等工作。

来到兴国挂职使我加深了对那时以大开放为主战略，主攻工业、加快城市化步伐、推进农业产业化等中心工作的认识。近年来，兴国县在工业园建设、城市建设、招商引资和农业产业化工作中思路新、气魄大、作风实，取得了丰硕的工作成果和有兴国特点的县域经济发展经验，得到了省市领导和全县人民的充分肯定和高度评价。我每次同兴国的干部交谈，他们开口总是宣传当地的投资环境及优惠政策，时刻不忘招商引资，加快发展已成为全县干部群众的共识和实际行动。拥有 86 万人口的兴国县，四面环山，但公路、通讯、电力、水利等基础设施建设日新月异，城市建设发生了翻天覆地的变化，"一城三区"和"两江四岸"的城市格局初步形成。城市框架和建设质量都上了一定的规模和档次。将军园、五福广场等一批市政标志性建筑先后建成，成为兴国的"不夜城"；兴国的农业产业化得到大幅度提升，灰鹅、生猪、水产、果茶、油茶、生姜、烤烟、甘蔗、蔬菜等 10 个主导产业已形成规模；民营经济、乡镇企业也保持了快速发展的良好势头。这些成绩的取得，证明了县委、县政府的发展决策是正确的，证明了兴国县委班子实践"三个代表"重要思想、贯彻落实省十一次党代会精神态度坚决，定位正确，措施得当，成效显著。

在那两年的工作和生活中，我无时无刻不被革命老区真挚纯朴的民情民风、积淀深厚的历史文化底蕴、不屈不挠负重图强的奋斗精神所感染。我为有机会到兴国这样一个政治大县挂职锻炼而感到幸运，以在赖联明书记为代表的兴国干部身边学习、工作和生活感到幸运，更为可参与"江西在中部地区崛起"的伟大事业工作而感到幸运。

我眼中的上海援青干部

华让，1978 年 10 月生。青海省果洛州达日县人民政府办公室工作人员，为第一批上海援青干部起（至今）的专职驾驶员。

口述：华　让
采访：张　立　朱毅杰
整理：张　立　朱毅杰
时间：2020 年 5 月 20 日

巍峨的群山、辽阔的草原、洁白的云朵、漫山的牦牛、淳朴的笑脸，这是我们心中雪域高原的模样，也是陪伴着一批批上海援青干部为之心醉沉迷的美丽画卷。

然而，只有海平面 50％的空气含氧量，强烈得睁不开眼的光照，人们戏称的只有冬季和大约在冬季的气候，这是现实中雪域高原的环境，也是每一位踏上这片土地奉献青春的上海援青干部每时每刻面临的艰难和挑战。

十年来，先后 4 批 7 名上海援青干部，每天都面临着高原缺氧的挑战，每天都面临着饮食不适、睡眠不足的困难，而且还经常面临孤独寂寞的考验。他们有的心率、血压居高不下，有的落下了病根，有的长年嘴唇皮肤干裂，所有人都晒黑了、变瘦了，但是，在他们身上我真真切切体会到了缺氧不缺精神的意志和"我与达日共奋斗"的热情。

一段艰难的旅途

2010 年 8 月，是上海响应中央号召开启援青工程的日子，在条件最为艰难的时刻，由第一批上海援青干部带头，他们以"果洛七兄弟"的豪情，踏上

▶ 2019 年 9 月 2 日，在达日县德昂乡调研对口支援项目

了援青这段充满挑战的旅程。

初上达日，对于所有援青干部来说，不管是否适应高原气候，第一项也是最为重要的工作就是赴达日县九乡一镇的基层实地调研，这是一趟行程近千公里的奔波之旅。

整个达日县，省道、县道、乡村道、道道不同；硬路、油路、砂石路、路路各异。在上海，路短车多就堵车，在达日，路长车少不堵车；在上海，一二小时车程已出省，在达日，一二小时车程不出县；在上海，车堵一二公里不出城，在达日，车不堵三四十公里不见人；在上海，一眼望去是满眼高楼大厦，在达日，一眼望去是群山连绵。一种是钢筋水泥结构包围的压抑，另一种是自然起伏拥抱的豪迈。

如果说仅仅是地域辽阔，那调研的路途也是不难的，最为惊心动魄的是达日县早期落后的交通状况，让每一次驱车之旅都险象环生。一次，在前往莫坝乡的过程中，前方能走的只有一条土路，土路的一边是山坡，一边是河坡，不仅覆盖了积雪，路面还是往河坡倾斜的，更别说积雪覆盖之下未知的坑坑洼洼，路就在脚下，可该如何前行？最后，只能凭着不进则退的决心，一边往路基上，一边往河坡溜，花了十几分钟，小心翼翼地踱过了这大概几百米的土

◀ 华让驾车

路，走过后，回望过去，不禁一个寒颤，这稍有不慎，翻进了河床，这荒无人烟的高原之上，后果真的是不堪设想。

随着对口援建的不断深入，现在达日县九乡一镇的交通状态已经有了翻天覆地的变化，但是基础调研永远还在路上，旅途不管是否艰辛，援青干部们的脚步始终一路向前。

一个难熬的冬天

当草原开始慢慢枯黄的时候，雪域高原也将迎来它漫长痛苦而且难熬的冬天。进入冬天的达日，极端最低气温可达摄氏零下40度，大雪封山、严寒缺氧，这是对身心极大的考验。

在刚开始援青的几年，达日县的整体基础设施还相对落后，缺水停电是常态，在宿舍里，取暖最直接也最有效率的方式便是烧炉子。但是，高原的空气中的含氧量本就不足，生炉子更消耗掉了大量氧气，为了取暖，缺氧状态愈发严重，氧气和暖气成了两难的选择。睡到后半夜，室外大风呼啸，等炉火熄灭后，其实屋里屋外一样冷，往往第二天起来发现棉被冻成了块。

冬天的缺氧，是上海援青干部要克服的最大难关，刚来达日时，最严重的

▲ 冰天雪地的高原
环境

可能连续一个星期睡不好觉，那时候，大家开玩笑说，坐在车上颠着颠着反倒容易入睡。为了让他们多积攒点体力，有时去乡镇调研回来，我会故意绕点远路，多开一会儿，他们可以多小憩一会。因为怕依赖上安眠药，援青干部一开始都硬撑着不吃，可为了不影响工作，尤其一进入冬天就撑不住了，安眠药很快成为他们的日常生活必需品，甚至经过一个冬天恶劣环境的洗礼，哪种药有哪些特性，他们差不多都成了专家了。

也就是在这样的日日夜夜里，一个个冬天过去，一幢幢楼房拔地而起，屋子里有了供暖，马路上有了灯火，冬天也在对口支援的温情下，不再那么难熬。

一个美好的愿望

行车在茫茫的大草原上，除了蓝蓝的天、白白的云、高高的山、成群的牛羊，还有那纯朴的牧民，偶尔还会碰到黄羊、黑顶鹤、野狐狸、野驴等野生动物，刨去恶劣的自然条件，雪域圣境确实令人神往。

达日县自2005年以来就已被国家列为"三江源"自然生态保护治理区，在调研中一路行、一路走、一路看、一路想、一路谈，援青干部们经常说同样一个话题，这个世界不仅人与人要和谐相处，也要与大自然和谐相处，只有保护好生态，我们才能更好地生存。

"青海广阔的生态环境、优美风景有着巨大的发展空间，关键是怎样借鉴发达地区的发展经验，发挥好后发效应，避免走'先污染、后治理'的老路，提高发展效益"。"去过很多城市，达日县的风景在全国来说别具一格，天然雕琢的景色搭配高原的蓝天碧水，应该在保护好生态资源的基础上，发展当地特色产业，走品质发展之路"。"支持雪域高原现代生态畜牧业的发展，不仅有效保护了生态环境，更促进了当地经济发展和农牧民增收，将老乡单一的种植、养殖向生态、生产转变，相信这会让达日走得更远"。

这一个个美好的愿望和设想，最终落到上海援建项目上，每年，大量的资金投入扶持达日县的现代畜牧业发展，大量的项目聚焦"三江源"生态保护，草原、水流、土地的均衡发展成为援青干部在遴选对口支援项目时的首要原则。

每次，各方代表团访问达日县时，援青干部在车上，在茶余饭后，都会如数家珍地介绍达日县秀美山河的每一个点滴，就像自家的宝贝一般，因为他们已经深深融入了这片水土，向往着这片美丽，并且为了她能成为理想中的更加美丽不断努力着。

一群热情的亲人

"达日县当前正处在脱贫攻坚和进步发展的关键时期，作为一名援青干部，要尽快融入当地的工作、生活中去，尽快熟悉县情、社情、民情，多深入基层，多和各族干部群众接触，与他们打成一片，为达日的经济社会发展做出应有的贡献"。这是上海援青干部立下的誓言，他们也正是这样践行的。

来到达日后，虽然海拔从 4 米一下上升到了 4000 米，但在他们身上，看不见一丝的犹豫，也看不见一丝的畏惧，他们把上海那种创新务实高效的工作态度，真正融入本职工作的一线中。同时，当地的老乡们也深刻体会到了他们的谦逊，他们脱下了西装皮鞋，换上了棉衣藏帽，吃糌粑、喝酥油茶，和老乡们亲如一家，和当地的干部打成一片，完全融入这个曾经在他们眼中显得那么贫瘠和神秘的土地。

家，是每个人的驻足点，是每个人的温馨港湾；家，是每个人不舍不弃的留念，更是每个人填补心灵缺失的最佳场所。告别亲人，远离故乡，来到达日县后，每一位援青干部就把达日县作为了第二故乡。一人援外，牵动的是大后方许许多多人的心，默默的支持、配合，这是援青干部的内生动力，没有一个人的成功，只有一个团队的成功，所以也只有和达日乡亲一起奋斗的成功。

这些年来，当地的同志都说，上海的干部思路清、办法多、干劲足，来了就踏踏实实地做事，他们从来不标榜自己做了什么，做过多少，完完全全像亲人一样在帮助我们，他们是我们的榜样，也是我们最可爱的"扎西"。

每一批援青干部交接欢送的时候，熟悉的当地干部群众都会留下不舍的泪水，三年光阴短暂，当亲人即将离开第二故乡奔赴远方之时，"三年达日行，一生达日情"就已经深深烙印在了这片土地上，每一位援青干部用他们的实际行动树立起了"五个特别"的形象，也真正收获了来自雪域高原纯洁的认可和感情。

一种无私的奉献

在当地，一些藏族同胞不愿意让孩子上学，为了让牧区孩子入学，达日的基层干部常常骑马或开着摩托车翻山越岭，把一个个孩子从帐篷中接出来，送到学校，就是这样的坚持，达日县适龄儿童就学率不断提高。而就是这种坚持，也时刻触动着援青干部的心。十年来，为了让校园更加温暖明亮，为了让学习更加优质高效，无论从硬件还是软件上，在援青干部的努力下，源源不断的资源投入达日县九乡一镇每一所学校，同学们自此有了暖洋洋的教室、食堂、宿舍，有了设施完备的操场、活动室，有了功能齐全的阅览室、实验室，等等。

"感谢上海给我们建的楼""感谢上海的老师们给我们的文具""感谢上海的朋友们给我们的书籍"，同学们的声声感谢，脸上也凝聚着幸福的笑容。随着对口支援的不断深入，现在，有更多的同学开始走出雪域高原，可以去上海走走看看，他们真正站上了原本只在书本上看到过的每一处景色，每次当这些学生们碰到带队的援青干部时，总是围着他们不停地道谢，这是一种最纯真的喜悦和欣慰。

◀ 2019 年 11 月 15 日，调研达日县 学校项目

　　"包虫病"，是千百年来危害藏区人民健康的顽症之一，这一寄生虫病通过动物粪便传播，很容易被其感染，一旦得病，寄生虫会在人身体内繁殖，如不及时治疗，很可能导致失去劳动力甚至死亡。在达日县，"包虫病"发病率曾经最高达到 13%，许多牧民因为未能及时发现病情，以致无法承担高昂的后期治疗费用，不得不放弃治疗，历届上海援青干部都把战胜"包虫病"当作一场必须打赢的攻坚战，在他们的积极协调下，在上海援建项目之外，向奉贤区额外争取了达日县"包虫病"防治专项资金，专门用于当地"包虫病"早期筛查与治疗。及时发现病症，意味着能以较低的成本彻底根治，为达日县早日战胜"包虫病"注入了一股强劲的上海力量。

　　在教育和卫生等民生领域的贡献，还有很多很多，小到一笔捐款，大到一个项目，援青干部们在达日的倾情付出，体现了对达日县的真情真心，也体现了奉贤心系达日的无私奉献。

一个上海的标准

　　援青干部们常说，"来三年，干三年，也思考三年"。这期间，除了帮助老百姓切切实实解决一些实际困难，关键还是如何帮助老百姓脱贫，如何帮助转变人们的观念，让老百姓们会赚钱，能赚钱，从脱贫走向致富。

奉贤的援青干部大多来自基层一线，奉贤在集体经济保值增值方面有很多比较成功的做法和经验，在下乡时，援青干部就经常给乡干部讲些奉贤集体合作社发展壮大的案例故事，让他们从中吸取经验，为当地的合作社规模发展提供思路。随后，各个乡尝试着由合作社建立奶牛产业化养殖基地，走集体经济规模化生产的道路，刚开始，牧民都还不太相信，但当年底拿到分红后，他们都跷起了大拇指。

伴随着援青干部一同开展工作，每一位干部都从他们身上学到了干事创业的精神和理念，学到了上海项目建设管理的先进理念、做法、机制，县发改委等职能部门无论从项目的立项、设计、招投标、建设、监理，还是从进度的把握、质量安全的控制、资金管理规范等各方面，都有了明显的提升，先进管理经验的引入充分带动了全县政府性投资项目管理水平的升级。

周洛县长曾说："上海对我们的援助不仅仅是资金，更重要的是思路、是理念，几批援青干部来到达日，在生活上什么要求也不提，但是在工作上完全是'上海速度'和'上海标准'。"

一笔宝贵的财富

一批三年的援青生活，风雪的侵蚀，援青干部们都憔悴了一些、沧桑了一些，但是也都成熟了一些，成长了一些。

每当他们回顾援青以来的经历和收获时，"有志而来，有为而归"是他们的成绩单，一个又一个"上海制造"的项目是他们留下的宝贵作品，而"沉得下心、扎得下根，愿意做事、干得成事"是他们与第二故乡亲人们共同共勉的精神品格，

"我们来到这里，就是想通过我们的努力，把国家、上海的关心带到这里，改变这里的面貌，希望当地老百姓也能过上更幸福的生活"。正因为这样的情怀，援青干部不断将上海的温度和力量带上雪域高原，成为一笔笔沉甸甸可以永久回味的财富。

其实这里的故事还有很多很多，但我们知道的却很少很少，三年对于我

们来说转瞬即逝，而对于每一位援青干部而言，却是一辈子里难以磨灭的部分，每一个"三年"，他们不仅仅是在这个美丽但又高峻寒冷的地方接受了磨砺，更是接受了人生的一次洗礼。在援青的路上，激荡我们心灵的不仅是高原的云、高原的鹰、高原的雪山和湖泊，更是他们在高原上一个又一个触动我们内心的故事，从原来的向往到真正踏上这片高天厚土，对于他们，我们心底的是更加浓厚、更加真切的崇高敬意。

美遇在途

杨游明，1967年4月生。现任中共贵州省遵义市务川仡佬族苗族自治县县委书记、人武部党委第一书记。

口述：杨游明
采访：田小龙
整理：田小龙
时间：2020 年 1 月 10 日

假如不曾有携手奋进之机，我就难以体悟东西协作之美。这一落实党和国家战略的新时代暖流，润泽着务川八年的时光，也润泽着我静静的心床。就像某个特定的镜头里，上演了某个特定的情节，那些可爱的人，那些温暖的事，那些真诚的情，一帧一帧构成山海相牵的壮丽画卷。这又怎一个"美"字了得！

山海相牵的"拓荒者"

如果不是对口帮扶，也许务川与奉贤永远不会成为发展的共同体，当然我们仡乡苗寨也不可能沐浴改革前沿的春风，那么处于滨海之边的奉贤也不可能触摸到内陆山区欠发达县的实际困境。2013 年 7 月，站在特定历史的交汇点上，顾卫兴和瞿建新两位同志勇为时先，成为上海第一批援黔干部，更成了奉务"心手相连·圆梦小康"的信使。顾卫兴同志挂任务川县委副书记、县人民政府副县长，瞿建新同志挂任县合作交流办副主任、扶贫办副主任，两位同志具体负责对口帮扶工作。

初到务川，顾卫兴和瞿建新一切从零开始，可谓困难重重：四十多年的

◀ 庙坝新农村

上海清淡遇上了由来已久的务川麻辣；乡音浓厚的"奉普"遇上了特点鲜明的"务普"；方便快捷的城市轻轨遇上了弯多直少的盘山公路；举目皆是的亲友圈遇上了四顾茫然的陌陌网；条块分明的机关事务遇上了纵横交错的对口帮扶……这一切让他们且行且艰。我为了帮助他们克服种种困难，尽快适应环境，顺利开展工作，专门安排县委办公室副主任田小龙同志和干部杨秀清同志协助他们开展工作。

他们首先面对的困难就是饮食习惯，肠胃被清淡食物伺候了四十多年，突然间要接受"无辣不欢"的饮食习惯，这让他们在最初的一段时间特别难受，特别是卫兴同志都闹了好几回肚子，建新同志偶尔也自己开起"小灶"。这让我很难过，老是觉得没有照顾好他们。我让办公室同志时常提醒食堂，每餐都准备两样清淡的菜，尽量保证两位援务干部能吃饱饭，不然就愧对组织嘱托，也无法向他们家属交代。不过，两位同志肠胃适应能力还可以，大概半年就开始"不怕辣"，一年左右就"辣不怕"，而且 2016 年 7 月 14 日离任时，他们已经"怕不辣"了，尤其是建新同志现在每年还要拜托务川朋友购点干辣椒。这应该是两位同志烙上务川印记的地方。

最让人赞许的是他们推动建立了承接帮扶机制。在一定程度上讲，务川承接如此重大的对口帮扶是空白的，无经验可学习，无样板可参照，一切都得从零开始。那段日子，我经常在思考"怎样才能接得住？怎样才能接得好？"，并数次与两位援务同志交流讨论，重点听他们介绍其他地方承接上海帮扶的成功做法。两位"援务"同志选取的案例很典型，介绍内容很翔实，谈自己的建议意见也很符合务川实际，让我倍受启发。俗话说，无规矩不成方圆。我们首先从体制机制建设上着力，让卫兴同志领题作业，建新同志和"两办"相关同志协助，有力有效推进了该项工作。经多面调研座谈、多方征求意见、多次修改文稿，先后制定出台了《务川承接上海对口帮扶与合作交流工作规则》《务川承接上海对口扶贫协作资金项目管理办法》《务川承接上海对口帮扶与合作交流部门责任清单》，从而在制度上理顺了承接关系、规范了承接行为、压实了承接责任。这为后来务川高质量承接奉贤对口帮扶奠定了坚实的制度基础。

最让人兴奋的是他们推动开辟了多元协作新路。从现实的坐标系来看，作为内陆山区农业县的务川，其欠发达欠开发的程度很深，需要支持拉动、示范带动、协作驱动是全方位的。这客观现实要求对口帮扶需由单向的直接注入转变为双向的长效互动，通过对口帮扶推动两地深化合作、优势互补、共同发展。但如何推动转变？怎样转？转成什么样？这是摆在我们面前必须要破的一道题。我与同志们进行多次深入讨论，提出了"产业共建、人才共用、成果共享"的初步想法。卫兴与建新两位同志主动担当，与奉贤合作交流办多次进行意见交换。最后，我们奉务两地按照"中央要求、务川所需、奉贤所能"的总体原则，2015 年 4 月 29 日在奉贤签订了《上海市奉贤区对口帮扶贵州省务川自治县三年行动计划（2015—2017 年）合作意向书》，提出了培育互利共赢的帮扶合作模式，确定了对口帮扶与合作交流紧密结合、政府帮扶与社会参与紧密结合、实物帮扶与智力支持紧密结合的"三结合"具体路径。这为我们奉务两地后来实施具有共同关注点和利益点的特色帮扶项目提供了路径支撑。

最让人喜悦的是他们推动建成了美丽乡村样板。从"四在农家·美丽乡村"发展历史来看，务川启动还是较早的，但是在有板有眼的建设上还很滞后，直到 2014 年都还没有可看可学的示范点。当时，我就想借乘奉贤帮扶东风，建设可推广可复制的样板区示范带。于是，我找卫兴同志进行多次协商，与分管的向海燕同志进行深入沟通，最后县委常委会明确将丰乐镇庙坝村作为建设示范点。那时，庙坝村贫困发生率高达 16.2%，70% 的村寨公路不畅，80% 的农户院落脏乱破旧，村无稳定增收产业，是典型的贫困村。面对这样且贫且弱的村，建设的难度还是蛮大的。但开弓没有回头箭，定了就得干，干就得干个样。两位援务干部不辱使命，据实据理地陈情，有力有节地争取，随时随地地追踪，最后获得上海对口帮扶资金 380 万元，从而拉开了示范点正式开工建设序幕。我县借势发力，整合其他项目资金 1100 万元，全力保障庙坝村脱贫攻坚整村推进工程。经过两年的奋战，庙坝村硬化通组公路 12 公里、连户路 8 公里，硬化庭院 2.5 万平方米，修建文体活动广场 1 个，综合整治自然村寨 6 个，发展精品水果 1000 亩、辣椒 1000 亩、构树 1000 亩，解决了 8 个村民组 4200 余人出行困难和 900 余人饮水困难，贫困发生率下降到 1.1%，全面小康实现程度达到 96%，在全县率先实现了整村脱贫和全面小康目标。庙坝村还被评选为遵义市"四在农家·美丽乡村"升级版精品示范点和遵义市小康示范村。

最让人感动的是他们推动办成了一批民生实事。务川自治县的贫困，在很大程度上是因病致贫。我到任后，全面贯彻落实习近平总书记"没有全民健康，就没有全面小康"的重要指示，多次调研调度健康扶贫工程，多次与卫兴同志探讨探索务奉两地的医疗合作。卫兴同志对此项工作高度负责，带领建新同志多次与两地卫计部门沟通协商。功夫不负有心人，奉务两地于 2014 年 5 月进行首次医疗协作，奉贤卫计委组织了 18 名上海眼科专家，带着设备和药品，不辞辛劳辗转 2000 多公里来到务川，开展了为期一周的白内障免费复明手术，119 名白内障患者得以重见光明，1200 名眼病患者获得免费义诊。此后，奉贤卫计委不间断地组织上海医疗专家到务川开展义诊活动，两地医疗系统积极开展结对帮扶，切实带动了务川健康扶贫"走深走心"。同时，两位援务干部把"根治贫困代际相传"作为又一个重要任务，先后将对口帮扶项目资金 1250 万元支持务川职业教育发展，修建学生公寓 1 栋，解决了 480 名学生住校问题；建成实训楼 1 幢，满足了全校 4000 学生实训需求，真正把"一人就业全家脱贫"的要求落到实处。在第一个"三年"，务川共获上海对口帮扶资金 4090 万元、援建项目 24 个，奉贤各界捐赠物资 800 多万元支持务川教育、卫生等民生事业发展，极大地改善了务川民生事业。

脱贫攻坚的"特战队"

2016 年 7 月，按照中央东西部扶贫协作工作的总体要求和沪遵对口帮扶工作部署，奉贤对务川开启了第二轮对口帮扶之旅。钟争光和张匀两位同志接过了第一批援务干部的接力棒，钟争光同志挂任务川自治县委副书记，张匀同志挂任县扶贫办副主任，接续参加务川脱贫攻坚的伟大战役。三年来，他们协调上海市及奉贤区累计落实帮扶资金 1.23 亿元，实施项目 82 个，惠及贫困群众 5.5 万余人，在务川大地书写了战贫斗困的壮丽史诗。

在这里，我由衷点赞他们引得洪渡之水上天山。在脱贫工作中，农村饮水安全是老百姓千百年来渴望解决的心事。喀斯特地貌的务川，结构性、季节性、工程性缺水矛盾十分突出，"天上水"蓄不了，"地表水"留不住，"地下水"用不上，生活在高山地区的百姓只能"望水兴叹"，对水的渴望成为祖祖辈辈的凤愿！作为县委书记，对此我是看在眼里、急在心里，倍加重视该项工作，仅 2014 年以来，全县就投入各类水利设施建设资金 29.27 亿元，建成了一批中型骨干水库，从面上基本实现了城镇、农村集镇和大部分自然村安全饮水全覆盖。但像天山这样的深度贫困村，地处高山之上，海拔较高，大水库覆盖不到，只能通过多次分级提水的办法进行解决。之前，县里曾投资几百万为天山村修建电泵提水工程，而电提水一次只能提升约 200 米，天山村 700 米扬程需要多次分级提水，且提水成本比较高（比如 700 米的提水扬程，每提上来 1 吨水，电费就需要 10 多元），致使贫困群众用不起水，导致电泵提水用时不久就处于废弃状态。天山村这样的情况在全县不是个案，截至 2016 年，全县尚有近 2 万高山群众缺乏安全饮水。这无疑成了我们决战决胜绝对贫困路上最大的"拦路虎"。我为此事十分着急，也多方寻求解决办法。就在一筹莫展之际，钟争光同志主动请缨了。当时，我有点纳闷，他为什么要认领这个任务呢？经交谈了解，原来他和张匀同志在天山村调研时留意到，家家户户门前都摆放着一个大大的木桶，经询问得知，那是当地群众世代用来背水的工

◀ 钟争光和张匀寻
找水源

具。看着那一个个磨得锃亮的背水桶和在岁月里被压弯了腰的老百姓时，他们就下定决心，一定要帮助当地群众喝上安全水、放心水。从此便在上海大后方的朋友圈、同学会、援建群里晨寻暮求，经足足 6 个月的坚持坚守，才从朋友圈动态了解到有一种不用油不用电解决山区用水难题的技术——"自然能"提水，而且在云南剑川县建成了试验示范工程。说实话，那一刻我涌流着久违的感动，不仅仅是争光同志为我分忧解压，更是看到一名共产党员关键时刻的担当作为。我毫不犹豫地答应他的请求。他拿到这个"硬骨头"后，立马率领张匀、杨小强等同志开干，当即邀请公司技术团队到务川进行实地考察。为精准高效的实地勘查，他和考察组紧贴在 70 度以上的陡坡峭壁攀爬、在深达 1000 米的峡谷里穿行。经实地勘察论证，该技术适合务川地形地貌。这个消息如夜空中划过的流星，一下子沸腾了山村，也大开了我们干部脑洞。可道路坎坷事不期，接下的资金筹措难、现场施工难，又让他们举步维艰。我听到这个情况后，立即召集县水务局及有关乡镇研究"自然能"提水工程，且做出明确要求："为了让贫困群众早日用上安全饮水、早日脱贫致富，我们要敢于担当，敢于应用新技术、探索新模式。路径上要先易后难，可以先实施一个相对容易的试验性项目，积累经验，探索模式，再复制推广。"各单位闻令而动，争光

◀ 精致美丽的校园

同志及其团队信心倍增，克服重重困难，于 2018 年 4 月在涪洋镇小坪村成功完成扬程 460 米的试点项目，彻底打消了大家的顾虑，为后续科技扶贫树起了样板。此后，一批"自然能"提水工程如雨后春笋在务川大地次第铺开，特别是 2019 年 1 月，洪渡河谷的溪水逆流到扬程 760 米的天山之巅，宣告了务川高山地区千百年缺水历史的结束，圆了近 2 万老百姓有史以来的饮水梦！这在当地被群众亲切地称作"争光水匀天下"。这种利用新技术低成本解决高山地区缺水问题，实现了"水往高处流"的扶贫工程模式，后期运行费用低、群众得实惠、地方政府欢迎，相继受到新华社和中央电视台等主流媒体关注和报道，获贵州省市领导高度肯定，也被上海市评为 2018 年度精准扶贫十佳典型案例。

在这里，我由衷点赞他们力促乡村校园换新颜。受历史原因、地理环境和区位条件影响，务川县部分乡村学校校舍设施陈旧、学科结构扁平、教学水平低下，大山孩子就学困境已然成了城市孩子"变形记"的原生体验场。我到务川工作后，切实将教育扶贫作为阻断贫困代继传递的根本之策，提出了"穷县办大教育"理念，先后投入近 16 亿元发展教育事业，在很大程度上改善了教育教学条件，但山里孩子共享均衡教育资源的梦还很长，阻断贫困根脉代际传递的路还很远。我看在眼里、痛在心上，常常寝食不安。也许，我们对贫困都有同样的怜悯之心和济世情怀。争光同志又一次来主动请缨了，提出了建设"小而美·小而精"校园。这一次，我没有犹豫，直接点头让他干。争光同志再一次发挥他高效的作风，带领着张匀同志深入各乡镇开展调研，他们翻越数百公里的盘山公路、走过数百公里羊肠小道，走进 16 个乡镇、走进 48 所乡村小学，一次又一次座谈，一回又一回随访，一件又一件记录，详实地对学校设施、学生数量、师资水平、教学成果进行研判。在精准调研的基础上，按照"外显优化、内涵提质"的总体要求，详细制定乡村小学"小而美·小而精"三年提质行动计划，实行"一校一方案"，确定了三年内分三批完成全县 48 所乡村小学改造提质的目标路线图。我看了他们的方案后，觉得很对路，操作性也强，便立即召集相关部门开会明确："抢抓国务院'全面加强乡村小规模学校和乡镇寄宿制学校建设'的政策机遇，借乘上海市及奉贤区的帮扶东风，整合县内资金资源，按既定方案实施好。"会后，争光同志与张匀同志迅速行动，累计整合上海财政帮扶和社会各界捐助资金 1895 万元完成乡村小规模学校改造，全部配齐建全现代多媒体教室，全面实现教育信息化，师生彻底告别"板书靠手、讲课靠口、实训靠吼"的原初状态，48 所乡村学校实现里程碑式的发展，6941 名学生真真切切享受到了均衡教育。这个"小而美·小而精"作为教育扶贫创新案例，在国家义务教育均衡发展评估验收中获国家验收组的高度赞许。

在这里，我由衷点赞他们开启产业扶贫新篇章。产业扶贫是稳定脱贫的根本之策。务川县委一直致力于产业发展，特别注重因地制宜发展利好产业，但由于务川在物联网、信息网方面相当滞后，使得全县农作物产品市场销售不畅、利润不高，全县产业发展差强人意。争光和张匀两位同志到务川后，看在眼里、记在心里、抓在手上，深度借助其上海人脉资源优势，积极推动沪遵两地在绿色农产品供销、文旅产业等领域开展多元合作。在产品推介上探出了新路子，他们主动对接东方卫视《我们在行动》栏目组到务川拍摄，现场开展务川农特产品线上订货会，当天便获上海订单 206.88 万元，特别是务川的蜂蜜和灰豆腐成了"香饽饽"。这为我们县推介农特产品做出引领性尝试，从根本上转变了县域从业人员寻找卖场卖点的方式。在推动"遵品入沪"上打开了新渠道，他们针对务川肉羊产业"最后一公里"加工销售环节不健全的问题，主动协调两地企业，开展产业合作，帮助务川建丰公司成功取得贵州第一张"羊肉入沪许可证"，促成该公司与上海多家企业达成肉羊定点收购协议，打通了"务川白山羊"地理标志性产品入沪渠道。在推动旅游扶贫上建起了新平台，两位援务干部全面落实奉贤区要求和务川县意愿，无缝对接协调奉贤交通能源（集团）有限公司和务川旅投公司，力推把选址放在务川最好的地段，把项目定位为西南最大的青少年研学旅行基地。在他们努力下，项目最终落户在务川县城黄金地段，占地面积 50 亩，投资概算 1.1 亿元。在项目建设过程中，他们每天都上施工现场看，主动当起了监督员、调解员，有力有序有效推进了基地建设。这作为西南地区第一研学旅行基地，不仅为 10 万务川青少年学生开阔了国际新视野，也为奉务两地开展文旅产业扶贫搭起了高平台。

在这里，我由衷点赞他们架起社会扶贫连心桥。社会力量在任何战役中都是不可缺少的力量，特别是在我们向绝对贫困发起最后总攻时刻，这支力量倍显重要。争光与张匀两位同志在借助外力、发动社会力量上做得相当出色。他们扎实开展"千人联千户、百企帮百村、对接十行业，携手奔小康"行动，在人脉链上发动、在情感链上策动、在理性链上辩动，先后争取落实"千人联千户"圆梦资金 98 万元，惠及建档立卡贫困人口 668 户 2256 人次；协调到位"百企联百村"捐款 180.95 万元，16 个贫困村获赠；奉贤区 5 个镇（街）与务川县 7 个乡镇（街道）结成对子，村（社区）、企业等与务川县 50 个贫困村结成对子；16 所学校与务川县 15 所学校结成对子，1 所医院与务川县 1 所医院结成对子。特别是他们积极发动上海爱心人士捐资助学，让务川考入上海高校的所有贫困学子彻底解决了后顾之忧。三年来，上海市各级各部门及企业界人士等先后 125 批次 1646 人次到务川考察、调研，开展帮扶工作，捐赠资金物资 1953.34 万元，为我县脱贫攻坚扬帆助力，构建起了社会各界广泛参与的大扶贫格局。同时，他们积极引进上海培训机构、中介组织入驻务川，畅通了劳务输出渠道，建立了创业就业联盟，建起了人力资源市场，开通了"沪遵劳务直通车"，实现了"沪务"劳动力市场的精准衔接。上海新沪家集团在务打造的"黔女入沪"品牌，已合作培训 600 人次，解决就业 111 人；上海 130 多家用工企业先后赴务开展大型招聘会，提供岗位 7000 余个，为务川实施就业扶贫增添了力量。这一切，让 48 万务川人民真真切切地感受到了上海"温度"。

小康路上的"助梦人"

2019 年 7 月，是一个令人心情纠结的日子。我们脱贫攻坚特战队同志钟争光和张匀要光荣"复员"了，这让我有太多不舍。然而，上海市奉贤区又为我们送了第三批援黔干部——翁晔和林源。这让我又多了一份欣喜。翁晔挂任务川县委常委、副县长，林源挂任县扶贫办副主任，与 48 万务川儿女开启"携手奔小康"的新征程。

他们来务川之初，正逢务川县以优异成绩退出贫困县序列，历史性撕掉了一个民族的贫困标签。但这并不意味着脱贫攻坚战役的结束，而是其工作重心从攻坚克难向巩固成果转变，工作方向由消除显性的绝对贫困向解决隐性的相对贫困转变，最终目标就是要在 2020 年与全国人民同步全面建成小康社会。这既是习近平总书记和党中央的要求，也是务川大地 48 万人民对美好生活向往的最直接最现实的愿景，其任之重担之艰都是空前的。这就要求我们务必按下快进键补短板，跑出加速度强弱项。然而，我县最大的短板就是群众稳定增收的致富产业，最大的弱项就是民生事业。这两件事，一直萦绕在我心头，也是我一直致力解决的难题。翁晔和林源两位来后，开启了破题之旅。

他们来务川之时，正逢务川青少年研学旅行基地建设进入尾期，"研学+"旅游扶贫项目投入运营提上了议事日程。对务川而言，从未有涉足过这种行业，只能摸着石头过河。但这个基地运营，只能成功不能失败，根本就没有试验的空间，毕竟 1 亿多资金放在那里是要产生相应效益的。"如何运营、何以成功？"则成我们亟待解决的"课题"。翁晔和林源两位同志受命于时艰，引进了中国家喻户晓的综合性旅游平台——上海驴妈妈集团公司，并促成与务川自治县人民政府签订战略合作协议，具体负责基地运营。根据他们对项目"3+7"的发展规划，即三年的起步期+七年的发展期，从基地提供的研学课程、餐饮、住宿，向亲子拓展、公司团建、企业疗

◀ 2020 年 3 月 27 日，翁晔和林源调研艾草沪遵消费扶贫基地

休养、场地租赁、会务会展、旅游购物、地接服务拓展，基地预计三年内实现盈利，并确保在十年内让务川成为以研学为核心的产业融合发展的典型示范。

一年来，他们很走心地创新了"产业+"消费扶贫。他们到了务川以后，发现低纬度、高海拔、多样化的水土和适中的光温条件，铸就了务川农特产品优良的品质，按道理说，如此高品质的农特产品应该得到畅销和追捧才对，但是"务货出山"难度却相当大。为此，他们多次前往县经贸局、农投公司、各乡镇、相关企业和养殖种植户开展调查研究，发现缺乏品牌效应、物流成本高、信息不对称是最大的问题。上海市民不知道务川的特色产品，更加买不到；务川企业和农户没有对外销售的渠道，大山阻隔了"务货出山"的道路，正所谓"好货也怕巷子深"。于是，他们主动对接上海龙头企业，运用建立产品直供基地、产销对接保价购养、电商直接购销三种模式，畅通"产得出、运得出、卖得出"产业全链条，相继争取上海帮扶资金建成镇南花椒加工厂，引进上海"叮咚买菜"与务川龙头企业签订产品直供基地协议，力促上海圣华公司建成产购销一体化务川"天山林下鸡"，推动务川"艾心"健康大礼包走进上海市场，发动上海爱心企业和个人采取"以购代捐""以买代帮"等方式采购贫困地区产品，充分培育消费扶贫新极点。预计 2020 年，务川农特产品在上海市场年销售额将达 2000 万元以上。

潮平两岸阔，风正一帆悬。八年来，奉务两地扶贫协作不断走深走实走心，从党政互动到社会参与、从单向注入到双向共赢、从产业协作到商贸往来，两地已建立了多元紧密协作关系，正沿着康庄大道阔步前行！

后 记

2020 年是全面建成小康社会之年，根据习近平总书记关于"脱贫攻坚不仅要做得好，而且要讲得好"和中央关于党史工作"一突出，两跟进"的要求，经中共上海市委同意，市委党史研究室组织全市各区党史部门，在各级党委领导下，编写的"上海助力打赢脱贫攻坚战口述系列丛书"，经过各方的通力合作，与大家见面了。

本书是"上海助力打赢脱贫攻坚战口述系列丛书"中的一本。为确保本书编写的质量，在区委的领导下，区委党史研究室成立编辑工作领导小组，精心组织，狠抓落实，全面统筹、协调全书编写工作，积极与区委办、区委组织部和区委宣传部等单位商讨确定口述者名单，开展业务培训、修改文稿、征集照片等系列工作，确保整个项目顺利推进。

本书的编写得到了中共上海市委党史研究室的精心指导，得到了奉贤区委主要领导的关心支持，也得到了全区各参编单位的全力支持和积极配合。上海人民出版社、学林出版社的编辑为本书的出版付出了辛勤劳动，在此一并感谢。

奉贤对口支援工作历程辉煌，硕果累累，绝非一书便能概之。虽已尽最大努力，但碍于编者水平有限，任务时间紧迫，外加支援工作时间久、跨度大，书中难免有疏漏和不足之处，还请广大读者批评指正。

图书在版编目(CIP)数据

奉贤的责任/中共上海市奉贤区委党史研究室编
. —上海:学林出版社,2020
ISBN 978 - 7 - 5486 - 1674 - 0

Ⅰ.①奉… Ⅱ.①中… Ⅲ.①扶贫-经济援助-工作
概况-奉贤区- 1979 - 2020 Ⅳ.①F127.513

中国版本图书馆 CIP 数据核字(2020)第 146365 号

责任编辑 吴耀根
封面设计 范昊如

上海助力打赢脱贫攻坚战口述系列丛书

奉贤的责任
中共上海市奉贤区委党史研究室 编

出　　版　学林出版社
　　　　　(200001　上海福建中路 193 号)
发　　行　上海人民出版社发行中心
　　　　　(200001　上海福建中路 193 号)
印　　刷　上海盛通时代印刷有限公司
开　　本　720×1000　1/16
印　　张　19.75
字　　数　29 万
版　　次　2020 年 9 月第 1 版
印　　次　2020 年 9 月第 1 次印刷
ISBN 978 - 7 - 5486 - 1674 - 0/K·182
定　　价　108.00 元